体育硕士教学案例库建设研究

周君华　杨长建　周　航◎著

中国戏剧出版社

图书在版编目（CIP）数据

体育硕士教学案例库建设研究 / 周君华，杨长建，周航著. -- 北京：中国戏剧出版社，2023.3
ISBN 978-7-104-05267-8

Ⅰ.①体… Ⅱ.①周…②杨…③周… Ⅲ.①体育教育—研究生教育—教案（教育）—研究—中国 Ⅳ.①G807.4

中国版本图书馆 CIP 数据核字（2022）第 162536 号

体育硕士教学案例库建设研究

责任编辑：邢俊华
责任印制：冯志强

出版发行：	中国戏剧出版社
出 版 人：	樊国宾
社　　址：	北京市西城区天宁寺前街 2 号国家音乐产业基地 L 座
邮　　编：	100055
网　　址：	www.theatrebook.cn
电　　话：	010-63385980（总编室）　　010-63381560（发行部）
传　　真：	010-63381560

读者服务：010-63381560
邮购地址：北京市西城区天宁寺前街 2 号国家音乐产业基地 L 座

印　　刷：	天津和萱印刷有限公司
开　　本：	787mm×1092mm　1/16
印　　张：	15.75
字　　数：	291 千字
版　　次：	2023 年 3 月　北京第 1 版第 1 次印刷
书　　号：	ISBN 978-7-104-05267-8
定　　价：	88.00 元

版权专有，违者必究；如有质量问题，请与出版社联系调换。

前 言

2005年3月,国务院学位委员会第二十一次会议审议通过了《体育硕士专业学位设置方案》,决定在我国设置体育硕士专业学位,开辟体育学研究生新的培养渠道。体育硕士专业学位的培养目标是培养体育教学、运动训练、竞赛组织管理、社会体育指导等领域的高层次、应用型体育专门人才。设置体育硕士专业学位,有利于充分发挥体育在现代社会中的功能和作用;有利于适应高层次、应用型体育专门人才需求急剧增长的趋势;有利于积极调整和优化体育学科结构和人才培养模式,改革和完善体育学学位与研究生教育制度。我国高等院校体育学学位与研究生教育经过二十多年的发展,已积累了良好的学科基础,形成了高质量的师资队伍,具有了较为完善的体育设施和实践基地,为设置体育硕士专业学位奠定了坚实的基础。设置体育硕士专业学位是体育学学科结构与人才培养模式改革与发展的需要,是实现我国经济、社会协调发展和中华民族伟大复兴的需要。因此,推动体育硕士专业学位发展,既是教育部的战略部署,又是全社会的共同期待。

案例教学(Case Method)是由美国哈佛法学院前院长兰德尔(Christopher C.Langdell)于1870年首创的,后经哈佛企管研究所所长郑汉姆(W.B.Doham)推广,并从美国迅速传播到世界各地,被认为是代表未来教育方向的一种成功教育方法。20世纪70年代末,案例教学被我国工商行政代表团引入国内。案例教学是一种通过模拟或者重现现实生活中的一些场景,让学生把自己纳入案例场景,通过讨论或者研讨来进行学习的一种教学方法,主要用在管理学、法学等学科,如今也广泛应用于临床医学教学中。教学中既可以通过分析、比较,研究各种各样成功的和失败的经验,从中抽象出某些一般性的结论或原理,也可以让学生通过自己或他人的思考来拓宽自己的视野,丰富自己的知识,提高自身分析问题和解决问题的能力。2015年5月,教育部以教研〔2015〕1号印发《关于加强专业学位研究生案例教学和联合培养基地建设的意见》提出,"加强案例教学,是强化专业学位研究生实践能力培养,推进教学改革,促进教学与实践有机融合的重要途径,是推动专业学位研究生培养模式改革的重要手段",确定了案例教学对培养专业学位研究生的重要性。随着案例教学在教育领域应用成果的日益显著,体育硕士专业学位也开始使用案例教学提升研究生的培养质量,案例教学逐渐成为体育硕士专业学位人才培养的有效手段。

案例库是案例教学存在和发展的基础,是各领域、各专业优秀案例储存的资源库。案例库能为案例教学提供充足、典型的案例，能够让案例教学课堂充分发挥提高学习者分析问题、解决问题能力的价值。优秀的案例资源是构建案例库的基础，而案例库的建设则是案例资源得以有效运用的支持。回顾案例在国外教学中运用的发展历程可以发现，案例教学的广泛应用和蓬勃发展与案例的开发研究和案例库的建设密不可分。因此，建设案例库不仅对案例教学的发展十分重要，同时也是案例教学普及和发展的基础。

体育硕士专业学位研究生作为体育领域的高层人才，对社会发展和民族进步至关重要。案例教学作为培养高层次人才的重要手段，对提高体育硕士专业学位研究生教育质量具有重要作用。建设案例库是案例教学的前提，更是案例教学的基础，关系到案例教学的发展，建设体育硕士专业学位案例库是培养体育领域高层人才的重要手段。建设体育硕士专业学位案例库能够提升体育硕士教学质量，强化体育硕士实践能力，全面推进体育硕士教学改革，是各高校和全社会的共同期待，是教育领域神圣而伟大的历史使命。

《体育硕士教学案例库建设研究》基于《教育部关于加强专业学位研究生案例教学和联合培养基地建设的意见》，依据体育硕士专业学位的体育教学、运动训练、竞赛组织管理、社会体育指导4个领域的培养要求和相关理论，以体育硕士专业学位案例库建设为研究对象，通过查阅文献，分析国内案例教学的概念、原则、特征和案例库建设等方面的相关研究，全面掌握体育硕士专业学位案例教学和案例库建设研究的情况；通过Cite space 5.8R3软件，对国内案例教学研究现状进行可视化分析；再通过问卷调查法，对体育硕士专业学位研究生和教师进行问卷调查，探索体育硕士专业学位案例教学和案例库建设的现状、存在的问题，同时借鉴国外案例教学和案例库建设研究的优秀经验，寻找国内典型的体育热点事件进行案例编写。以此建设体育硕士专业学位4个培养领域的案例库，并对案例教学效果的影响因素和评价体系进行实证研究，探索体育硕士案例教学的影响因素，寻找提高体育硕士案例教学效果的有效途径，推动体育硕士专业学位案例教学和案例库建设的深入、全面、可持续发展。

本书以体育硕士专业学位案例库建设为目标，理清体育硕士专业学位案例库在体育教育领域中的地位和作用，构建了体育硕士专业学位4个培养领域的案例库，完善了体育硕士专业学位案例库建设的理论框架，以期为研究生教育改革探索一条切实可行的手段和途径，给体育硕士专业学位教育改革、案例教学和案例库建设提供科学指导。读者的批评、斧正将帮助本书日后以更新、更实、更雅的面貌再版。

周君华
2022年6月

目 录

前 言 ··· 1
第一章 绪论 ··· 1
  第一节 研究背景 ·· 1
  第二节 研究意义 ·· 4
第二章 案例教学研究状况与评价 ··· 8
  第一节 案例教学发展史 ··· 8
  第二节 我国案例教学研究的可视化分析 ··· 9
  第三节 我国案例教学研究评述 ·· 17
第三章 案例教学内涵解读与现实审视 ··· 25
  第一节 案例、案例库、案例教学内涵解读 ·· 25
  第二节 案例教学现实审视 ·· 34
第四章 体育硕士专业学位案例教学影响因素与评价体系 ································· 45
  第一节 体育硕士专业学位案例教学影响因素实证研究 ··························· 45
  第二节 体育硕士专业学位案例教学评价指标体系的构建 ······················· 57
第五章 体育硕士专业学位教学案例库建设 ·· 72
  第一节 体育教学领域教学案例库 ·· 72
  第二节 运动训练领域教学案例库 ·· 109
  第三节 竞赛组织管理领域教学案例库 ·· 157
  第四节 社会体育指导领域教学案例库 ·· 186

参考文献 ·· 234
附录一 体育硕士案例教学现状调查问卷（教师）················ 237
附录二 体育硕士案例教学现状调查问卷（学生）················ 242

第一章 绪论

本章主要通过介绍体育硕士专业学位教学案例库建设的研究背景与研究意义，论述体育硕士教学案例库建设的必要性，从分析案例库的建设对体育硕士的培养、教学方法改革等具有的重要意义。

第一节 研究背景

体育硕士专业学位是我国诸多专业学位之一，2005年成立并开始招生，共有4个培养领域，分别为体育教学、运动训练、竞赛组织管理和社会体育指导。截至目前，除香港、澳门、台湾外，全国共有140多所高校开展体育硕士专业学位教育。体育硕士专业学位共有两种形式，一种是全日制体育硕士专业学位，另一种是非全日制体育硕士专业学位。

随着经济的发展和社会的进步，国家对体育强国建设人才培养计划的投入逐渐增多。在此过程中，对研究生教育改革和质量提升的需求也随之增加，新时代社会对应用型、综合型人才的需求也在不断增大。体育硕士专业学位教育的核心是培养体育硕士，因此，体育硕士专业学位教育是我国体育领域高层次应用型人才的主要来源，推动体育硕士专业学位研究生理论与实践的进步和发展，提高体育硕士专业学位教育教学质量，培养具有创新能力、思考能力、实践操作能力等综合素质的体育人才是研究生教育应进行的重大改革和突破。

1979年，中国工商行政代表团将案例教学引入国内，但当时只在医学、法学、工商管理等应用性较强的学科中使用。① 随后在20世纪80年代，案例教学被引入我国教育领域，其教学成果在诸多学科中得到了普遍肯定。这表明案例教学是

---

① 郑金洲：《案例教学指南》，上海华东师范大学出版社2000年版。

一种理论与实践有机结合的教学方法，对提高体育硕士专业学位研究生的理论联系实际能力、思维分析能力以及创造能力具有重要价值。由于案例教学在教育领域的成果显著，教育部重点强调，加强案例教学，重视案例开发与编写的质量，推动体育硕士专业学位研究生案例库建设，将建设案例库、普及案例教学作为推动体育硕士专业学位研究生培养计划革新的重要措施。

在案例教学过程中，案例是案例教学的首要问题，拥有充足的优质案例是进行案例教学的"物质"基础，建设案例库是开展案例教学、推广案例教学的首要任务。目前，案例教学在体育领域的研究基本属于空白，各方面仍处于探索阶段。国内体育硕士专业学位教育教学的案例鲜见，在编写案例方面的研究更是不尽如人意，缺少全面、系统、有针对性的体育硕士教学领域的案例编写程序，缺少与体育硕士专业学位教学相对应的案例库。因此，选择真实的、典型的体育事件，将其编写成优质案例，并完成案例分类入库，对体育硕士专业学位案例库建设十分重要。

一、案例库建设有助于体育硕士培养目标的达成

2015年，专业学位研究生教育指导委员会发布的《专业学位类别（领域）博士、硕士学位基本要求》明确指出，体育硕士专业学位教育教学必须重视对学生实践能力、思维分析能力的培养。在《体育硕士专业学位研究生指导培养方案》中明确表示要培养具有系统体育专业知识的、具有高超运动技能和良好体育专业素养的高层次、应用型人才。这充分说明体育硕士专业学位研究生掌握专业理论知识、具备适应新时代社会的创新能力和实践能力非常重要。

2017年1月，刘延东在国务院学位委员会第三十三次会议上的讲话提出："建立了多部门参与的专业学位研究生联合培养体系，搭建案例库公共平台，建设了MBA、会计、MPA、法律、教育等多个专业学位教学案例库。"[①] 此次会议将建设专业学位案例库视为高校专业学位研究生培养体系的目标之一。

目前，国内教育系统在体育硕士专业学位研究生的培养目标实践操作能力、思维分析能力、解决实际问题能力的培养等方面依然存在不足，缺少完成体育硕士培养目标的新的教学方法。随着现阶段我国体育硕士专业学位教育招生数量的不断增多，对体育硕士专业学位案例库建设进行研究，通过案例库建设促进案例教学，推动体育硕士专业学位培养目标的实现，可以有效提高我国体育领域人才

---

① 刘延东：《在国务院学位委员会第三十三次会议上的讲话》，《中国教育报》2017年3月12日第1版。

培养质量，加速我国进入体育强国的进程。

二、案例库建设有助于体育硕士培养模式改革

2015年5月，教育部出台的《教育部关于加强专业学位研究生案例教学和联合培养基地建设的意见》明确指出："加强案例教学，是促进理论教学与实践操作有机结合的重要途径，是推动专业学位研究生培养模式改革的重要手段。要重视案例的编写与入库，提高案例质量，开发一批基于实际情景、符合案例教学规定、与国际教育接轨的高质量教学案例。"该意见为高等院校通过案例教学培养专业学位硕士研究生提供了政策支撑。将编写的优质案例进行分类，建设高质量专业学位案例库是培养专业学位研究生的重要手段，而建设体育硕士专业学位案例库，通过案例教学有效提高体育硕士专业学位研究生的培养质量，能为社会发展和进步做出巨大贡献。

2018年9月，习近平总书记在全国教育大会上提出要纠正过度重视考试成绩、忽视社会实践能力的评价机制，从根本上推动"立德树人"教育目标的实现，要重点培养高层次、创新型、应用型人才。同时，李克强总理也提出应增加培养具有创新意识和实践能力的高素质新型人才。[①] 体育硕士是体育领域的新型人才，建设体育硕士专业学位教学案例库，通过案例教学提高体育硕士专业学位研究生的实践能力、创新能力，对完成体育硕士培养计划具有关键价值。

三、案例库建设有助于体育硕士教学方法改革

在传统的教学课堂中，学生被动地听教师讲教材中的概念、理论等。对于没有任何实践基础、直观体验和感性认识的学生来说，这种教学形式的教学效果并不理想。同时，传统课堂的教学方式对于学科前沿知识、热点问题的介绍与最新理论研究成果在体育实践中应用与推广等都具有一定的滞后性。因此，克服目前传统教育教学模式存在的弊端，通过营造质疑、讨论、探究等主动性学习机制，培养学生的创新精神和实践能力，促进学科健康发展，已成为当下教育教学改革中的重要任务。案例教学可以改变传统教学中教师权威、照本宣科与学生被动学习的局面，通过教师在课堂上对经典案例的剖析，引导学生从个别到一般，进一步学习、理解和掌握教材中相关概念、理论，学生在长期参与、质疑、讨论、批判、

---

① 新华社：《习近平在全国教育大会上强调 坚持中国特色社会主义教育发展道路 培养德智体美劳全面发展的社会主义建设者和接班人》，《党建》2018年第10期，第4—6页。

归纳、总结等教学氛围中逐渐形成发现问题、分析问题、解决问题的方法和精神品质，更能够激发学生的学习兴趣，获得更好的教学效果。

优秀的案例是进行案例教学的基础，建设种类全面、数量充足的案例库是顺利进行案例教学、提高案例教学效果的前提和保证。因此，搜寻典型体育事件，将其编写成优秀教学案例，进行全面、系统分类，从而组建成高质量的案例库是一项重大而紧迫的任务。虽然，在一些高校中的商学院，特别的MBA教学模式中已经有大量的案例教学课程，但目前在国内体育学科教育中却鲜有案例教学方式，案例教学的编写模式尚未成熟，建设体育硕士专业学位教学案例库的筛选标准、分类依据、入库程序等基本属于空白，体育领域尚存的案例库基本是教师对事件讲解或经验总结的简单罗列，没有进行严格筛选和系统分类，不符合标准案例库的规定，会增加教师的使用难度。因此，基于体育硕士专业学位教学案例库对人才培养和促进体育强国建设的重要性，以及我国体育硕士专业学位教学案例匮乏的现状，将案例进行系统筛选、全面分类，推动体育硕士专业学位教学案例库建设研究势在必行。对体育硕士专业学位教学案例进行尝试性研究，将着眼于高校人才培养模式之创新，根据当代社会对于高素质创新型体育人才的需求，通过教学案例库建设，提高专业学位研究生课程教学的实效性，强化专业学位研究生的实践应用能力和创新创业能力培养，促进专业学位研究生教学内容与方法改革，以建设特色教材，打造学科专业综合课程，进而强化实践性和创新性人才的培养，提高专业学位研究生教育教学质量。案例教学的开发和研究过程所积累的经验，对于体育学科领域的教育教学改革有一定的参考价值，对于其他学科在体育教育领域中的应用也同样具有借鉴作用。

第二节 研究意义

当前，我国案例库建设方面的研究尚处于起步阶段。由于国内学者对案例库认识存在一定偏差，故现有的案例库过于简单，没有标准的案例入库程序，没有对案例进行系统分类，给案例使用者带来了困难，阻碍了案例教学的顺利进行。本书通过总结前人的研究经验，着眼于体育硕士专业学位教育教学的多门课程，从理论和实践的角度出发，全力构建体育硕士专业学位案例库。此外，本书通过借鉴其他领域案例库建设的经验，结合体育硕士专业学位教育教学的特点，使建设的案例库在体育硕士专业学位教育教学课程中发挥最大优势,这对填补我国体育领域专业学位案例库的空白具有重要意义。

一、案例库的作用与意义

案例库是保证案例教学顺利进行的基础,其由多个具备针对性、典型性的高质量案例共同组成,能为教育者使用案例进行教学提供便利。[①]案例库中存有该领域的优秀案例,这些案例可为使用者解决实际问题提供参考,也可为该领域问题的解决者提供解决问题的决策参考和手段。同时,使用者对案例库中多个案例进行分析时,能对自身的分析问题能力、解决问题能力和理论联系实际能力进行锻炼,且分析的结果和结论能为有关部门提供适当的参考建议。因此,案例库既能揭露该领域可能出现的一系列问题,亦能为解决问题提供决策支持,具有重要的理论和实践意义。

二、案例教学的作用与意义

(一)实现教学资源共享

社会的进步,科学技术的日益发达,互联网的逐渐普及,使得搜索获取教学资源的途径更是多种多样。建设系统、全面的体育硕士专业学位教学案例库,有益于在案例教学期间,教师与学生、学生与学生之间进行相互讨论和交流,能够相互了解彼此的思维和观点,并且在交流与讨论过程中,能够掌握自己知识范围以外的信息,实现课堂上教学资源的共享。课间,教师在相互讨论教学案例时,逐步完善体育硕士专业学位教育教学的案例库,再次推动了体育硕士专业学位教育教学资源的共享。此外,诸多高等院校都开设体育硕士专业学位教育,建设体育硕士专业学位案例库能为各高校搭建教学案例平台,提供高质量的体育教学案例,实现教学案例资源共享。同时,各高校还可以将符合标准的优秀案例存入案例库,为其他高校进行案例教学提供更多案例资源。这对提高全国各高校体育硕士专业学位教育教学质量和推动体育事业发展具有重要作用。

(二)培养学生的体育思维模式

建立全面系统的案例库能为体育硕士专业学位研究生教学提供多个不同种类

---

① 王应密、张乐平:《全日制工程硕士案例教学资源库建设探析》,《高等工程教育研究》2013年第4卷第4期,第166—171页。

的思考情景。传统的教学方法通常是让学生机械地掌握知识,很难培养学生发现问题、解决问题的能力。案例库建设能为教学提供优质案例,为体育硕士专业学位研究生学习提供真实的情景,从而提高学生思维分析能力。高质量的案例不仅可以带动学生运用现有知识进行思考分析,而且还能引导学生从多个方面综合分析问题。运用体育硕士专业学位案例库中的典型案例进行教学,能有效地激发体育硕士的探究欲望,提高体育硕士分析问题和解决问题的能力。[①]在案例教学过程中,体育硕士专业学位研究生为更好地解决案例中的真实问题,课后通常会通过图书馆、教材、互联网等途径查阅资料、寻找答案,进行思考、分析从而形成解决相关问题的思维模式。课中再次对案例进行讨论,学生会通过其他同学的观点和教师对案例分析的指导发现自己的不足之处,以此拓宽视野。[②]这十分有利于学生形成更加全面的体育思维模式。但是体育思维模式的形成并不是一蹴而就的,而是在对体育硕士专业学位教学案例库中大量优质案例进行分析的基础上形成的。因此,对体育硕士专业学位案例库建设进行研究,能为体育硕士提供大量的优质案例,学生在案例分析过程中,能更好地提高自身的体育思维模式。

(三)提高学生的批判思维能力

简单说,批判思维就是个体在复杂多变的情境中,能巧妙充分地运用自己所学的知识和经验,选择面临问题的解决办法,在分析思考的基础上进行全面推理,做出正确判断,而面对某种复杂且具有难度的问题和进行各种选择时,能够合理地做出取舍。国内诸多学者认为,案例教学能有效提高体育硕士专业学位研究生的批判思维能力。案例库中各种各样的案例可以为学生提供不同的判断情景,能够磨炼、提高学生对问题的判断能力。案例库是案例教学的关键,经过规范编写、层层筛选的案例,能够为案例库建设提供质量保障,为学生提供不同的问题情境,对体育硕士专业学位教育培养学生的批判思维能力十分有益。

(四)激发学生的学习兴趣

建好的案例库通常会上传至相应的教学平台,体育硕士可以下载案例,并对其进行分析,将自身的分析与课中的讨论相结合,将自己发现的问题和解决问题

[①] 吴俊、徐锟、刘志燕:《本科护理学专业课程案例教学实践与考试改革研究》,《卫生职业教育》2020年第38卷第1期,第71—73页。

[②] 淮盼盼、王金玄、金瑞华:《标准化案例库在护理本科生实践教学中的应用》,《护理研究》2020年第34卷第9期,第1632—1634页。

的观点与同学、教师分享。如此，既实现了教学资源的共享，又解答了自己的疑问，还培养了自主学习意识，满足了学生对知识的渴望。因此，对体育硕士专业学位教学案例库进行研究，建设全面系统的案例库能为体育硕士专业学位教育教学提供丰富优质的案例，以此提高学生的综合能力，扩充学生的知识储备，增强学生学习的积极性，对激发体育硕士学习兴趣具有重要意义。

（五）为教师进行案例教学提供便利条件

通常来说，编写的优质案例需要经过层层筛选、多次修改，并通过专业评审专家的审核才能纳入案例库。当体育硕士教师进行案例教学时，只需从案例库中选择合适的案例即可，不需要对案例进行二次编写、修改等各种复杂的程序，为体育硕士教师备课节省了人力物力。目前我国体育领域案例教学存在较多问题，缺少案例分类标准就是存在的问题之一，而体育硕士专业学位教学案例库不仅能够保证案例的质量，还可以将诸多高质量的体育案例按照统一的标准进行分类，为体育硕士教师的选择提供便利。进行案例教学对体育硕士教师有着一定的要求，不仅要求体育硕士教师全面了解案例事件的过程，还需要教师掌握大量的相关知识。体育硕士专业学位教学案例库建设研究可以为构建全面系统的案例库提供支持，能为体育硕士教师进行案例教学节约时间，为其强化自身综合能力提供便利条件，从而提高体育硕士案例教学效果。

第二章　案例教学研究状况与评价

本章立足于观察案例教学的研究状况，讲述了国内外案例教学的发展史、我国的案例教学研究可视化分析，从我国案例教学的概念、原则、功能、特征等方面进行评析，对比了案例教学与传统教学的优劣势，同时指出了案例教学存在的问题，对未来案例库的建设做出了展望。

第一节　案例教学发展史

一、国外发展史

在国外，案例教学最早可以追溯到古希腊时期，当时著名教育学家苏格拉底创造的问答式教学，具有培养学生思维分析能力、锻炼解决实际问题能力、增强学习兴趣的功能。苏格拉底为方便以后的教学，将课堂中的问答过程编写成多个教学故事，以此用来说明事理。这让案例教学得到了进一步发展，进而开创了国外案例教学的先河。[①]

案例教学于19世纪70年代由美国哈佛大学法学院前院长斯托弗·哥伦布·朗代尔创造。随后案例教学开始在哈佛大学法学院的课堂中使用，且取得了理想的教学效果，从此案例教学得到了众人的认可。[②] 随后哈佛大学医学院逐渐将案例教学引入课堂，为了进一步提高学生的临床经验，他们将患者的治疗情况记录在日志里，医学院教师通过讲解记录的病例日志，向学生传授诊断治疗的经验和

---

① 杨光富、张宏菊：《案例教学：从哈佛走向世界——案例教学发展历史研究》，《外国中小学教育》2008年第6期，第1—5页。

② 郭德红：《案例教学：历史、本质和发展趋势》，《高等理科教育》2008年第1期，第22—24页。

知识。① 后来，哈佛大学商学院认识到案例教学的价值与重要性，大力支持学生还原真实情景与角色扮演，教师带领学生以模拟实际过程的方式进行案例教学，在课堂中教师还会通过播放真实纪录片的方式，巩固学生对案例中事件或人物的感受，增强学生解决商业问题的能力。② 1921 年，哈佛大学商学院开始推广案例教学。在案例教学普及的过程中，哈佛大学培养了诸多商业人才，进而推动了美国商业经济的快速发展。

二、国内发展史

中国作为四大文明古国之一，是最早传播案例的国家，早在春秋战国时期就已经出现案例，如龟兔赛跑、守株待兔等故事都是早期的案例。随后在《伤寒杂病论》《备急千金要方》《本草纲目》等医学著作中均存在将病史和诊断过程编写成案例的情况，以此总结经验，为后人掌握医学原理提供便利。这些经典故事和医学著作不仅将中华民族几千年的历史以案例的形式向后人传承，而且代表着我国案例教学的萌芽。③

1979 年，我国工商行政代表团将案例教学引入国内，但当时只在医学、法学和工商管理等应用性较强的学科中使用。④ 随着社会的进步和教育事业的发展，案例教学因其使用效果显著逐渐受到人们的重视。1983 年，谢敬中《案例教学简介》的成功出版代表着我国教育领域运用案例教学的开端。随后《案例教学指南》《案例教学原理》等相关著作的出版推动了案例教学在我国教育领域的发展。20 世纪 90 年代，随着我国工商管理教育的逐渐兴起，尤其是案例教学在 MBA 教育中的应用取得了显著效果，案例教学在我国多个领域中得到了迅速发展。2001 年我国首次进行 MBA 招生，案例教学进入一个新的发展阶段。

第二节　我国案例教学研究的可视化分析

本部分利用 Cite space 5.8R3 软件对 1992—2021 年部分案例教学核心文献进

---

① 李谥：《哈佛大学案例教学研究》，沈阳师范大学 2012 年硕士学位论文。
② 刘刚：《哈佛商学院案例教学作用机制及其启示》，《中国高教研究》2008 年第 5 期，第 89—91 页。
③ 王青梅、赵革：《国内外案例教学研究综述》，《宁波大学学报》2009 年第 6 期，第 7—11 页。
④ 李佳：《案例教学在体育硕士专业学位研究生课程教学中的应用研究》，河北师范大学 2020 年硕士学位论文。

行可视化分析，以期通过把握案例教学发展的脉络，对与案例教学相关的研究成果进行梳理和评价，为体育硕士专业学位教学案例库建设研究提供量化参考。

一、数据来源与研究方法

本研究将收藏中文核心期刊最多的中国知网期刊数据库（CNKI）作为本部分的数据来源[①]，将"案例教学"作为数据库检索的主题词，将期刊类别调整为"核心期刊"和"CSSCI"，将数据库检索的起止时间调整为1992年1月1日至2021年12月31日，检索时间为2022年1月15日，除去一些与案例教学无关的文献，共检索出2931篇文献。将检索的文献运用Excel表格制作研究文献时间分布折线图，分析案例教学年度发文量、研究的发展趋势，然后利用文献计量法、可视化分析法、词频分析法、共现分析法对Cite space 5.8R3软件制作的知识图谱进行分析。

二、研究文献时间分布分析

案例教学领域发文量与时间变化的关系，能够体现出该领域的研究历史和发展情况，可为进一步预测案例教学发展趋势和建设案例库提供参考。由图2-2-1可知我国案例教学研究领域发文量呈"山峰"式变化，大体可分为三个阶段：第一个阶段为萌芽阶段（1992—1999），8年时间共发表论文66篇，占总发文量的2.25%，此阶段处于案例教学研究的摸索期，国内学者对案例教学的认识不足，各方面研究不成熟，因此导致发文量不太乐观。第二阶段为平稳发展阶段（2000—2011），12年时间共发表论文1601篇，占总发文量的54.62%。其中，2011年国内发文量达到顶峰，该年发表论文243篇。此阶段初期，2001年我国MBA教育首次招生，进一步打开了案例教学研究的大门，学者们开始对其进行广泛研究，全国各高校也如火如荼地进行案例教学，因此该阶段发文量逐渐有了起色，研究成果逐年增加。第三阶段为缓慢下降阶段（2012—2021），10年时间共发表论文1264篇，占总发文量的43.13%。第二阶段的广泛研究，使得第三阶段案例教学研究数量逐渐稳定。经统计和阅读文献可知，虽然第三阶段学者们对该领域的关注度趋于平稳，但对案例教学研究的深度逐渐增加，这为我国案例教学的深度发展奠定了基础。

[①] 蒋鸿标：《三大中文期刊全文数据库质量述评》，《现代情报》2015年第35卷第9期，第84—88页。

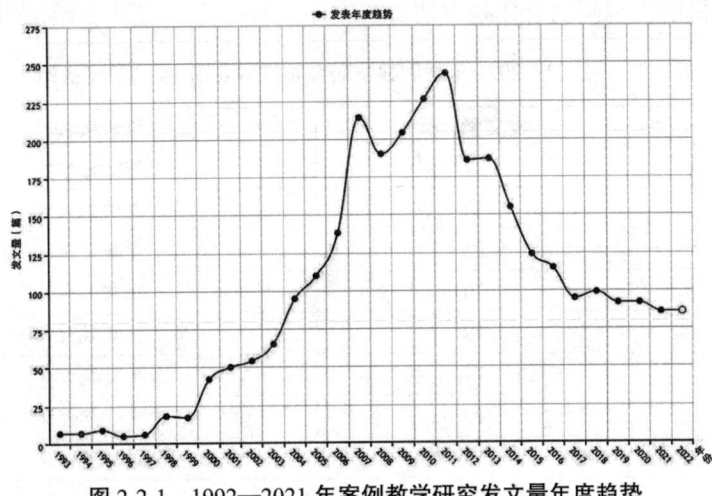

图 2-2-1　1992—2021 年案例教学研究发文量年度趋势

三、科研机构知识图谱分析

科研机构知识图谱可展现案例教学领域研究机构的能力范围和分布情况。利用软件生成我国案例教学领域科研机构知识图谱（图 2-2-2），同时将发文量排名前 15 的科研机构进行统计（表 2-2-1）。

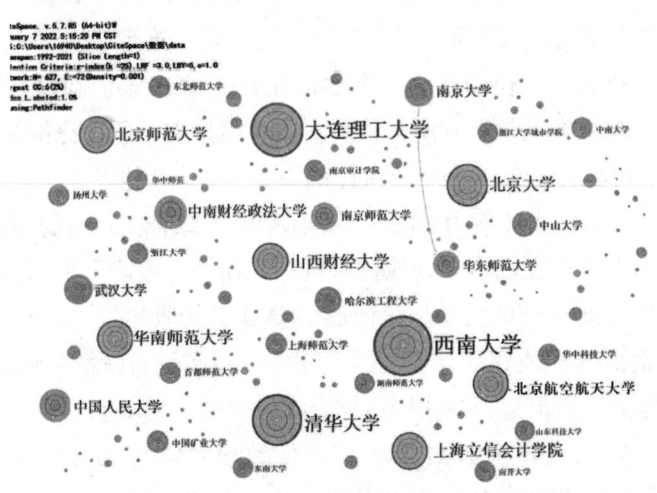

图 2-2-2　1992—2021 年案例教学研究领域科研机构共现网络

如图 2-2-2 所示，每个科研机构都由一个节点代表，且节点的大小与科研机构的发文量成正比关系；节点间存在的连线反映了科研机构之间有一定的合作关系，连线的颜色深浅和粗细代表科研机构之间合作的密切程度，线条越粗、颜色越深，表示科研机构间的合作越密切。①

表 2-2-1　1992—2021 年案例教学研究领域排名前 14 的科研机构

排名	发文量/篇	科研机构
1	27	西南大学
2	26	大连理工大学
3	25	清华大学
4	20	北京大学
5	19	北京航空航天大学
6	19	山西财经大学
7	19	北京师范大学
8	19	华南师范大学
9	19	上海立信会计学院
10	18	中南财经政法大学
11	18	中国人民大学
12	17	南京大学
13	17	武汉大学
14	16	南京师范大学

如图 2-2-2、表 2-2-1 所示，西南大学的节点最大，其在 1992—2021 年之间发表了案例教学研究论文 27 篇，排在首位；其次是大连理工大学，发表论文 26 篇，排名第二；排在第三位的是清华大学，发表论文 25 篇。在发文量排名前 15 的科研机构中，综合类大学有 6 所，共发表 124 篇论文，所占比例为 42%；师范类大学有 4 所，共发表论文 70 篇，所占比例为 23.7%；其他专业类大学共有 5 所，共发表论文 101 篇，所占比例为 34.3%。整体来看，综合类高校的科研实力较强；排在首位的西南大学发文量多于其他科研机构，在一定程度上说明西南大学具有较强的科研实力；北京师范大学的科研能力要高于其他师范类高校。综上所述，综合类大学对案例教学领域具有较高的关注度，对案例教学的使用和研究较多，同时也具有较强的科研能力，是我国案例教学研究的主力军。

如图 2-2-2 所示，1992—2021 年我国案例教学领域的 2931 篇核心论文来自 627 个科研机构（$N=627$），有 72 所机构存在合作关系（$E=72$），整体来看共现网络密度较低（Density=0.001），说明案例教学研究的科研机构相对分散。其中，存在合作网络最多的科研机构是华东师范大学，该机构内部的高等教育研究所、学

---

① 刘则渊、陈悦、侯海燕：《科学知识图谱方法与应用》，人民出版社 2008 年版。

位教育中心和研究生院也存在合作关系。综上所述，案例教学领域科研机构之间存在一定的合作关系，但该领域的科研机构相对分散，机构间独自为营的现象较重，只有少数科研能力较强的机构间存在交流，机构间的合作关系较少。进一步表明案例教学研究的科研机构在文献资源共享、整合、交流等方面具有较大的发展潜力。

四、核心作者知识图谱分析

通常来说，作者发文量反映其知识产出的实力，可作为评价作者科研效率的客观标准。作者的科研成就与其在刊物上发表论文的数量成正比。[①] 利用软件生成 1992—2021 年案例教学领域研究核心作者知识图谱，见图 2-2-3。

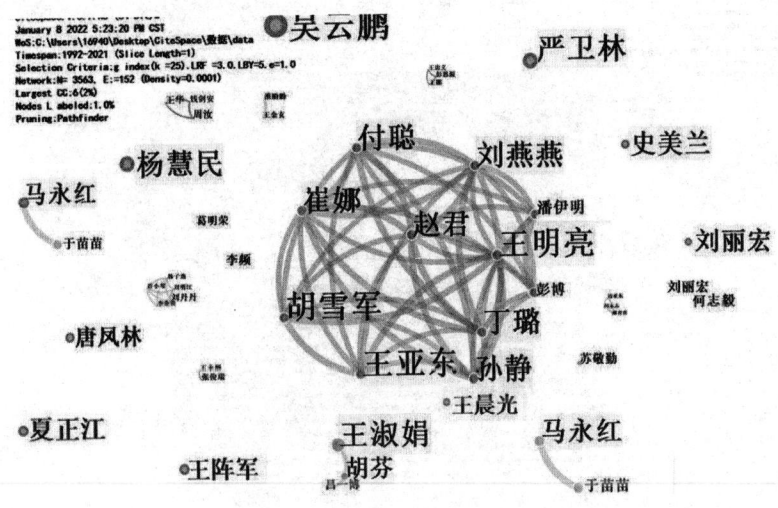

图 2-2-3　1992—2021 年案例教学研究领域核心作者共现网络

如图 2-2-3 所示，作者的发文量与节点大小成正比关系，节点之间的连线表示作者之间存在合作关系。如图 2-2-3 所示，吴云鹏的节点最大，排名第一，发表论文 6 篇；其次是胡雪军、王明亮、王淑娟、杨慧民、王亚东和严卫林，均发表论文 5 篇。如图 2-2-3 所示，3563 个节点中（N=3563），共有 152 条连线（E=152），共现网络密度为 0.0001（Density=0.0001）。总体而言，我国案例教学研究领域核心作者共现网络密度低，核心作者间的合作较少，只存在几个较大的合作团体，作者间成果交流、资源共享程度不高。在此方面我国学者需要扩大合

---

① 高明、段卉、韩尚洁：《基于 CiteSpace Ⅲ 的国外体育教育研究计量学分析》，《体育科学》2015 年第 35 卷第 1 期，第 4—12 页。

作范围，增强交流，实现资源共享，让案例教学与其他研究领域相互交叉渗透，以此进一步丰富我国案例教学的研究成果。

五、高频关键词知识图谱及热点和前沿分析

关键词是对文章核心内容的高度概括，是其领域研究的焦点和学者关注的重点话题。① 利用软件生成关键词知识图谱，并通过"Threshold""Font Size""Node Size"对图谱进行适当调整，最终得到我国案例教学研究高频关键词知识图谱，见图 2-2-4。

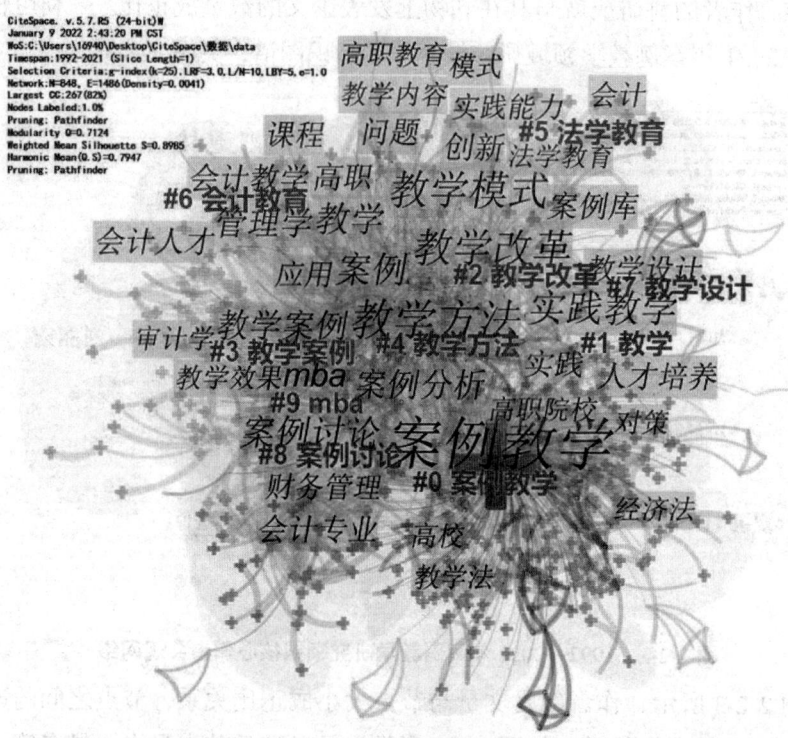

图 2-2-4　1992—2021 年案例教学研究领域的高频关键词共现网络

如图 2-2-4 所示，节点的大小与关键词的被引次数成正比；节点外圈颜色与该节点代表关键词的中心性成正相关，节点外圈颜色越深，代表关键词的中心性越高；节点之间连线的粗细程度与关键词之间的共现强度成正向关系，节点间的连线越多，关键词间的共现程度越强；不同颜色区域聚类形成的"#…"，代表该区域内的研究热点。

---

①　孙海生：《作者关键词共现网络及实证研究》，《情报杂志》2012 年第 31 卷第 9 期，第 63—67 页。

（一）高频关键词与中心性关键词分析

高频关键词可反映一个研究领域着重关注的研究主题。[①]对我国案例教学研究排名前 10 的高频关键词和中心性关键词进行统计，见表 2-2-2。其中，排名前三的分别是"案例教学""教学改革""教学方法"，可见我国案例教学研究领域在案例教学、教学改革、教学方法等方面受到学者的广泛关注。

表 2-2-2 1992—2021 年案例教学研究领域排名前 10 的高频关键词和中心性关键词

排名	高频关键词	频次	中心性关键词	中心度
1	案例教学	1203	案例教学	0.97
2	教学改革	153	教学方法	0.12
3	教学方法	148	教学模式	0.10
4	教学模式	99	教学改革	0.08
5	案例	79	实践教学	0.05
6	实践教学	67	教学设计	0.04
7	教学	61	案例	0.04
8	案例分析	47	教学	0.03
9	教学案例	42	案例分析	0.02
10	管理案例	40	mba	0.02

关键词的中心度越高，代表该词语掌控其他关键词的信息越多，与其他关键词在同一文章中的概率越大，在主题关键词中的影响力越大。[②]如表 2-2-2、图 2-2-4 所示，排名前三的关键词的中心度均在 0.10 以上，表明关键词"案例教学""教学方法"以及"教学模式"与该研究领域内其他关键词有着密切的联系，涉及案例教学、教学方法和教学模式内容的文章较多，这给案例教学研究领域提供了大量的研究成果，在一定程度上能反映出该研究领域的热点。

（二）研究热点分析

知识图谱聚类后得出的 Q 值和 S 值是检验图谱是否有效的关键依据，通常来说，$Q > 0.3$、$S > 0.7$，表明聚类后划分的区域结构具有较高显著性，该图谱聚类后的效率较高，可以令人信服。[③]如图 2-2-4 所示，聚类后的 Q 值为 0.7124 >

[①] 陈春花、尹俊：《组织文化研究的演化路径、知识图谱及研究展望》，《外国经济与管理》2019 年第 41 卷第 11 期，第 70—85 页。
[②] 潘东华、徐珂珂：《基于共词分析的技术机会分析》，《科研管理》2014 年第 35 卷第 04 期，第 10—17 页。
[③] 陈悦、陈超美、刘则渊：《CiteSpace 知识图谱的方法论功能》，《科学学研究》2015 年第 33 卷第 2 期，第 242—253 页。

0.3，S 值为 0.8985＞0.7，说明 1992—2021 年我国案例教学研究领域高频关键词共现网络聚类划分的区域，具有较高的显著性，聚类出现的标签可信度较高，出现的标签代表案例教学研究领域的热点足以令人信服。

如图 2-2-4 所示，我国案例教学研究领域排名前五的研究热点依次是"#0 案例教学""#1 教学""#2 教学改革""#3 教学案例""#4 教学方法"。聚类后标签中的数字越小，代表的相同颜色区域内包含的关键词越多，表明该热点的研究热度越高。总体来看，我国案例教学领域的研究热点主要集中在教学、教学改革和教学方式等方面，如实践教学、教学改革、教学案例以及教学方法等，案例教学可以提高教学效果，全面推广案例教学需要教学改革的支撑，优质的教学案例是开展案例教学的基础。总体而言，各研究热点之间存在较高的相关性，研究热点相对集中，与其他领域的合作研究较少。

（三）研究前沿分析

突现词图谱是对突现词的突现率以及时间跨度的归纳，能代表相关学者对案例教学领域的关注度，能反映案例教学领域研究主题的变化情况。对高频关键词共现网络进行处理，让其生成突现值排名前 20 的突现词图谱，见图 2-2-5。

Top 20 Keywords with the Strongest Citation Bursts

Keywords	Year	Strength	Begin	End	1992 - 2021
案例讨论	1992	13.24	1992	2007	
实习实践	1992	5.78	1992	2002	
培养特色	1992	5.66	1992	2002	
智能会计	1992	5.06	1992	1999	
mba	1992	6.99	1997	2005	
案例分析	1992	7.29	2000	2007	
会计教育	1992	5.83	2000	2007	
会计教学	1992	5.12	2001	2008	
案例	1992	5.24	2002	2008	
管理学	1992	4.8	2005	2010	
应用	1992	5.77	2008	2013	
高职院校	1992	4.71	2008	2013	
高职	1992	5.47	2009	2013	
实践	1992	6.12	2010	2013	
审计教学	1992	5.02	2010	2013	
教师教育	1992	4.66	2011	2013	
管理案例	1992	16.8	2014	2021	
共享中心	1992	15.52	2014	2021	
培养模式	1992	5.65	2015	2018	
翻转课堂	1992	4.54	2018	2021	

图 2-2-5 1992—2021 年案例教学研究领域排名前 20 的突现词图谱

如图 2-2-5 所示，1992—2021 年我国案例教学领域的研究主题发生了阶梯式变化，研究主题朝着不同的方向发展，涉及的专业也是多种多样。结合我国的教育政策来看，国内案例教学研究主题的发展是以国家教育政策和方针为指导，重点偏向于教学方法的创新和改革。管理案例是案例教学领域突现词前 20 名中突现程度最高的研究主题,突现程度达到16.8,持续时间达到8年。由此可见,管理案例这一研究主题给我国案例教学领域带来了丰富的研究成果,对案例教学的发展做出了巨大贡献。基于我国社会的进步和互联网的发展,分析上图可以发现,近几年我国案例教学研究主题主要有管理学、共享中心、翻转课堂等,主要围绕管理案例、案例共享、课堂改革等研究内容展开,其中案例筛选程序和案例库建设是目前的研究前沿。总体而言,案例教学领域研究不断深化,研究方向持续扩大,给案例教学领域提供了丰硕的研究成果。

六、小结

我国案例教学领域研究文献的时间分布,可以分为萌芽、平稳发展、缓慢下降三个阶段。案例教学领域的科研机构数量较多,相对分散,机构间存在一定的实力差距。作者间合作交流程度存在较大的改善空间。案例教学领域研究的高频关键词和研究热点相对集中,且高频关键词与研究热点之间存在高度的相关性。随着案例教学的广泛开展,案例教学领域相关的学者应加大对案例教学的研究力度,推动案例教学领域研究向更高水平发展;各科研机构应提高对案例教学的关注度,加大各机构间的合作交流程度,缩小机构间的科研实力;研究者应进一步改善资源共享力度,深度挖掘案例教学在不同领域的研究热点,探索崭新的研究前沿,扩大案例教学的研究范围。

第三节　我国案例教学研究评述[①]

一、案例教学概念研究

郑金洲认为,案例教学是教师将一个详细的情景对学生进行描述,然后指导学生对情景存在问题进行讨论和分析,最后得出结论的一种教学方式。[②]周学荣和黄倩倩认为,案例教学是一种在建构主义理论的指导下,以真实的情景为基础,培养学生的思考分析、解决问题能力,进一步强化学生专业理论和知识的教学方

[①] 杨长建、周君华:《我国1982—2020年案例教学法研究综述》,《安顺学院学报》2021年第23卷第5期,第72—76页。

[②] 郑金洲:《案例教学指南》,华东师范大学出版社2000年版。

法。① 李玉栋认为，只有对真实且复杂的场景进行记录，才能称为出色的案例，且这个案例要以记录事实为前提，让学生在课堂上进行讨论。② 王艳认为，案例教学是以教师的指导为基础，以教学目标为导向，运用案例帮助学生学习并提高学生的综合能力。③ 刘春妹和秦红兵认为，案例教学是在典型事件构建虚拟或真实情景的基础上，教师与学生相互讨论交流，从而掌握知识和技能的教学方式。④ 张淑芳认为，案例教学是将案例作为分析对象，在案例问题的指引下，以探究为基础的教学方式。⑤

通过阅读文献可以发现，学者们认为案例教学是教师将学生指引到案例中的特殊情境下，带领学生进行讨论、分析问题，尊重学生的主体地位，最后在此过程中得出结论。在使用案例教学过程中，教师对思考、讨论中的学生进行指导，进一步培养学生的思维能力、分析能力、语言表达能力和综合能力等。综上所述，根据前人的研究结果可以将案例教学的概念界定为：案例教学是教育者通过对案例情景进行描述，让学习者自行讨论、分析和思考案例中的问题，并加以指导，最后获得知识、得出结论的一种新型教学方法。在此过程中学习者不仅能提高创新能力，而且其思维分析能力以及解决实际问题的能力也都能得到培养和提高。

二、案例教学的原则、功能、特征研究

（一）关于案例教学的原则

陈倩和李晴认为，案例教学在高中地理课中应遵循的原则有：客观性、典型性、教学性和时代性。⑥ 陈万明研究发现，案例教学的针对性主要体现在针对学生的实际情况因材施教，针对性设计教学目标，针对性安排教学内容，合理选择案例。⑦ 常颖和陈立群认为，运用案例教学应遵循的原则有：实用性原则、典型

---

① 周学荣、黄青青、郝若曦：《加强案例教学培养高素质人才》，《中国高等教育》2021 年第 8 期，第 47—49 页。

② 李玉栋：《论以案例教学为核心的"四位一体"教育硕士教学模式》，《研究生教育研究》2017 年第 3 期，第 77—81 页。

③ 王艳：《案例教学视角下的大学生创业能力培养》，《江苏高教》2018 年第 4 期，第 92—94 页。

④ 刘春妹、秦红兵：《案例教学模式在高等职业教育——药学英语中的应用》，《中国药房》2016 年第 36 期，第 5174—5176 页。

⑤ 张淑芳：《谈谈案例教学在思想品德课中的应用》，《中学政治教学参考》2013 年第 9 期，第 30—31 页。

⑥ 陈倩、李晴：《高中地理教学案例设计研究综述》，《中学地理教学参考》2013 年第 9 期，第 20—21 页。

⑦ 陈万明：《案例教学的针对性原则及其运用要领探讨》，《中国大学教学》2006 年第 11 期，第 23—24 页。

性原则、针对性原则、理论性原则和借鉴性原则。[①] 谢晓专认为，案例教学的基本原则是以学生为中心、深入浅出、精心设计案例情景、理论结合实践等。[②] 项福库认为，在思政课堂中运用案例教学应遵循的原则是：典型性原则、针对性原则、严密性原则、科学性原则、适度性原则、启发性原则和导学性原则等。[③] 陈恭正认为，案例教学应遵循的原则有：能力培养与知识传授相结合原则、外在诱发向内在动因转化原则、主体性原则、有效控制与合理组织原则、特殊性与普遍性相结合原则。[④]

通过分析上述研究成果可以看出，典型性原则和针对性原则是学者们普遍提出的两个原则，其中项福库经过研究提出的案例教学原则比较全面。本书将前人提出的案例教学原则进行综合，并根据案例教学的特点，认为在运用案例教学时除了遵循典型性原则和针对性原则外，还需要遵循主体性、真实性、系统性和启发性等原则。因为这些原则不仅可以使案例教学更全面、更完善，还能提高学生们参与讨论的积极性，提高学生们分析问题和解决问题的能力，使案例教学在课堂中顺利进行，最终达到预期的教学效果。

（二）关于案例教学的功能

刘远熙的研究表明，法学课堂中合理运用案例教学能在一定程度上克服"填鸭式"教学的缺点。[⑤] 罗艳认为，将案例教学与过去的"填鸭式"教学相比，发现案例教学是一种引导式、启发式教学，具有提高教学效果的功能。[⑥] 李桂萍在哲学课实施案例教学的研究中表明，案例教学不仅可以培养学生的哲学思维方式，还能提升学生分析问题、解决问题的能力。[⑦] 刘秀凡在地理案例教学研究中提到，案例教学在一定程度上可以提高学生们的参与意识。[⑧] 苏海舟认为，案例教学不

[①] 常颖、陈立群：《关于会计案例教学的几个问题》，《会计研究》2000年第8期，第51—52页。
[②] 谢晓专：《案例教学的升华：案例教学与情景模拟的融合》，《学位与研究生教育》2017年第1期，第32—36页。
[③] 项福库：《论思政课案例教学中案例选择应遵循的原则》，《教育探索》2012年第1期，第66—67页。
[④] 陈恭正：《高等职业院校实施案例教学初探》，《教育与职业》2014年第36期，第144—145页。
[⑤] 刘远熙：《在法学课堂教学中实施案例教学应遵循的原则》，《教育探索》2010年第12期，第43—44页。
[⑥] 罗艳：《法学案例教学应用探析——以成人函授教育为视觉》，《法制与经济》（下旬刊）2009年第11期，第130—131页。
[⑦] 李桂萍：《哲学课实施案例教学的再认识》，《中国成人教育》2008年第9期，第168—169页。
[⑧] 刘秀凡：《地理案例教学在创新教育中的应用研究》，辽宁师范大学2008年硕士学位论文。

仅可以调动学生的积极性，还可以提高学生课堂讨论的参与度。[1] 刘锡娥的研究认为，案例教学可以激发教师的学习兴趣、增强教师的自信心，进一步完善课程体系以及教师培训内容，健全教师的知识结构和能力结构。[2]

传统的"填鸭式"和"注入式"教学通常指教师将课本中的知识灌输给学生，让学生照本宣科，却忽视了学生的合作交流能力以及分析问题和解决问题能力的发展，可能出现理论与实际脱节的现象。随着案例教学的广泛传播，案例教学展现的功能被诸多学者认可。案例教学不仅可以改变过去"填鸭式"教学的弊端、促进学生之间的合作交流，还可以提高学生分析问题和解决问题的能力，这无疑肯定了案例教学的发展前景。

（三）关于案例教学的特征

张家军和靳玉乐的研究指出，教学过程中持续的互动是案例教学与传统教学最大的不同点，一直处于动态过程的课堂对提高教学效果十分有利。[3] 宋耘的研究认为，案例教学应对教育目标有充足的认识，案例的材料要真实丰富，评价要准确及时。[4] 唐世纲和李枭鹰的研究认为，案例教学可以促进教师和学生、学生和学生之间的相互交流，提高课堂上师生的活跃性，从而提高课堂教学效果。[5] 吴仕江的研究表明，实践性是对案例教学内容的描述，并提出由于现实原因，学生在学校参加社会实践活动的机会很少，而案例教学恰好能弥补这一不足之处。[6]

随着案例教学在课堂中的广泛应用，在使用案例时不仅要突出案例中问题的价值，还要给学生指引思考的方向，所以说案例问题的导向性是案例教学的一个重要特征。综上所述，可以归纳案例教学的四个特征：教育对象的主体性、教学内容的实践性、教学过程的互动性、案例问题的导向性。同时，案例教学被越来越多的高校重视和应用，案例教学在教育事业上将发挥不可估量的作用。

三、案例教学相对于传统教学的优劣势研究

案例教学与传统教学相比，既有新兴教学法的独特优势，也有使用时的劣势。

---

[1] 苏海舟：《新时代高校思想政治理论课案例教学体系的思考与构建》，《民族教育研究》2020年第5期，第27—33页。
[2] 刘锡娥：《案例教学在职前教师培养中的功能探析》，《教育探索》2009年第2期，第84—85页。
[3] 张家军、靳玉乐：《论案例教学的本质与特点》，《中国教育学刊》2004年第1期，第51—53页、第65页。
[4] 宋耘：《哈佛商学院"案例教学"的教学设计与组织实施》，《高教探索》2018年第7期，第43—47页。
[5] 唐世纲、李枭鹰：《论案例教学的内涵及基本特征》，《教学与管理》2004年第16期，第47—49页。
[6] 吴仕江：《案例教学在高中生物教学中的研究与应用》，华中师范大学2015年硕士学位论文。

刘春妹和秦红兵认为，案例教学与传统教学不同，通过案例教学能让学生身临其境，充分学习相关知识，还可以促进学生学习的积极性，培养学生的判断、推理和解决问题能力，还有加强师生间交流的优势。[1] 田爱国和田地将传统教学与案例教学进行比较后认为，案例教学不仅能打破以教师和内容为中心的传统教学模式、重视学生的主体地位、锻炼学生的分析能力和思考能力，还能提高学生参与课堂讨论的积极性，锻炼学生的操作能力；与此同时，案例教学的缺点是容易受到各种因素的干扰，从而影响教学的结果。[2] 贾淑平认为，传统教学对基础知识比较重视，而案例教学更注重学生思考、分析和创造能力的培养，能使理论与实践相结合，克服传统教学在培养学生综合能力方面的不足；此外，他还提出在教学过程中，要将案例教学与传统教学相结合，从而更利于获得理想的教学效果。[3] 高海燕对案例教学和举例教学进行辨析后认为，两者在目标、案例的挑选、教学方式以及对师生的要求等方面有所不同，案例教学的目的性较高，选择的案例可以直接代表将要学习的内容，而举例教学没有这种效果，只需举出可以说明问题的事例即可；举例教学在应用时比较容易，而案例教学在应用时易受到学生的接受情况、案例的难易程度和时间等因素的影响。[4]

通过前人的研究可以发现，案例教学相对于传统教学的优势主要在于，能培养学生的分析问题和解决问题能力，能突出学生的主体地位，有较强的目的性。两者相比还能看出案例教学在使用上没有传统教学法那么简单，需要花费较长时间进行讨论，还要考虑各种因素的影响。由此来看，两种教学方法不可相互替代，案例教学可以凭借自己的独特优势在教育领域逐渐发展，同时应处理好案例教学和传统教学的关系，将二者进行恰当结合、发挥二者各自的优势，以取得理想的教学效果。

四、案例教学存在问题的研究

李太平和戴迎峰认为，案例教学的困境有教育者进行案例教学的积极性不

---

[1] 刘春妹、秦红兵：《案例教学模式在高等职业教育药学英语中的应用》，《中国药房》2016年第27卷36期，第5174—5176页。

[2] 田爱国、田地：《传统教学与案例教学比较研究——基于统计学教学的思考》，《金融教育研究》2013年第26卷第1期，第73—77页。

[3] 贾淑平：《案例教学法与传统教学法在护理〈病原生物学与免疫学中〉的教学效果比较》，《现代预防医学》2013年第40卷第06期，第1199—1201页。

[4] 高海燕：《课堂教学中案例教学与举例教学之辨析》，《现代教育科学》2007年第10期，第91—92页。

高、学习者缺乏参与案例教学的主动性、教学目标单一、不具备情境性等。① 唐凤林认为,案例教学存在的问题主要有编写案例太随意,缺乏针对性、典型性、案例的问题与学生实际情况不符,缺少互动交流,教学主题不鲜明。② 江凌和覃华栋在公共管理类课上运用案例教学时发现,案例教学存在的主要问题有：教师缺乏对案例教学的科学认识、学生对案例教学缺乏兴趣、教师掌握与案例教学相关的知识不足以及案例的质量落后。③ 黄侨对工商管理案例教学问题的研究中发现,案例教学主要存在缺乏对案例教学、案例管理的认识、与其他教学方式混淆等问题。④ 陈明认为,管理案例库建设与使用方面存在的问题主要有案例数量不足、案例质量不精以及案例比较陈旧等情况。⑤

随着教育的发展,学生逐渐成为课堂的主体,多数学者在归纳自己观点的同时却忽略了这点,因此在使用案例教学时,学生能否成为课堂的主体也是案例教学能否成功的一个重要问题。通过对案例教学存在的问题进行整理和归纳,可以发现案例教学存在问题的几个主要方面是：学生不能成为课堂的主体,对案例教学缺乏科学认识,案例的数量不足,不懂得如何正确使用案例。无论是教师、学生还是案例,都是案例教学过程中出现问题的根源,因此,把握好这三者的建设,可以有效解决案例教学存在的问题。

五、案例库建设研究

周云峰和刘琼的研究认为,案例库建设应做到收集数据多层面、分析数据多维度、案例检索多元化、知识服务多方面、数据可视化多视角；此外,案例库建设应从采集案例、储存案例、应用案例、管理案例四个方面进行。⑥ 张新平和冯晓敏的研究认为,案例库建设需从案例教学开始,要广泛提炼案例库建设的经验,建立健全案例库的交流机制、保障机制,以此加强学者们对案例库建设研究的认

---

① 李太平、戴迎峰、黄富琨：《案例教学困境及其超越的文化思考》,《高等工程教育研究》2017年第4期,第165—168页,第191页。
② 唐凤林：《案例教学的失误及对策》,《中学政治教学参考》2012年第14期,第13—14页。
③ 江凌、覃华栋：《公共管理类课程运用案例教学探析》,《西南师范大学学报》(自然科学版)2017年第8期,第173—178页。
④ 黄侨：《高校工商管理案例教学问题的几点思考》,《中国教育学刊》2015年第S2期,第308—309页。
⑤ 《陈明》：《战略管理案例库建设的问题与设计标准》,《现代管理科学》2008年第12期,第88—90页。
⑥ 周云峰、刘琼、刘桂锋：《全民阅读背景下阅读推广案例库建设研究》,《图书馆学研究》2021年第8期,第57—65页。

识,推动教学案例资源的共享,增强案例管理部门的协调力度。[①] 高天的研究认为,全面优化和改善案例资源、加强案例库的管理、提升课堂案例教学的互动效率、完善案例库的保障体系是建设合格案例库的必经之路。[②] 张晓和闫娟的研究认为,全面整合资源是推动案例库建设的有效措施,使案例符合实际情况,才能推动案例教学在教育领域中进一步推广。[③]

案例库作为储存高质量案例的"仓库",对案例教学具有至关重要的作用。通过整理不同领域学者对案例库建设的研究结果可以发现,学者们在研究中都表示案例库建设是进行案例教学的前提和基础,案例库是筛选、检验优质案例的关键手段。经过文献阅读和分析,本研究认为案例库建设应该从案例选择、案例编写、案例筛选、案例入库等机制开始,让入库的案例具有典型性和针对性,从根本上选择优质的案例,提高案例库的建设质量;同时案例库建设还应从实际出发,虚心借鉴国外成功经验,与其他领域相互交流沟通,实现资源互补;建设的案例库应该实现案例的共享,通过案例库带动案例教学快速普及。

六、未来展望

通过研究案例教学可发现,学者们对案例教学的解释虽然有所不同,但是大同小异,我们可以归纳融合前人的研究结果,得到全面详细的界定。学者在对案例教学的原则、功能以及特征进行研究时发现,案例教学在课堂的应用效果与教师对这三方面的研究程度有较大的相关关系,因此我们在研究案例教学的应用时,可以对其原则、功能和特征进行更深入的探讨,落实提高案例教学在课堂应用的效果。目前案例教学还存在各种各样的问题,这些问题为今后案例教学的研究指明了方向。由于学者们的研究领域不同,对案例库建设研究的侧重点和出发点也不同,应该进一步从建立、健全案例库的各种机制切入,实现案例库建设的多层次、全面化。

纵观前人的研究结果,案例教学的应用研究和案例库建设研究是该领域的两大研究热点。案例教学的应用研究可以从提高案例在教学中的使用效率和效果入手,研究怎样充分发挥案例在教学中的作用,为更好地应用案例教学提供参考依

---

① 张新平、冯晓敏:《专业学位教学案例库建设:内涵、价值与要点》,《现代大学教育》2020年第36卷第4期,第100—104页、第112页。
② 高天:《大数据思维视阈下体育课程教学案例库建设研究:以首都体育学院为例》,《首都体育学院学报》2017年第29卷第6期,第514—516页。
③ 张晓、闫娟:《论思想政治理论课教学案例库建设》,《山西财经大学学报》2011年第33卷第S4期,第80页。

据；案例库建设研究可以从丰富案例的数量和质量着手，解决案例数量不足、质量低下的问题，让教师或其他相关人员在运用案例时有充足的选择余地。与此同时，前人的研究曾提到经典案例是案例教学的根本，案例在入库前要经过全面的筛选，为案例库建设质量提供保证。因此，构建案例的入库体系也是未来研究的热点方向。在这方面，我们须在脚踏实地、立足本土的基础上，多向国外学习，借鉴移植外来经验，构建适合我国教学实际的案例入库体系。

基于此，在体育硕士专业学位教学案例库建设过程中，要综合前人的研究成果，借鉴国外的成功经验，填补我国案例库建设的空白。

第三章 案例教学内涵解读与现实审视

本章为案例教学内涵解读与现实审视，第一节分别阐述了案例、案例库及案例教学的内涵，第二节则对国内外的案例教学进行对比分析，并指出国外案例教学对我国的启发与借鉴，以取长补短，共同进步。

第一节 案例、案例库、案例教学内涵解读

一、案例

（一）案例的概念

简单来讲，案例就是对一个实际情境的描述。在这个情境中，包含一个或多个疑难问题，同时也可能包含解决这些问题的方法。案例多以生活中真实发生的事件为蓝本，早期应用于法学领域的教学，后逐步引进到医学和商业教育领域，并最终在哈佛大学商学院的大力推广下走向世界，目前已广泛应用于教育学、新闻传播学、心理学等多学科领域的教学中。

（二）案例的构成要素

当前，在教学实践中仍然有许多教师将案例等同于例子或故事。这是对案例的错误认识。案例不同于例子或传统教学中的故事，从案例的构成要素方面就可窥见一斑。案例的构成要素必须包括背景、主题和案例问题、情境与细节描述三个方面。首先，案例中需要有背景介绍，不仅要描述事件中发生了什么问题，还要描述问题是因为什么特殊的原因或在怎样特定的背景条件下所产生的。背景介

绍的内容并不一定要非常详细，但不可或缺。而例子并不需要这种详细的背景介绍，很多例子无须介绍前因后果，只要简单的三言两语即可佐证观点。其次，案例需要有一定的主题，主题是案例所想反映的核心观点，同时围绕主题必须提出相应的案例问题，案例问题的设定必须能启发学生的思考。但在实践中，一些案例的设计并没有设置问题，或者设置的问题没有体现案例的冲突性或矛盾性。这种案例与例子或传统教学中的故事没有什么区别，它只是对某个观点的一种佐证，不能充分启发学生的思考和分析，也无法培养学生自主探究、发散式思维的能力。最后，案例在描述事件发生、发展过程的情境与细节时，应该是有针对性地详细和缩略描述，不能传统地、流水账式地讲述故事。这样才能做到条理清晰、重点突出，使读者快速掌握案例的主题，对案例进行恰当的分析。

案例既然是一个典型的故事，很多人都关注故事有什么样的结局，即有一个或者多个解决方法的记述。人们虽然完全可以凭借自己的理解提出故事解决的方法，但故事本身的解决办法无论如何是局外人没有实施过的。这样一来，故事是可以起引发或者刺激出新的想法和行为的原型作用的，这应该是把这样的故事叫作案例的关键原因。因此，研究者和编写者在书写一个案例时，要突出以上几大要素。这有助于人们更好地理解案例，研究案例，使用案例，开发案例。

（三）案例的特点

案例作为教学的工具，可以将现实生活中的情景与问题引入课堂，通过对案例的思考与分析讨论，培养学生独立思考与解决实际问题的能力。为实现这样的目标，案例应具备以下的特点。

1.典型性

案例一定要具有指导实践的作用，但目前的一些案例在编写时为了设置问题、突出事件的冲突性与矛盾性，往往选取了极具偶然性或生活中很少见到的事例，这与案例设置的初衷背道而驰。所以，在选取案例材料时应着重选取现实生活中具有代表性的事件，描述事件发生的典型情景，或者能够代表事物或人物的本质属性。案例中这些个别的、特殊的情境只有能反映社会生活中某些普遍的价值取向，案例的使用才能发挥作用。

2.真实性

每一个案例讲述的都是一个完整的故事，但并不是每一个故事都能成为案例。好的案例需要贴合实际，案例中所塑造的人物形象、事件必须贴近读者的现实生活,整个事件必须是现实生活的一个缩影,读者在阅读时能产生共鸣,这样在提出问题时才能充分激发读者的思考。但目前的部分案例为了能体现主题而忽略了事件的真实性,阅读起来很难让人产生代入感。为了让案例具有真实性,设计者在设计案例时需时时注意立足于实践,对事件的发生发展过程、人物的思想活动等需要符合逻辑、详略相宜地进行描述,不能一直使用大致、模糊的描述,也不能采用概括的、抽象化的总结。

3.问题性

随着案例事件情节的推进与发展,案例要呈现出问题性或戏剧性。比如,事件的主人公在特定的情境中需要面临多个问题或者多种选择,这些问题或选择往往是冲突对立的,主人公被迫要在错综复杂的情境中进行思考并做出抉择,平衡多个问题的关系。正是这些冲突与矛盾使得案例引人入胜,将学生代入主人公的角度积极思考问题,主动寻求问题的解决办法。同时,读者也会批判性地去思考事件的主人公解决问题的方式是否恰当,对其实施的解决办法进行评估。在实践中,一些案例在编写时也设置了问题,以启发读者的思考。但部分案例没有抓住案例冲突与矛盾的精髓,设置的问题过于简单或不具有启发性;还有部分案例又过于追求戏剧性,导致案例的真实性大打折扣,学生想到的解决办法也无法迁移到日常生活和日后的工作中,失去了指导实践的意义。所以案例的问题性是案例最重要的特点,也是案例开发者需要精雕细琢、再三考量的方面。

4.理论性

案例并不是背离理论知识独立存在的故事;相反,案例一定要服务于理论知识的传授。在分析、处理问题的时候,学习者一定要依靠所学的理论知识进行案例分析,每一步的操作与解决也都要有相应的理论背景支持,不能理所当然地提出自己的观点去解决问题。在目前的案例开发中,一些案例与所授理论的关系并不密切,用关联度不高的理论去解决案例中的问题很难引发学习者强烈的共鸣与思考,既无法实现案例的效能,也很难有后续影响力。

二、案例库

案例资源的开发与研究是案例教学赖以存在的基础,而案例库的建设则是案例资源得以有效运用的保障。回顾案例在国外教学中运用的发展历程可以发现,案例分析的广泛应用和案例教学的蓬勃发展与案例的开发研究和案例库的建设密不可分。案例教学在被引进哈佛大学商学院的前十年间发展得非常缓慢,其主要原因是案例的数量不足，不能满足教学的需求；同时，许多教师对案例教学没有清楚的认识。但在随后的发展中，该学院向企业募捐，拨付资金成立了专门的案例服务中心，雇佣专家进入实践领域收集和写作案例；之后又投入大量的人力物力，促使教职人员承担起了案例的开发和研究工作，并建立起了校际案例交流中心，开发了案例交流研讨项目，提高了教师对案例和案例教学的认识，增强了教师案例研究、编写及教学的能力，使得案例教学得到了飞速的发展。[①]

随着全球一体化进程的加快，国内外各学科领域的信息交流和资源共享越来越频繁。教学方面，传统的以纸质作为载体的案例库建设具有一定的滞后性，不利于案例的分享交流与发展，已不再符合时代发展。所以近年来，案例资源的承载形式出现了很大的变化，网络案例库作为新型载体越来越多地被高校与案例管理机构运用，各大案例库网站平台纷纷成立，如哈佛商学院成立的哈佛案例库网站、加拿大西安大略大学毅伟商学院创办的毅伟案例库网站、欧洲22所高等学府共同建立的欧洲案例交流中心网站等。同时，我国在借鉴国外案例库建设的成功经验后，也陆续筹建了一批涵盖各学科领域的网络案例库，如大连理工大学管理学院建立的中国管理案例共享中心、清华大学经济管理学院建立的中国工商管理案例库、北京大学光华管理学院建立的北京大学管理案例研究中心、教育部学位与研究生教育发展中心设立的中国专业学位教学案例中心等。案例库如雨后春笋般涌现固然有利于案例教学的发展，但只有抓好案例质量，将案例库向教学工作者广为开放，才能实现案例库的真正价值。现阶段仍有许多案例库只是单纯将案例进行收录，没有系统地对案例进行分类和管理，且部分收录的案例时间久远、不具有时效性，使得案例库的效用大打折扣。为了使案例库物尽其用，在案例库筹建前就应制定一套相应的管理办法，管理办法中至少应包括案例编写规范、案例使用说明、案例入库评审标准以及案例使用反馈四个部分的内容。

建设案例库是规范案例开发和案例教学的理论工具，是涵盖制度优化与管理创新在内的系统工程，也是推动人才培养，实现理论与实践有效结合的实践平台。案例库能为案例教学提供教学材料。高效的案例教学依托于高质量的案例库，只有拥有数量充足、质量达标、符合教学目标的案例库，就能顺利、高效地进行案例教学。[②] 建设案例库的过程也是提炼理论知识和原理的过程。案例的开发需要结合某一主题进行理论的逻辑匹配和知识实践检查，以此让师生都可以方便地使

---

① 沈亚平、王骚：《公共管理案例分析》，天津大学出版社2006年版。
② 张新平、冯晓敏：《专业学位教学案例库建设：内涵、价值与要点》，《现代大学教育》2020年第36卷第4期，第100—104页、第112页。

用案例素材进行案例学习。案例库可以实现案例资源共享。案例库不仅有各领域鲜活的故事，还是各地方、各领域的实践总结，可以对某种理论进行解读、剖析，能够成为一种强有力的经验借鉴。构建案例库能够加强学校之间的交流合作，增强案例库的时效性和覆盖性。

案例编写规范方面：案例的内容可以灵活多样，但入选同一案例库的案例需要具有统一规范的格式才能便于使用者快速查阅，因此随库需制定相应的案例编写规范。案例编写规范可以从案例的内容和排版两个方面进行要求：内容方面要求案例的编写要遵循案例的特点；排版方面要求规范案例的标题、作者信息、摘要及关键词、背景介绍、主题内容等。案例使用说明方面：案例使用说明是教师组织案例教学和案例讨论的指导书，是案例的配套材料。案例使用说明书应包括教学目的与用途、启发思考题、分析思路、理论依据与分析、背景信息、关键点、教学计划等内容，从课前准备、课堂组织、课后资源等方面对案例的使用进行说明。[①] 案例入库评审标准方面：规范的评审制度和合理的评价指标可以进一步规范入选的案例，因此案例入库评审标准也应纳入案例库建设的管理办法之中。入库评审标准可以从案例选题的代表性、案例结构的合理性、背景材料的充分度、问题表述清晰度、教学讨论的价值、可读性、行文的规范性、案例分析的合理性等方面设立。案例使用反馈方面：目前，部分管理者对案例库的管理多集中在案例入库前的甄选筛查方面，忽视了案例库的后续管理工作的重要性。已收录的案例在使用一段时间后仍然需要检测使用效果并进行修改，这样才能既保证案例的活力，又能使案例符合教学的需求。因此，可以将收录的案例运用到课堂教学之中进行实践，通过问卷法和访谈法，围绕案例的准确性、实用性、时效性等方面，调查教师和学生对案例使用的意见，并根据教师和学生的反馈意见对案例进行妥善修改。

三、案例教学

案例教学是一种实践性、互动式的教学方法，是以案例为依托、以学生为中心、以问题为起点、以自主学习为基础、以讨论交流为手段、以提高学生分析与解决问题的能力为目的，以及加深学生对基本理论的理解而开展的理论与实践相

---

① 李秀珍、李学强、陈苏丹：《"农业硕士专业学位研究生教学案例"撰写模板探讨》，《教育教学论坛》2017年第29期，第216—217页。

结合的教学方法。①案例的使用有助于缩短教学情境与实际生活情境的差距，提高学生学习的积极性与创造性。在实际案例教学过程中，应该避免使案例分析又变回传统的讲故事。

传统的讲故事一般采用的是讲授法，教师只负责讲，学生只负责听，整个过程由教师主导。但在进行案例教学时，教师需牢记自己应该是引导者，要将学生引入案例的情景中，而案例真正的主导者应是学生本身，学生必须化被动为主动，全程参与到对案例的思考中。其次，案例教学的重点要放在培养学生分析与解决问题的能力上，学生提出的解决办法对错并不重要，学生已有的经验也不重要；同时，教师也不能简单地提问后轻易告诉学生案例中问题的解决办法。教师要引导学生在复杂的情境中对两难问题做出判断与决策，使学生既能宏观地理解整个案例，又具有抽丝剥茧地分析问题的能力，以及较强的逻辑推理能力和客观的批判性思维能力。讨论交流的过程也有利于学生提高口头表达能力、时间管理能力、沟通合作能力、课堂讨论中解决与同伴冲突和折中的能力、解决问题的创造力以及书面交流能力。最后，讲故事只是对某个观点进行佐证的一种方式，整个过程大概只需要几分钟，讨论的时间不需要太长，甚至不需要讨论。但在进行案例教学时，教师一定要留有足够的时间让学生进行充分的讨论、交流，学生间的思想碰撞带来的功效远大于教师传授式的讲述。同时，讨论后也一定要进行总结评价，评价的形式可以是小组互评，也可以是个人自评；评价的内容可以是学生的思维能力，也可以是表达能力。

最早引进案例教学的哈佛大学商学院，在建立案例库之余，也形成了一套自己的案例教学运行系统，具体由案例使用、开发、评价和培训四个部分组成，并由成立于2004年的克里斯滕森教学中心（Christensen Center for Teaching and Learning）负责教学系统的运作。②案例的使用环节主要针对案例资源使用费用问题，案例的开发和评价环节主要关于案例库的输入与建设，案例的培训环节则关乎案例的输出与效能。在培训环节，哈佛商学院每年都会对新入职的教师进行案例教学培训，培训又分为课前培训、课中观摩和课后培训三个部分，每学期也会举办教学咨询会，共同探讨解答教师在案例教学中遇到的实际问题，同时也鼓励资深教师帮带培训年轻教师。而目前我国的案例教学实际中，很少有学校专门组

---

① 《教育部关于加强专业学位研究生案例教学和联合培养基地建设的意见》，《中华人民共和国教育部公报》2015年第6期，第25—27页。
② 李征博、曹红波、郑月龙：《哈佛大学商学院案例教学运行模式及对我国的启示》，《学位与研究生教育》2018年第11期，第66—71页。

织案例教学的培训,教师在进行案例教学时也大多是"单打独斗",鲜有团队配合。这种状况容易让案例教学的发展处于困局之中,不利于教师案例教学能力的提升。因此在实践中,学校也应多创造机会促进教师们交流教学经验,形成新老教师之间"传、帮、带"的优良机制,力争将案例教学效益最大化。

(一)案例教学背景

案例教学(Case Method)是由美国哈佛法学院前院长克里斯托弗·哥伦布·朗代尔(Christopher C.Langdell)于1870年首创,后经哈佛企管研究所所长郑汉姆(W.B.Doham)推广,并从美国马萨诸塞州迅速传播到世界各地,被认为是代表未来教育方向的一种成功教育方法。20世纪70年代末,案例教学被工商行政代表团引入我国。

案例教学最早用于医学教学中,为启发学生掌握诊断和治疗的知识、原理,医学院教授将不同病症的诊断及治疗过程记录下来做成案例,用于课堂分析,以培养学生的诊断推理能力。后来,法学院教授将各种典型的判例记录整理为法学案例,包括其中的辩护和裁决过程,以培养学生的判案推理能力。20世纪初,哈佛商学院出现了工商管理案例,教授们将包括各种不确定信息、相关意见和实施过程的商业管理及其决策过程记录下来,编写成案例用于课堂教学,以培养学生的管理推理能力。

(二)案例教学的特点

1.明确的目的性

在案例教学过程中,无论是前期的案例选择和编写,还是案例教学的环节设计,都是以教学目标和教学任务为基础的。[①]通常来讲,案例教学是通过几个具有代表性的典型案例,组织学生在阅读案例时相互讨论、全面思考、深度分析,以此形成一套适合自己的全面而严密的思维逻辑和解决问题模式,最后达到增强学生解决问题能力、提高学生综合素质的目的。案例教学明确的目的性,让案例教学具有明确的方向,给教师进行教学设计提供了依据,进一步提高了案例教学的效果,对教学过程起着支持和指导的作用。

2.客观真实性

案例是指在教学目标的指引下,将选出的真实且典型事件进行客观描述,形

---

① 张家军、靳玉乐:《论案例教学的本质与特点》,《中国教育学刊》2004年第1期,第51—53页、第65页。

成一个真实易懂的故事。案例教学过程中选择的案例均是真实的，虽然有时会虚拟一些情节，但不会改变事件的真实过程；在案例描述过程中编写者通常不会对案例进行分析和评论，编写者只是将事件发生的原本过程进行描述。由于案例具有客观真实性的特点，所以案例教学也具备客观真实性的特点。案例教学过程中，学习者在教育者的指导下，根据自身已掌握的知识，对真实的案例进行思考分析，让理论与实践充分结合，从而提炼出自己的结论，增强自身的综合能力。

3. 较强的综合性

案例教学的综合性主要体现在两个方面。第一个方面是案例教学过程中的案例比举例教学中的事例更丰富，且案例教学是以学生的自主学习为主，通过对真实事件的思考和分析，提高学生综合能力的过程，学生在案例教学过程中居于主体地位，此过程可以对学生进行综合性的培养。第二方面是案例教学过程中，案例的讨论、思考、分析过程比较复杂，不仅需要学生具备一定的理论基础，还需要具有果断决策、权衡应变的能力。因此进行案例教学，需要学生综合运用各种知识和能力来全面处理各种案例问题，不断增强学生的分析问题能力、解决问题能力。

4. 深刻的启发性

在案例教学过程中，案例的讨论结果没有对错之分。案例教学的目标是通过案例启发学生独立思考、深入探索，重点培养学生的独立思考能力、分析问题能力、解决问题能力，而不是死板地向学生灌输知识。案例教学可以让学生通过案例的启发形成一套思考问题的方法和分析、解决问题的方式，从而开阔学生分析问题的视野，拓展学生思考问题的角度，增强学生的综合能力。

5. 学生的主体性

学生是案例教学课堂的主体。在案例教学课堂中，教师的任务是严格选择、精心编制案例，组织学生进行相互讨论，并指导其思考，让案例教学课堂具有良好的讨论氛围；学生在教师正确的指导下，进入案例所描述的情境中，充分了解事件发生的原因、过程、结果，积极参与讨论，独立自主地分析案例，并与其他同学分享观点、相互学习，不断丰富自己的知识。在案例教学过程中，教师只是课堂的组织者、主导者，学生才是课堂的主体，这是案例教学与其他教学相比最鲜明的特点。

(三）案例教学的功能

1. 调动学生学习的积极性和主动性

案例教学是以描述真实事件为基础，指导学生对现实生中的事件进行讨论，使学生进行自主分析、思考，让学生由被动接受知识，转变为主动探索、积极学习知识，引导学生运用已掌握的知识和原理，将理论与实践结合，全面对案例进行思考和分析，促进学生学习水平的提高。部分思维活跃、学习刻苦的学生能在案例教学的发言环节得到充分展示，能体验案例带来的乐趣，让课堂形成良好的学习氛围；而那些表现普通的学生，在这种氛围中，也开始奋起直追，积极参与课堂的讨论环节。此过程能够调动学生学习的积极性和主动性。案例教学注重学习过程，强调以学生为中心，重视学生学习的主动性、积极性，是一种培养现代化开放型人才的绝佳方法。①

2. 通过教学互动，促使师生共同进步

讨论是案例教学的互动环节。学生能够在讨论中获取知识、拓宽视野；教师能在讨论中对学生进行指导、解答疑难。案例讨论要求学生有一定的理论基础，要求教师有渊博的理论知识，丰富的教学实践经验。采用案例教学能够调动教师教学改革的积极性，能更好地发挥教师在教学中的指导作用，从而让课堂始终处于积极活跃的状态，不断提高教学水平和教学质量。案例教学过程设有学生间的讨论和师生间的讨论，讨论时学生相互交流观点、相互启发，共同探索解决问题的思路和方法；师生间的讨论能让学生获得新的思考方向，利于学生全面掌握案例中的知识。此过程还利于消除教师与学生之间的心理距离，促进师生之间的信息交流和情感互动，利于师生的共同进步，全面实现教学目标。

3. 提高学生分析、解决问题能力

案例教学使学生由被动学习转变为主动学习、积极探索，让学生运用所学理论知识与分析方法对案例进行全面思考和分析。此过程学生应该理论联系实际，深入探索，积极进取，全面思考分析问题，才可能解决案例中的问题。案例教学属于一种动态的、开放的教学方式。案例教学过程中，学生在特定的情境中，在条件、信息不充分的条件下对复杂多变的问题做出判断和决策，锻炼了综合运用所学的各种知识、经验来分析和解决问题的能力。

---

① 曹长德：《合作式案例教学法的形成及功能》，《安庆师范学院学报》（社会科学版）2008年第3期，第63—68页。

4.培养学生的合作意识

案例教学课堂避免了传统教学将知识灌输给学生的现象。课堂上学生不再是一言不发,教师也不再是真理的宣示者,而是带领学生探寻真理的指导者。学生之间也不再是互不相干、独自为营的"侠客",而是共同学习、相互帮助的合作者。案例教学过程中,学生在讨论环节相互交流、分享观点、共同进步,培养了学生的合作意识,增强了学生的合作能力,拓宽了学生的视野。

第二节 案例教学现实审视

一、国外的案例教学

(一)国外案例教学的发展概况

1.案例教学起源早、应用广、传播快

案例教学是以学习者在讨论案例过程中对问题进行分析和思考,强化学习者的思维分析和解决各种实际问题等能力为目的的教学方法。[①] 自其诞生之后在工商管理方面广泛运用,并且取得了显著效果,从此案例教学在哈佛商学院如火如荼地开展起来。从案例教学起源的角度来看,国外案例教学的起步要早得多。

自20世纪60年代起,案例教学在多个学科领域应用实现推广,除了在医学、法学和工商管理等应用性较强的领域外,在工程建筑、师资培养、新闻等领域均能看到运用案例教学的范例。在此期间,案例教学逐渐被一些学者带出美国,传播到英国、德国、法国、加拿大、日本、意大利及许多东南亚国家。不到60年的时间,案例教学的应用领域由几个逐渐推广到几十个。从案例教学的发展趋势来看,国外案例教学的应用领域较广泛,且传播的速度较快。

2.案例教学组织逐渐完善

20世纪40年代,哈佛商学院初步建立与案例教学密切相关的案例管理系统,该系统是自案例教学成立以来首个案例教学组织。随后,为方便给美国各高校提供丰富的案例资源,哈佛大学创办了校际案例交流所,该交流所成为当时案例教

---

① 冯茹:《面向教育硕士的教学案例开发研究》,东北师范大学2019年博士学位论文。

学组织发展的开端。①1984年，美国成立了世界案例教学法研究与应用学会，此组织的诞生成为案例教学日趋成熟的标志。②2004年，哈佛商学院与许多著名大学商学院联合开展了案例方法和以参与者为中心的学习项目，培养了大批会使用案例教学法的资深教师，此项目过后许多案例教学培训组织纷纷效仿成立。③案例教学组织由初出茅庐的案例管理系统发展到案例交流所，再到案例教学法研究与应用学会，再到案例教学培训项目的开展，此过程成为案例教学组织日趋完善的最佳见证。

3.案例教学日益全球化

自案例教学诞生并取得较好的应用效果以来，案例教学被全球诸多知名高校引进，逐步走向全球化。④美国成立的世界案例教学法研究与应用学会是一个全球性的组织，将全球50多个国家的案例教学法巧妙连接在一起，是案例教学踏上全球化之路的关键起点。在2004年开始举办的案例方法和以参与者为中心的学习项目，迄今为止已经举办了8届，吸引了全球许多知名高校纷纷参与其中，进一步推动了案例教学全球化趋势。随着案例教学的发展，一批像加拿大毅伟商学院、瑞士洛桑国际发展管理学院等国际级应用案例教学的学院逐步完善，促进了案例教学在国际上的交流，加快了案例教学日益全球化的步伐。

（二）国外案例教学特色

1.课前准备充分

案例教学作为一种新型的、高效的教学方法，要想达到理想的效果，就需要课堂的教育者和学习者充分了解并认可这种教学方法。课前充分的准备能让教师有序组织教学，既能让学生积极参与教学过程，还能够让学生得到良好的交流体验，更能让学生的综合能力得到锻炼。课前全面的准备是案例教学高效、顺利进行的必要条件。查阅资料发现，在国外教师通常会在课前花费较长时间掌握案例教学的各种材料，了解学生的基本信息，并根据实际情况制定出详细教学计划和教学手册。可以说整个案例教学课程，教师在课前的准备阶段几乎已经完成了一

---

① 欧丽慧：《整合式工商管理专业硕士（MBA）案例教学模式研究》，华东师范大学2018年博士学位论文。
② 朱勇：《基于学生日志的国际汉语教学案例分析课反思》，《语言教学与研究》2019年第4卷第1期，第12—21页。
③ 冯茹：《面向教育硕士的教学案例开发研究》，东北师范大学2019年学位论文。
④ 杨光富、张宏菊：《案例教学：从哈佛走向世界——案例教学发展历史研究》，《外国中小学教育》2008年第4卷第6期，第1—5页。

大半,剩下的一小半只需要按教学计划和教学手册开展。

2.强大的案例库支撑

案例是进行案例教学的基础,优质的案例是成功进行案例教学的关键。[1]哈佛大学商学院案例库和加拿大毅伟商学院案例库等都是世界著名的案例库,不仅具有丰富的优质案例,而且各学科以至各门课程都有与之相对应的案例资源。另外,国外还具有全面的案例库管理机制。这些优势为国外案例教学的发展提供了强大支持。此外,国外各高校对建设案例库、开展案例教学的投入都非常大,用于案例开发和研究的经费、资金也十分充足,同时,有偿使用案例的形式也给案例开发带来了不菲的收益。

3.完善的辅助系统

案例教学是一项由多个环节组成的系统工程,案例教学的使用与发展需要学校、教师、学生、企业、社会等方面的支持和参与。国外高校的教师激励制度、教学支持政策、师资培养途径、基金赞助模式等共同组成了国外的案例教学实施辅助系统。同时,国外具有相对完善的案例编写机制,案例编写者严格按照要求,对选择的典型事件进行编写,从而保证了教学案例的质量。此外,国外的案例入库体系也相对完善,有准确的案例分类标准。这进一步确保了案例质量,促进了案例教学的普及和发展,形成了一整套高质、全面的人才培养模式。

二、我国的案例教学

(一)我国案例教学发展的迫切性与必要性

1.我国案例教学发展的迫切性

案例教学发展至今,在多个领域中都能看到案例教学的身影,但与国外相比,我国案例教学存在诸多问题和不足。

(1)对案例教学的认识和了解不足

时至今日,案例教学被诸多学科认可,案例教学的使用者也逐渐增多。同时,我国运用案例教学需要具备一定条件,各领域教育者能力有一定的局限性,运用案例教学进行知识传授时常与举例教学混淆,认为举出事例就是案例教学等,这

---

[1] 傅伟锋、唐贤清:《美国研究生案例教学及启示》,《湖南师范大学教育科学学报》2016年第15卷第5期,第124—128页。

一系列因素导致最后并没有达到理想的教学效果。实际上案例教学与举例教学存在明显差异，案例教学是在经典实例的基础上，让学习者对事例进行分析和思考，得出结论，提高能力；而举例教学只是简单地举出实例，说出事例中的道理。教学时，对案例教学的了解和认识不足，则难以达到理想的教学效果，会阻碍案例教学在我国的深入发展。①

（2）案例教学效果不理想

自案例教学被引入我国以来，使用案例进行教学逐渐成为各学科传授知识和经验常用的教学方法之一。尽管案例教学在我国诸多学科均取得了良好的效果，但各学科由于缺少经验，致使运用案例教学常常出现问题，造成案例教学效果不理想的情况频频发生。②此外，在教育领域中，部分教师对案例教学认识不足，课前对案例的准备不充分，课中对学生的指导不全面、总结点评不到位，以及学生对案例教学的接受程度低等问题都是制约案例教学发展的因素，最终导致使用案例教学时出现各种问题。

（3）案例库建设不完善

案例库建设作为我国近几年案例教学领域的研究热点，对案例教学的效果有直接影响。建设案例库虽然能直接有效地提升案例教学效果，但是案例库中的案例缺乏典型性、针对性和真实性等，以及库中案例种类不均衡、质量不高等，严重影响了案例库的完整性。③例如，我国教育部学位与研究生教育发展中心设立的中国专业学位教学案例中心，该案例库虽然有多个方面的案例，但是在某些方面的案例数量屈指可数，导致案例库建设出现不均衡的情况。同时案例在入库时未经过系统全面的收集和编写，部分优质案例没有得到进一步完善，甚至一些优秀的案例未能顺利入库，造成案例库建设不完善的情况。

2.我国案例教学发展的必要性

（1）人才培养的需要

2015年5月，教育部在《关于加强专业学位研究生案例教学和联合培养基地建设的意见》中明确指出："深化专业学位研究生培养模式改革，提高培养质量，要求充分加强专业学位研究生案例教学。"案例教学作为我国新兴的教学方法，

---

① 张兰：《专业学位研究生教育课程教学若干问题探讨》，复旦大学2011年硕士学位论文。
② 宋文静：《案例教学法在高校德育教学中的运用研究》，山东师范大学2015年硕士学位论文。
③ 武亚军、孙轶：《中国情境下的哈佛案例教学法：多案例比较研究》，《管理案例研究与评论》2010年3月第1期，第12—15页。

对教育部门而言，是一种提高研究生培养质量的重要手段。在硕士研究生课程中使用案例教学，让专业知识与案例相结合，使学生在案例讨论过程中，全面掌握案例中的知识点，提高学生的综合能力，提升教学效果和人才培养质量。目前，我国正处于人才短缺时期，而案例教学恰巧可以提高人才培养质量，因此推动案例教学发展，满足我国人才培养质量的需求势在必行。

（2）教育教学改革的需要

教育部《关于加强专业学位研究生案例教学和联合培养基地建设的意见》明确指出："加强案例教学，是强化专业学位研究生实践能力培养、推进教学改革的重要手段。"自案例教学传入我国以来，诸多领域在其推动下均发生了一定的变革。案例教学能够有效克服传统教学死记硬背、缺少交流、分不清课堂主体等方面的不足，能在传统教学的基础上进一步提高教学效果。同时教育事业的发展需要不断进行改革，以此让学生得到全面发展，提升教育教学质量，而且案例教学能够有效克服传统教学的各种不足，有效推动教育教学改革，给教育教学带来巨大效益。因此，发展案例教学能够促进我国教育教学改革，推动教育事业的快速发展。

（3）理论与实践相结合的需要

实践才是检验真理的唯一标准。在教学过程中，要想实现这一原则，就必须将理论知识与实践操作相结合。学生的综合能力不仅需要过硬的理论知识，还需要坚强的实践能力。在传统教学过程中，教师通常只重视学生的理论知识，而缺少理论结合实践的过程，长期如此会让学生对一些具有实践性的课程失去兴趣，从而影响教学效果。案例教学通常采用现实生活中真实的事件作为案例，具有真实性。在案例讨论和分析时，需要学生将理论与实践相结合，全面看待问题，从而让学生更好地掌握知识和原理，提高教学效果。因此，开展案例教学符合理论与实践相结合的需要。

（二）我国案例教学发展现状

对体育硕士案例教学的现状进行调查研究，有利于为我国体育硕士案例教学发展做好铺垫。本研究以鲁东大学、曲阜师范大学、山东师范大学和山东体育学院的200名体育硕士和50位任课教师为问卷调查对象（问卷回收率为100%，有效率为100%），探究当前体育硕士案例教学的现状。

1.案例教学的运用情况

案例教学的运用是推广案例教学的开始。在体育硕士教学过程中使用案例教学能有效提高教师和学生的综合能力,较好地完成教学目标,提高教学效果。

调查表明(表3-2-1),在教学过程中只有12%的教师运用案例教学,68%的教师偶尔运用,20%的教师从不使用案例教学。由此可见,目前教学中虽然能涉及案例教学,但是使用的频率较小,没有全面发挥案例教学的作用。总体而言,体育硕士教学中案例教学的使用情况一般,亟待改善。

表 3-2-1　案例教学运用情况调查表(教师 N=50)

案例教学的使用情况	教师人数	比例
经常使用	6	12%
偶尔使用	34	68%
从不使用	10	20%

2.教师对案例教学的认可情况

随着案例教学在教育领域的发展,教师对案例教学的认可情况逐渐成为影响案例教学效果的重要因素。

如表3-2-2所示,超过64%的教师对案例教学持肯定态度,16%的教师对案例教学表示反对,20%的教师对案例教学持中立态度。由此可见,案例教学在体育硕士教学领域受到大部分教师的认可,意味着案例教学在体育硕士教学领域将得到深入发展。此外,通过调查结果可知,大部分学生可以接受案例教学,这为案例教学的进一步推广、普及提供了有利条件。

表 3-2-2　教师对案例教学认可程度调查表(教师 N=50)

选项	教师人数	比例
非常赞同。案例教学将理论与实际相结合,更促进教学	19	38%
比较赞同。有助于开拓思想,创新思维	13	26%
无所谓。只要能接受即可	10	20%
比较反对。效果不大	3	6%
非常反对。存在很多问题,不方便而且很浪费时间	5	10%

3.学生的收获情况

案例教学让学生从多个角度思考、分析问题,能够提高学生思维分析、解决问题、创新、辨别等方面的能力。

如表 3-2-3 所示，学会了专业知识，提高了思维分析能力、提高了解决问题能力是学生在案例教学中的最大收获，比例分别为 97.5%、96% 和 91%；还有部分学生能够提高自身的语言表达能力、创新能力和理解能力，比例均在 50% 以上；极个别的学生在案例教学过程中没有收获。总之，学生在案例教学中的收获广泛但不全面，能看出案例教学的确是提高学生综合能力的教学方法。

表 3-2-3　学生在案例教学中的收获调查表（N=200）

学生在案例教学中的收获	学生人数	比例
学会了专业知识	195	97.5%
提高了思维分析能力	192	96%
提高了解决问题能力	182	91%
提高了语言表达能力	126	63%
提高了创新能力	134	76%
提高了理解能力	105	52.2%
没有收获	3	1.5%

4.案例库建设情况

案例库是进行案例教学的基础保障，优质的案例不仅可以保证案例教学的质量，还可以为案例教学提供便利。调查结果表明，大多数教师认为体育硕士案例库中的案例数量不充足，现有的体育硕士案例已不能满足教学需要，这将严重影响案例教学的顺利进行和质量，亟待补充更新。

5.小结

从教师和学生两个方面审视体育硕士案例教学的现状，结果表明，大部分教师能认可案例教学，多数学生也能够接受案例教学，但案例教学的使用频率较低，学生参与案例讨论的积极性不高。学生从案例教学中收获专业知识的情况较好，但能力的提高不全面。在案例数量方面，目前体育硕士教学的优质案例相对匮乏，没有充足的案例供任课教师选择。总体而言，体育硕士案例教学的发展现状一般，很多问题亟待改善，案例库存在较大的研究空间。

（三）体育硕士案例教学影响因素

1. 案例的质量

（1）案例的逻辑性

在案例的设计和案例的选取上，案例教学都要遵循方法论的逻辑。在案例设计方面尤为注重逻辑。[1] 横向和纵向的比较可以培养学生批判性思考能力，理解理论假说，即使是分析单个案例，也需要参照其他的同类案例。案例选取方面，要依据教学需求、教学目的和教学的可行性，同时避免选择性偏差的出现。

（2）案例的针对性

选取案例要充分体现所要解决的问题和学科原理，有针对性地进行教学。选取体育硕士专业学位教学案例不仅要将体育课程教学的潮流与热点充分联系起来，还要有针对性地结合本校课程改革的实际情况和体育课程的核心思想。这些来自教学一线的教学改革成果和经验总结，能够有效地提高学习者的能力。

2. 师资力量

教师作为传统课堂的引导者，在案例教学中依旧起着主导课堂的作用，但就目前的状况来看，案例教学师资力量较为匮乏。唐伟杰曾表示，要使一位教师从未接触案例教学到彻底熟悉案例教学，至少要花费两年的时间。[2] 现在大多数的教师并未系统地学习案例教学，在毕业后直接走上讲台，因此不能马上掌握这种教学方法。贫瘠的师资力量成为影响案例教学的重要因素。

3. 学生能力

为保证案例教学有效进行，除了教师的引导以外，学生也要积极参加案例讨论。案例教学的宗旨在于提高学生的参与度，因材施教，进行个性化管理。[3] 而来自不同学校的学生的知识储备不同，意味着学生对理论知识和技能的掌握程度不同，而在案例教学的过程中，学生的知识储备会影响案例分析的结果，影响案例讨论的深度，进而影响案例教学的质量。另外，在案例教学中，营造民主、和

---

[1] 陈慧荣：《案例教学的方法论基础——以公共管理教学为例》，《中国大学教学》2014年第9期，第72—75页。

[2] 唐伟杰：《高等教育中案例教学的发展现状及改进对策》，《管理观察》2017年第22期，第112—113页、第115页。

[3] 王家忠、弋景刚、王泽河：《案例教学在专业硕士研究生课程中的应用与实践》，《教育教学论坛》2021年第25期，第100—103页。

谐、良好的心理氛围，能够让学生拥有愉快、轻松的心情参与到讨论中，这里的心理氛围是指群体在共同活动中表现出来的具有潜移默化作用的情绪状态。[①]因此，学生的心理因素也能影响案例教学的质量。

4. 小结

通过分析发现，学生、教师、案例均可以影响案例教学。案例是连接学生和知识的桥梁，因此案例质量是进行案例教学的重要条件。师资力量是开展案例教学的前提，是案例教学顺利进行的必备条件。学生是案例教学的主体，学生的能力是影响案例教学的关键因素。案例教学作为一种新型教学方法，是推动未来教学改革的重要方式。推广案例教学除了需要理论支撑、教师资源和学生配合之外，案例库的建设也是很基础、很重要的支撑点。

三、国外案例教学对我国的启发与借鉴

目前，我国案例教学起步不久，还存在不少问题，与国外案例教学相比具有较大差距。因此，本部分根据国外案例教学，对我国案例教学提出了几点改进与完善的建议。

（一）明确案例教学目标

案例教学目标指的是在案例教学过程中学习者将要达到的预期学习结果，在案例教学过程中，可以将学习者产生的某种变化准确地表达出来。同时，案例教学目标还是进行案例教学活动的出发点，对案例教学的开展有着至关重要的作用。案例教学目标可以引导各教学单位转变教学理念，提高培养质量，明确学生的主体性以及营造活跃的课堂氛围等。因此，明确案例教学目标是开展案例教学的首要条件，也是各领域运用案例教学应考虑的第一要素。明确案例教学目标需要教师在课前学习案例资料，掌握学生的实际情况，制定合理的教学目标，从而提高教学目标的准确性，推动案例教学的发展。

（二）提高对案例教学的重视，建立有效激励机制

案例教学自传入我国以来，在许多领域都能见到它的身影，但各领域对案例教学的重视程度一直不尽如人意。提高对案例教学的重视程度，建立有效的激励

[①] 袁书卷：《案例教学实施的心理条件研究》，《教学与管理》2006年第8期，第60—61页。

机制是提升我国案例教学质量的关键。① 尽管目前各领域对案例教学有着较大的投入，但教师的绩效薪资、晋升体系与教师对案例教学的运用及研究开发的关系甚小，所以建立有效的激励机制，提高教师对案例教学的重视程度至关重要。建立有效的激励机制可从以下两个方面入手：一方面，将教师独自创建的案例归算科研成果之中，科研成果直接参与年终评优和职称评选，以此激励教师开发高质量的案例②；另一方面，对于使用、宣传和研究开发案例教学的教师给予较高程度的肯定和鼓励，加大对案例教学成果的精神和物质奖励程度，从而提高对案例教学的重视。

（三）鼓励教师进修、培训，强化案例教学技能

案例教学对教师的教学能力有着较高要求。教师掌握有关案例教学技能和知识的程度以及熟悉案例背景的情况，对案例教学效果有着至关重要的影响。因此，教师要具备一定的案例教学技能和经验，积极参加案例教学培训和进修，不断完善、提高自身的案例教学素养。③ 各领域应支持教师学习与案例教学有关的知识，广泛开展案例教学技能培训，鼓励各领域骨干教师积极参加有关案例教学的培训和学习，不断强化案例教学技能。同时应鼓励教师去清华、北大、大连理工等案例教学开展较好的单位进修，提高教师使用案例教学和案例编写等能力，学习国外优秀的案例教学经验，提高案例教学技能和教学素养，为案例教学质量的提升提供保障。

（四）重视教学过程，建立案例教学评价体系

有研究指出，国内案例教学存在"为课程而教学""为热闹而讨论"的现象，而且教学过程和评价比较随意，缺乏科学性、规范性的现象普遍存在。④ 针对这些问题，学校管理部门应该出台相关政策法规，增强教师案例教学的使命感和责任心，根据学生的知识水平和能力，全面规划教学过程的每一个部分和环节，根

---

① 傅伟锋、唐贤清：《美国研究生案例教学及启示》，《湖南师范大学教育科学学报》2016年第15卷第5期，第124—128页。
② 王妙、胡宇橙：《欧美MBA案例教学法对我国旅游管理教学的启示》，《旅游学刊》2004年第4卷第S1期，第37—42页。
③ 施琰茹、唐虎兵：《中美高校课堂案例教学的比较》，《教育与职业》2012年第4卷第26期，第45—146页。
④ 杨震：《国内外专业学位硕士研究生培养模式研究比较》，《湖南师范大学教育科学学报》2013年第12期，第93—97页。

据实际情况制定案例教学评价指标,提高案例教学评价体系的全面性,从而建立健全教学过程规范体系和教学评价体系,进而推动教学质量的提高,促进案例教学的快速发展。

(五)构建案例入库体系,完善案例库建设

案例库是案例教学赖以发展的基础,而案例库建设需要案例筛选机制、案例分类机制的支持。因此,构建案例入库体系是完善案例库建设的重中之重,也是顺利进行案例教学的基础。[①] 构建案例入库体系首先要明确优质案例的选择标准,选择具有典型性、针对性、真实性、系统性和启发性的事例,综合多种原则对事例进行筛选,为案例入库体系的编写阶段做好准备。编写阶段是对典型事件进行加工处理的过程,清楚地将事例中隐含的知识表达出来。因此,编写阶段应将案例的原理清晰地反映出来,凸显案例的各种特点,做好构建案例入库体系的重要一步。最后应做好案例入库分类工作,将选择并编写完成的优质案例进行分类,按照统一标准入库,为案例教学的使用提供便利,进一步推动案例教学发展。[②] 构建案例入库体系能有效开发优质案例,对进一步完善案例库建设具有重要意义。

[①] 刘刚:《哈佛商学院案例教学作用机制及其启示》,《中国高教研究》2008年第4卷第5期,第89—91页。
[②] 央青:《工商管理案例库对国际汉语教学案例库建设的启示》,《民族教育研究》2013年第24卷第5期,第88—93页。

第四章 体育硕士专业学位案例教学影响因素与评价体系

本章分为两节,第一节阐述了体育硕士专业学位案例教学的影响因素,第二节讲述了体育硕士专业学位案例教学评价指标体系的构建,还分别从教师与学生的视角阐述了案例教学各级评价指标的权重计算,为研究体育硕士专业学位的案例教学提供了思路。

第一节 体育硕士专业学位案例教学影响因素实证研究[①]

案例教学是教育者对案例情景进行描述,并对学习者进行指导,使其相互讨论、思考和分析问题,进而获得知识、得出结论,以锻炼学生的思维分析、语言表达、处理实际问题等能力为教学宗旨的一种新型教学方式。1979年,案例教学首次被引入我国,但当时只在几个应用性较强的学科中使用。随着我国教育事业的逐步兴盛,案例教学在工商管理硕士教育中的应用取得了显著的效果,案例教学在多个领域迅速发展,接着各大高校纷纷开始效仿,案例教学在教育领域步入一个崭新的发展阶段。

2015年的5月,我国教育部颁发的《关于加强专业学位研究生案例教学和联合培养基地建设的意见》中重点强调:"深入强化专业学位硕士研究生培养模式的改革,落实培养质量的提升,要求进一步加强专业学位硕士研究生的案例教学。"体育专业学位硕士作为国家重点培养的人才,近几年其数量不断增加,与此同时,

---

① 杨长建、周君华、苗成龙:《体育硕士案例教学效果的影响因素实证研究》,《惠州学院学报》2021年第41卷第6期,第111—115页。

案例教学也得到了有关部门的高度重视，被作为新兴教学法在体育硕士教学领域广泛应用。通过整理文献资料以及对体育硕士研究生进行问卷调查和教师访谈发现，现阶段我国案例教学的整体水平还不高，多种影响因素的存在制约了体育硕士案例教学效果，致使案例教学的自身亮点未得到展现，从而影响体育硕士案例教学的效果，导致案例教学难以得到大力推广。基于此，本部分深入探索体育硕士案例教学效果的影响因素，寻找提高体育硕士案例教学效果的各种方法，对推动案例教学普及，提高体育硕士的思维分析、语言表达、处理问题等能力，培养体育领域专业人才，以及完成各体育院校教学工作的重点具有重要现实意义。

一、样本数据与研究方法

（一）样本来源

本书的调查对象是来自鲁东大学、曲阜师范大学、山东体育学院和山东师范大学的 500 名体育硕士生。此次调查通过问卷星平台共发放问卷 500 份，回收有效问卷 407 份，回收问卷有效率达到 81.4%。此外，本次发放的问卷以量表的形式为主，"非常同意"是 5，"比较同意"是 4，"一般同意"是 3，"比较不同意"是 2，"非常不同意"是 1，调查者在 1—5 中选择。

（二）研究方法

通过文献资料法整理和分析近 10 年已在中国知网发表的权威文献，初步掌握案例教学效果的影响因素；根据已有的影响因素设计体育硕士案例教学效果的影响因素问卷，并进行发放和回收，得到调查者的真实反馈；通过软件 SPSS 23.0 和 Amos 23.0，运用因子分析法和验证性因素分析法，对回收的数据统一进行验证和分析，进而全面证实体育硕士案例教学效果的影响因素。

二、体育硕士案例教学效果的影响因素维度构建

郑金洲编纂的《案例教学指南》揭开了案例教学在教育领域研究的序幕，但该著作对案例教学效果的影响因素讲解较少。自 21 世纪以来，陆续出现了有关影响案例教学效果方面的研究，但是与影响体育硕士案例教学效果相关的研究基本属于空白。2018 年，芈凌云、王文顺、俞学燕等人以 MBA 为视角，将影响案

例教学效果的因素确定为学生个体因素、案例理解因素以及外部因素。[①]本研究以整理权威文献资料以及对体育硕士和教师进行访谈为基础，将体育硕士案例教学效果的影响因素概念模型初步确定为学生学习能力、教师教学水平和案例质量三个维度。

（一）学生学习能力

1.学生对课程的兴趣

兴趣是最好的老师，是个体进行某种活动的内部动力和心理动因，对人的行为具有始发作用、指向作用和强化作用。受传统教学法的影响，体育硕士对课程没有兴趣的情况普遍存在。这种情况直接影响体育硕士对案例教学的兴趣，学生课堂参与案例讨论的积极性不高，致使学生无法通过案例教学掌握知识，难以让学生的思维分析、解决问题、语言表达等能力得到提高，最终导致案例教学效果不尽如人意。总之，学生对课程的兴趣能体现其对课堂的喜爱，能反映学生参与案例讨论的积极性，并对案例教学效果有着间接的正面影响。[②]体育硕士对课程中案例的兴趣在一定程度上决定着案例教学的效果。体育硕士对该课程的兴趣，会促使其在该课堂中积极地参与案例讨论，充分地展现案例教学的优势，以此增强体育硕士案例教学的效果。

2.学生的思考能力

思考能力是指思想和思索的能力，是分析和解决问题的基础。较强的思考能力不仅可以帮助个体看清问题的本质，而且还有助于个体进行深层分析，以便探索问题的答案和解决方法，可以说思考能力是个体走向成功的基础。如果思考能力弱，则只能进行浅层思考；反之，则可以进行深层思考。具备一定的思维分析能力是进行案例教学的基础。[③]前人的研究发现，学生的思考能力可在一定程度上代表其学习水平，也在很大程度上决定着案例教学的效果。体育硕士在案例教学过程中对案例进行思考，深入分析案例中的问题，挖掘案例背后蕴含的知识和意义，充分发挥案例教学的作用，从而直接增强体育硕士案例教学的效果。所以

[①] 芈凌云、王文顺、俞学燕：《基于MBA学员视角的案例教学效果影响因素实证研究》，《黑龙江高教研究》2018年第36卷第11期，第39—144页。

[②] 王应密、张乐平：《全日制工程硕士案例教学资源库建设探析》，《高等工程教育研究》2013年第4期，第166—171页。

[③] 冯茹、于胜刚：《面向教育硕士培养的教学案例开发困境与路径》，《中国高教研究》2019年第4期，第94—99页。

说学生的思考能力对案例教学效果有着显著的正相关关系。

3.学生发言的勇敢度

发言是个体相互交流、讨论的基础和前提，而发言的勇敢度是个体与他人交流讨论的助燃剂。勇敢的发言不仅可以与他人交换、共享观点，还可以提高自己的表达能力。案例教学以学生在交流过程中积极勇敢的发言为基础。[1]案例教学以案例为媒介，通过教育者与学习者以及学习者相互之间的言语交流，让学习者共享看待问题的观点和思路，以此解决问题、得出结论，让学习者掌握案例中的知识点，最终实现提高教学效果的目标。案例教学过程中学生勇敢发言，将自己的想法和见解与同学分享，并与教师交流，从而得出解决案例问题的答案，学会案例中蕴藏的知识。这一过程对提高学生的言语表达能力有极大的正面作用，对增强案例教学效果有直接作用。

4.学生参与讨论的积极性

诸多研究发现，学生积极地参与讨论，对提升课堂学习效果有直接影响。[2]讨论是言语的交流，是思想的沟通，也是思维的相互碰撞。学生间的相互讨论会帮助他们互相启发，获得新的观念，从而获得新的收获。而学生参与讨论的积极性是学生获得新收获的基础，学生参与讨论的积极性越高，则学生获得新的收获就越多；如果学生不参与讨论，则就难以从讨论中得到新的收获。案例教学过程中学生积极参与讨论，与同学交流自己对问题的见解和观点，从而得到启发，让案例问题的答案在讨论与交流的过程中油然而生，学会自己头脑以外的知识，最后使案例教学的效果得到进一步提高。课堂讨论对学生来说，是进行案例教学的重要环节，对案例教学效果有直接影响。

5.学生接受案例教学的程度

接受是个体的一种认同行为，代表个体对某种事物的认同程度。在教学过程中，学生接受教学方法的程度，可以影响该教学方法的效果。如果学生对教学方法的接受程度较高，则该教学方法就容易达到理想的教学效果；反之，则难以取得较好的效果。此外，学生能否接受教师所采用的教学方法是其学习能力强弱的一种表现。在教学过程中，如果学生接受、认可案例教学的程度较高，则学生对

---

[1] 李秉成、何小媚：《大学本科财务案例教学效果影响因素问卷研究》，《财会通讯》2011年第30期，第60—62页、第161页。

[2] 邓新明、左可榕、孙源婧：《工商管理专业案例教学质量学生满意度探讨——基于一项案例教学实践调查》，《中国大学教学》2015年第1期，第82—87页。

案例分析的深度、发言交流的主动性、相互讨论的积极性就会实现大幅度的提升，学生的思维分析、解决问题等能力也能得到提高，案例中的问题也会迎刃而解，案例教学的整体效果也随之得到进一步增强。① 接受案例教学的程度对学生而言，是进行案例分析的重要前因。接受案例教学的程度是增强案例教学效果、提高学生综合能力的重要条件。因此，学生接受案例教学的程度对增强案例教学效果具有不可轻视的作用。

（二）教师教学水平

1.教师的组织能力

组织能力是指个体进行组织工作的能力。教师的组织能力通常指教师在课堂中按照教材或教学大纲的要求，在教学方法的指导下，合理安排、组织和管理学生的一种综合能力。② 课堂中教师的组织能力越强，则越能组织好、管理好学生，越能提高教学效果。进行案例教学时，教师的组织能力越强，则教学时案例分析的效果越理想。③ 合理组织学生进行案例讨论是发挥案例教学效果的基础，是实现提高讨论效率的必要条件。比如进行异质分组，让学习能力差异化显著的学生相互讨论交流，拓展其知识和思维的广度，增加其分析的深度，使学生在有序的教学组织下，学会知识、增强能力、提高成绩，以此提升案例教学的效果。故教师的组织能力在一定程度上影响着案例教学效果。

2.教师说明问题的清楚度

说明问题的清楚度是指个体对事物或问题表述的详细程度。教师说明问题的清楚度越高，意味着该问题被教师解释得越详细。案例教学过程中详细的问题说明不仅可以给学生指明思考的方向，让其具体问题具体分析，而且还可以带领学生直入案例分析的主题，让学生在正确思维的带领下准确地分析问题，从而掌握教师想要传授的知识，使案例教学达到理想的效果。如果教师提出的问题不清楚、模棱两可，则学生可能会因此失去案例讨论的目标，案例分析的方向和思路也极易被误导，以至于学生难以掌握案例蕴藏的知识点和能力点，导致案例的分析结

---

① 宋建波、荆新、王化成：《开展会计硕士（MPAcc）教育质量认证的研究》，《会计研究》2012年第10期，第11—20页、第95页。
② 杨辉：《北京体育大学高参小实习田径教师教学组织能力影响因素研究》，北京体育大学2017年硕士学位论文。
③ 杨洪志、毛永强：《案例教学在篮球专选课战术教学中的实验研究——以进攻战术基础配合为例》，《北京体育大学学报》2013年第36卷第8期，第112—116页。

果不理想,最后对案例教学效果产生负面作用。所以说教师说明问题的清楚度对学生案例分析的结果有正面影响。①

3.教师的教学态度

教学态度是教师在教学过程中的一种重要情感和认知。教学态度可以反映教师的教学个性和特点,可以影响学生学习的积极性。在教学过程中,良好的教学态度会激发学生的学习兴趣,会产生事半功倍的效果;反之,则会降低教学效果。所以说,教学态度虽不能直接作用于教学效果,但可直接影响教师的教学能力,影响学生对课堂的兴趣,能对教学效果产生重要的间接作用。② 在案例教学过程中,体育硕士教师采用正面、积极的教学态度,能给体育硕士营造良好的教学氛围,可以让学生积极参与案例讨论,全面掌握与案例有关的知识,提升学生的学习质量,从而推动案例教学效果的提高。

4.教师的指导与评价

教师的指导简单说是指学生在讨论时或遇到困难时,教师给予其一定的指点或帮助,让其明确思考方向、达到教学效果的过程,具有促进学生获取知识和经验的作用。教师的评价通常指教师对学生讨论的结果或答案等做出一系列综合性评估的过程,具有维持和激发学生的内在动力、调动学生的内部动力、提高学生学习积极性和创造性的作用。因此,教师的指导与评价是帮助学生掌握知识的关键途径。案例教学过程中,教师不仅是组织学生参与案例分析和讨论的情景建设者,还担任案例讨论过程中点评者的角色。学生在案例分析时,教师提供一定的指点和评价,可帮助学生明确思考和讨论的方向,激发学生参与讨论的积极性,深化学生思考的层面,让其能够深挖案例中蕴藏的知识点,巩固收获的知识和能力,从而让案例教学质量得到进一步提高。因此,教师的指导和评价是提高案例教学效果的重点环节。

(三)案例质量

1.案例与教学内容的相关性

使用与教学内容相关的案例是进行案例教学的规则之一,是判断案例质量的

---

① 王应密、张乐平:《全日制工程硕士案例教学资源库建设探析》,《高等工程教育研究》2013年第4期,第166—171页。

② 王积超、李俊南:《案例教学效果满意度影响因素的社会学研究》,《黑龙江社会科学》2021年第2期,第42—52页。

重要标准。案例与教学内容的关联性代表着二者之间的贴切程度。[①]在体育硕士教学中,案例与教学内容的相关性越明显,就越符合案例教学的要求,越能引起体育硕士对案例的关注度,从而激发体育硕士的兴趣,活跃课堂的氛围,更利于学生通过合理的案例实现教学目标、完成学习任务,达到理想的案例教学效果。如果案例与教学内容无显著相关性,或使用与教学内容毫无关系的案例,则案例教学极易去题万里。因此,案例与教学内容的相关性是影响案例教学效果的重要因素。

2.案例的典型性

案例的典型性是指选取的案例材料应是现实生活中具有代表性的事件,可直接反应事件和人物的根本属性。典型的案例能够进一步描述事件发生的典型情景,是判断案例质量的重要指标。此外,典型的案例能够引导学生达到规定的教学目标,让学生掌握相应教学内容。在案例教学过程中,典型的案例可充分说明事理,有效唤醒学生学习知识的兴趣和动机,充分锻炼学生的思维分析能力、解决问题能力等,让学生的分析结果更加全面、准确,从而完成案例教学任务,进一步增强案例教学效果,实现案例为教学服务的最大化。而不具备典型性的案例会直接影响学生案例分析的方向和目标,容易产生事倍功半的现象,从而影响案例教学的效果。

综上所述,本部分设计了一个包括学生学习能力、教师教学水平、案例质量3个维度的案例教学效果的影响因素概念模型 M(图4-1-1)。

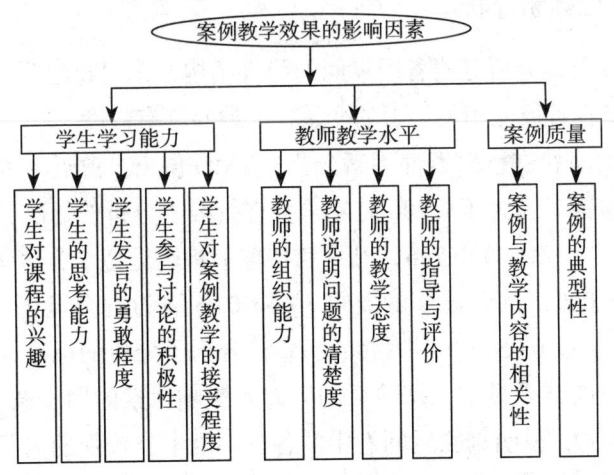

图 4-1-1　体育硕士案例教学效果的硬性因素概念模型 M

[①] 杨春、李箐:《高校案例教学法创新研究——以国际金融课程为例》,《沈阳工程学院学报》(社会科学版)2017年第13卷第1期,第113—116页。

三、体育硕士案例教学效果影响因素的实证研究

（一）信度检验

以 α 信度系数为标准，进行信度检验，检验 407 份有效问卷的可靠程度。

检验初始问卷的可信程度，结果显示初始问卷未达到理想的信度水平。因此，以各项因素间的相关程度作为剔除题项的标准，各因素间相关性在 0.400 以下时，则需要剔除该题项。经检验发现，有 5 个影响因素与其他影响因素的相关性在 0.400 以下，对该 5 个题项进行了剔除处理，最后剩余 11 个有效题项（即 11 个有效影响因素）。本文使用软件 SPSS 23.0 对问卷进行信度检验。以 Cronbach's α 系数为检验的标准，α＞0.700，则问卷内部存在可信程度的一致性较好。信度检验结果显示（见表 4-1-1），各影响因素所在维度的 α 值均在 0.700 以上，总体影响因素的 α 值高达 0.851＞0.700，经检验表明剔除后的问卷存在较好的真实性和内部一致性。

表 4-1-1　各维度影响因素的信度检验指标（N=407）

参数	全部因素	因子 1	因子 2	因子 3
α	0.851	0.794	0.721	0.806

（二）探索性因素分析

运用探索性因素分析寻找各因素间的隐性结构，让问卷题项的数量缩减，使其成为一组数量少且彼此相关显著的变量，并检验其有效度。

对剔除后的问卷进行探索性因素分析，KMO 值离 1 愈近，表明各影响因素之间的相关性愈强。当大于 0.700 时才符合进行因子分析的标准，分析后的结果显示（见表 4-1-2），KMO=0.736，巴特利特球形检验近似卡方值 χ^2=197.097，自由度为 55，p=0.000，达到显著的要求（$p＜0.05$ 视为符合显著的标准）。由于 KMO＞0.700，$p＜0.05$，故剔除后的问卷符合因子分析的标准，可以对其进行分析。因子分析的结果显示，剔除后的问卷各影响因素的因子载荷值均在 0.500 以上（见表 4-1-3），说明剔除后问卷中的各影响因素有较强的因子载荷水平，即剔除后的体育硕士案例教学效果的影响因素概念模型有较高的有效度。

表 4-1-2　KMO 与巴特利特检验值归纳表（N=407）

KMO	巴特利特球形检验近似卡方	自由度	显著性（p）
0.736	197.097	406	0.000

表 4-1-3　各维度探索性因子分析结果归纳表（N=407）

	成分		
	因子 1	因子 2	因子 3
Q7 学生对课程的兴趣	0.813		
Q5 学生的思考能力	0.774		
Q13 学生发言的勇敢程度	0.698		
Q9 学生参与讨论的积极性	0.627		
Q12 学生对案例教学的接受度	0.523		
Q4 教师的组织能力		0.827	
Q1 教师说明问题的清楚度		0.803	
Q14 教师的教学态度		0.587	
Q15 教师的指导与评价		0.501	
Q16 案例与教学内容的相关性			0.867
Q10 案例的典型性			0.842

（三）因子命名

运用主成分分析法得到旋转后的成分矩阵，观察各影响因素在因子上体现出的影响程度进行因子命名。

通过观察主成分分析法得到的旋转后成分矩阵，其中因子 1 包括"学生对课程的兴趣""学生的思考能力""学生发言的勇敢程度""学生参与讨论的积极性""学生对案例教学的接受度"5 个因素，整体来看这 5 个因素都与学生学习能力有关，则概括为"学生学习能力"因子。因子 2 包括"教师的组织能力""教师说明问题的清楚度""教师的教学态度""教师的指导与评价"4 个因素，整体来看这 4 个因素都与教师教学水平有关，故归纳为"教师教学水平"因子。因子 3 包括"案例与教学内容的相关性""案例的典型性"两个因素，且均与案例质量相关，可以概括为"案例质量"因子。

通过因子命名，将影响体育硕士案例教学效果的因素概括为 3 个因子（见表 4-1-4），分别是学生学习能力因子、教师教学水平因子和案例质量因子。3 个因子使体育硕士案例教学效果的影响因素更加直观形象，以便为提高体育硕士案例教学效果指明改进方向和应注意的事项。

表 4-1-4 因子命名归纳表

命名后的因子	影响因素
学生学习能力	Q7 学生对课程的兴趣
	Q5 学生的思考能力
学生学习能力	Q13 学生发言的勇敢程度
	Q9 学生参与讨论的积极性
	Q12 学生对案例教学的接受度
教师教学能力	Q4 教师的组织能力
	Q1 教师说明问题的清楚度
	Q14 教师的教学态度
	Q15 教师的指导与评价
案例质量	Q16 案例与教学内容的相关性
	Q10 案例的典型性

（四）验证性因素分析

参照体育硕士案例教学效果的影响因素概念模型，把学生学习能力、教师教学能力以及案例质量三个维度作为因子，创建体育硕士案例教学效果的影响因素结构模型（如图 4-1-2 所示）。该研究以 Amos 23.0 为模型的统计软件，对 407 个样本进行分析，模型中重要拟合指数见下表（表 4-1-5）。

以 X^2/df、RMSEA、GFI、CFI、IFI 和 TLI 等拟合指数作为模型拟合程度是否符合要求的评判标准，以此证明影响因素的科学性。模型运行的拟合指数显示，卡方和自由度之间的比值 $X^2/df=1.358$（X^2/df 数值在 3 以下，且越小越理想），证明研究的影响因素的正确程度较高。RMSEA 代表均方根误差，本研究的 RMSEA 数值为 0.069（RMSEA ＜ 0.08 视为拟合程度符合可以接受的标准），说明本次创建的模型具备较好的拟合程度，同时 GFI、CFI、IFI 以及 TLI 的数值均在 0.900 以上（GFI、CFI、IFI 和 TLI 数值都在 0.900 以上时，表示结构模型的相对拟合程度达到满意的标准），则说明该研究创建的结构模型比较理想。综合来看本研究创建的体育硕士案例教学效果的影响因素结构模型的合理性和科学性较强。

表 4-1-5 模型各项拟合指数归纳表（$N=407$）

X^2	df	X^2/df	RMSEA	GFI	CFI	IFI	TLI
44.830	33	1.358	0.069	0.909	0.960	0.963	0.933

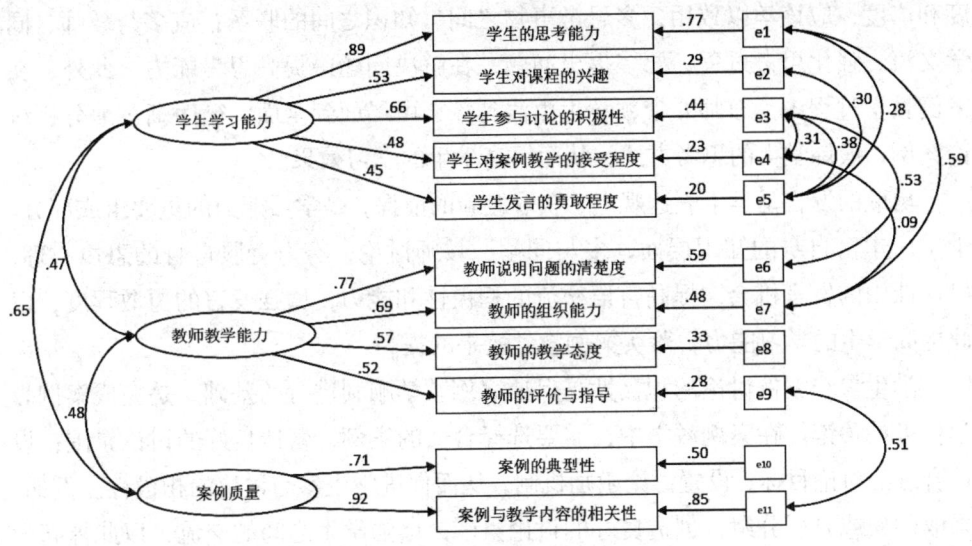

图 4-1-2　结构模型与路径系数图

四、提升体育硕士案例教学效果的有效途径

本书对回收的 407 份有效问卷进行检验和分析，结果显示体育硕士案例教学效果影响因素的可信度和有效度均在期望值以上，最终证实了学生、教师和案例是影响体育硕士案例教学效果的三大方面。因此，为落实提高体育硕士案例教学效果，以本部分确定的体育硕士案例教学效果影响因素为基础，归纳了从学生、教师、案例三个方面提升体育硕士案例教学效果的有效途径。

（一）提高学生学习能力

学习能力是体育硕士在案例教学中收获知识的基础，因此，要想提高案例教学效果就需要提高体育硕士的学习能力。而提高学生对课程的兴趣，强化学生的思考能力，增强学生发言的勇敢度，调动学生参与讨论的积极性，增强学生的接受程度等，都可以有效提高学生的学习能力。

体育硕士对课程的兴趣是完成案例教学任务的基础。在教学过程中教师应根据教学目标和教学内容，选择符合学生实际情况、能激发学生学习动机的事件作为案例，从而提高学生对案例教学的积极性，培养学生对课程和案例的兴趣，从而达到理想的案例教学效果。

思考能力是体育硕士分析问题、解决问题的基础，是体育硕士学习能力的重要表现，是通过日积月累形成的。在学习中，学生应该主动学习，增加知识的深度和广度；应该学以致用，多思考事物之间、知识之间的联系；应多与教师、同学交流，强化思考过程；要多提出问题，在解决问题中提高思考能力。此外，在案例教学过程中，教师要带领学生由浅到深、由局面到全面、循序渐进地分析讨论案例，锻炼学生的思考方式，从而提高学生的学习效果。

勇敢的发言是学生表达观点、获取经验的前提，是学习能力的重要组成部分。学生应丰富自身的知识层面，多与同学、教师讨论，努力克服自身的恐惧心理，抓住课中的发言机会，提高言语交流的积极性和能力，增强发言的勇敢程度，以此提高学生的学习能力，落实案例教学效果的提高。

学生参与案例讨论的积极性是保证案例教学顺利进行的基础，是完成案例教学任务的关键。在案例教学中，需要选择合适的案例，营造良好的讨论氛围，设计合理的讨论目标，设置讨论激励机制，从而促进学生参与讨论的积极性。例如，采取同质或异质分组，创造良好的讨论氛围，增强学生之间的交流，以此提高学生参与讨论的积极性，达到理想的案例教学效果。

增强体育硕士的接受程度是开展案例教学的前提。在教学过程中，教师应关注学生对案例教学的接受程度，选择难度合理的案例，适当放慢案例教学的速度，对学生进行辅导，让学生认可案例教学、接受案例教学，从而提高学生的学习能力。研究证实，学生学习能力对案例教学效果有直接影响，故提高学生学习能力可有效增强体育硕士案例教学的效果。

（二）增强教师教学水平

教学水平是教师使用案例教学的关键。研究表明教师教学水平与体育硕士案例教学效果有显著的正相关关系，而教师的组织能力、说明问题的清楚度、教学态度以及指导与评价等能反映出教师的教学水平，因此，增强教师教学水平对提高案例教学效果十分重要。

教师的组织能力越强，越能促进案例教学开展。提高教师的组织能力需要合理制定案例教学计划，提高设计能力；需要强化教师自身的讲课基本功，提高施教能力；需要转变教师自身的管理观念，掌握学生发展规律，了解学生学习需求，提高教师自身的控制能力，以此增强教学水平，提高案例教学效果。教师说明问题越清楚，越利于案例教学的开展。提高教师说明问题的清楚度需要教师定期参加案例教学培训，锻炼教学能力；需要提前备课，学习案例，全面掌握案例内容和案例涉及的知识，必要时可提前写好案例讲解稿，以此增强教师说明问题的清楚度，提高案例教学效果。良好的教学态度能够激发学生的学习兴趣，提高教学水平。教师要认真备课，深入了解案例涉及的内容，设计合理的案例教学计划；需要认真组织教学，了解学生的实际情况，做到因材施教；需要认真指导，引领学生深入分析；此外还需要认真批改作业，对学生的学习效果做出正确评价，从而达到理想的案例教学效果。教师的指导与评价能力是教学水平的重要表现，是推动案例教学顺利进行的重要途径。提高教师的指导与评价能力，需要求老师要密切关注学生的学习，了解学生的实际情况，做到对症下药；需要全面掌握案例内容和涉及的知识，全方位看待学生的学习结果，提高判断能力。

提高教师组织能力、增强教师说明问题的清楚度、转变教师教学态度以及提升指导与评价能力等都能让教师的教师教学水平得到提高，最终让体育硕士案例教学效果得到提高。

（三）确保案例质量

高质量的案例是案例教学的铺路石，而案例的典型性、案例与教学内容的相关性是案例质量的重要指标，因此，案例的典型性以及案例与教学内容的相关性愈高，案例的质量就愈高，就越利于增强案例教学效果。要想提高案例质量，增强案例教学效果，就需要选择典型的、与教学内容相关的案例。确保案例质量要从案例的编写开始。在编写案例时，要选择典型的事件，按照案例编写要求将事件编写成具有典型性的案例，以此确保案例的典型性；然后在使用案例时，应该选择且与教学内容相关的案例，保证案例与教学内容的相关性，以此让学生掌握案例中与教学内容相关的知识，以保障案例教学的质量。

第二节 体育硕士专业学位案例教学评价指标体系的构建

2008年，教育部下达了《关于全国体育硕士专业学位教学指导委员会章程的批复》[1]，旨在推动体育硕士专业学位的科学研究工作。案例教学的出现给高校培养体育硕士提供了新的方法，但归根到底，好的教学方法始终是为学生服务的，唯有学生受益，教学才算成功。当前对体育硕士专业学位案例教学的评价标准不

---

[1] 教育部.关于全国体育硕士专业学位教育指导委员会章程的批复[EB/OL].（2008-04-25）[2021-11-12].http://www.moe.gov.cn/srcsite/A22/moe_826/200509/t20050915_82662.html.

一，构建体育硕士案例教学评价指标体系，对促进体育硕士专业学位建设具有重要意义。

一、研究对象

我们以体育硕士专业学位评价指标体系构建为研究对象，以2020年山东省高校体育硕士案例教学课程为模糊评价对象。

二、研究方法

（一）专家咨询法

本着在体育领域权威性和指导性相结合的原则遴选专家：硕士及以上学历；职称为副教授及以上；体育教学工龄15年及以上；熟悉案例教学，且有一定的见解和认识；愿意陪同完成整个研究过程并给予帮助。按照德尔菲法中的规定遴选专家数量，从华北、华南、西部以及东南等各地区筛选出32位专家，其中13位来自"双一流"高校，12位来自省重点高校。专家平均教龄为22.7年，专家年龄为40—55岁，博士12人，硕士20人。将已经选取好的指标和指标体系编写为《体育硕士专业学位案例教学评价指标专家咨询问卷》，通过问卷发放的形式向专家学者进行咨询，问卷内容由一级、二级和三级指标及各指标内涵重要程度等级表构成，分为9个重要等级，具体为：初始"极端否定"为1，1→9表示为肯定态度依次递增，递增到9为"极端肯定"。考虑到构建体系的过程中，教师和学生视角存在差异，为避免片面评价，提高教学水平，本研究从教师和学生两条路线分析，从而提高数据准确度。

回收问卷时，为保证问卷的权威性，从全国高校中多渠道联系体育硕士专业学位案例教学权威授课教师共9人，以及熟悉案例教学上课流程、对案例教学具有一定深度认识的体育硕士专业学位研究生共9人，将咨询问卷分别以线上或线下的方式发放给9位专家和9位学生，回收问卷18份，回收率100%。

（二）AHP层次分析法

AHP层次分析法又称多方案决策方法，可通过专家赋值构建两两指标判断矩阵，实现问题的条理化，从而计算指标权重。由于AHP属于主观分析法，调查结果会在一定程度上偏向于专家的主观意向，给研究带来偶然性。因此，为避免此情况的发生，引入熵权法，最大限度地降低偶然性意外的发生。

（三）熵权法

熵是物理学上的物理量，用以描述元素的混乱程度，可通过计算的熵值，判断指标的变异程度。熵值与变异程度呈反向比例即熵值越小变异程度越大，权重越高。[①] 熵权法本身为客观赋值方法，同 AHP 相同，为避免过多的偶然性，使测量计算的数据更精确，我们将熵权法与 AHP 结合，计算出组合权重。

（四）模糊综合评价法

模糊综合评价法，其基础来源于模糊数学，与实验法相比而言，最大的优势在于能避免实验指标的杂乱、实验量表的大数据量和计算的烦琐，能更系统地进行评价。由于本研究所构建的体系指标较多、层次较复杂、相互之间联系较多的原因，故需要对评价结果进行量化分析，采用该方法对体系进行评价，检验其可操作性与实际效果。

三、指标体系构建流程

研读相关文献资料，筛选、整理、归纳案例教学评价标准，广泛搜集初选指标；征询专家学者的意见，在案例教学评价指标合理性、完整性的基础上，进一步完善和改进体系；利用 AHP 和熵权法结合的方式对体系内的各个指标进行赋权。

四、体育硕士专业学位案例教学评价指标构成要素的划分

（一）理论依据

要准确地评价案例教学，首先要知悉其释义，整合学术界的释义后，借助古代理论、欧美理论和过程理论三大理论的描述和指导，从宏观视角和微观视角，对案例教学进行定义。宏观视角下：教师根据教学目标的要求，引入典型案例，创设问题情景，并引导学生对案例进行思考、分析、讨论，传授学生解决问题的方法，从而使学生提高综合能力的一种特定教学方法。[②] 微观视角下：体育课堂教学中，以教师选取的案例为教学主体，按照教师的引导，发散学生思维，提高学生创新能力的教学方法。

---

① 漆艳茹：《确定指标权重的方法及应用研究》，东北大学 2010 年硕士学位论文。
② 张家军、靳玉乐：《论案例教学的本质与特点》，《中国教育学刊》2004 年第 1 期，第 48—51 页。

根据媒介理论、有效教学理论的表述以及学者袁犁对教学条件、教学过程和教学效果的三位图解[①]，从微观视角划分案例教学略显局限，而从学校体育学、生理学和思维科学的视角，借助案例对学生的传输渠道、教师对学生创造的案例情景以及学生对教师的合理反馈，从宏观角度着手划分案例教学显然更符合真实的案例教学课堂，因此本研究参照学者苏海舟[②]和学者刘爱梅[③]对案例教学评价指标体系的划分，将案例教学过程、案例教学效果、案例教学条件、案例教学质量作为案例教学评价指标体系的基本框架。

1. 案例教学过程

案例教学过程是指在共同的教学任务中，师生之间的活动状态变化及其时间流程。作为案例课堂的交流者和传播者，教师和学生的重要程度不必多言，教师作为课堂主导者，本身要具备较高的案例教学能力。中国公共管理案例教学中心明确提出，案例教学的授课对象，应当是具备一定实践经验和理论素养的应用型专业硕士研究生。[④]显而易见，学生自身能力是案例教学中的一个重要指标。案例教学设计在教师的精心制作下伴随着教学过程而展开。《教学设计新宣言》一书中曾将教学设计定义为科学型技术，因此案例教学设计是对整个案例教学过程的铺垫。案例课堂评价与反思是对整个案例教学过程的总结，从语言交流的角度而言，合理充分的课堂评价反思是判断案例教学的重要因素之一。因此，体育硕士专业学位案例教学评价指标体系中，一级指标教学过程可分为案例教学设计、案例教师能力、学生案例学习能力、案例课堂评价和案例课堂反思五个二级指标。

2. 案例教学条件

案例教学以案例为核心，案例选取要合理、符合逻辑性，且具有较强的针对性。[⑤]案例教学条件作为案例教学的重要依托，是评价案例教学的一个重要条件。《学习的条件和教学论》一书中阐述了案例教学的各种外部、内部条件、经

---

① 袁犁、姚萍：《论教学条件、过程与效果的三位关系》，《理工高教研究》2002年第3期，第3页。
② 苏海舟：《新时代高校思想政治理论课案例教学体系的思考与构建》，《民族教育研究》2020年第31卷第5期，第27—33页。
③ 刘爱梅、李红梅、高欢玲、田朝霞：《护理案例教学评价指标体系的初步构建》，《护理研究》2019年第33卷第2期，第204—208页。
④ 中国公共管理案例教学中心.如何进行案例教学[EB/OL].（2006-06-19）[2021-11-12].https://baike.baidu.com/reference/2576396/bb2dcakfW2sNvZcP-DkB9FdlYQqFTP6iLl_XTDmFUqqkH4wazvv9slJlPOvDkbVIWWV-taLPzCb4KsRVM74izePbVH4rnNj9Ifj8kS8uD1X5oxTxcQBfhALAQZpUhrdPnnbOvw31sHOwDr4.
⑤ 郭忠兴：《案例教学过程优化研究》，《中国大学教学》2010年第1期，第59—61页。

典条件作用和操作条件作用[①],从多视角看,案例教学条件在案例教学中起到了传递的作用,是信息交流的纽带。按照层次分析的角度,可将案例教学条件按照物质和精神两个方面进行划分,参照学者李学昌对案例教学体系的划分,将一级指标案例教学条件划分为案例教学基础设施、教学案例和案例教学环境3个二级指标。[②]

3.案例教学效果

案例教学效果是在案例教学条件基础上,通过案例教学过程的实施,检验案例教学取得的成效。案例教师状态的好坏,直接影响学生的学习状态,进而影响案例教学课堂活跃度[③];反之亦如此。三者之间既相互联系,又相对独立。从学科特性的角度着手,结合案例教学条件和过程,并参照学者芈凌云对案例教学效果的主要评价渠道分析[④],将一级指标案例教学效果划分为案例教学目标、案例教学成绩、案例课堂活跃度、案例课堂学生状态和案例教师状态5个二级指标。

4.案例教学质量

案例教学质量是指案例教学水平的高低和效果的优劣,或是经过案例教学课程后,学生综合能力得到一定发展的程度。《教育学名词》一书明确规定,将教学目的作为衡量教学质量的标准。[⑤]教师在案例教学中起主导作用,教学态度的认真与否,会直接影响案例教学的质量。[⑥]其次,正确的指导思想会引导案例课堂朝着正确的方向发展,提高案例教学的效率;反之,低频的效率也必将会导致错误思想的产生。[⑦]因此,在分析案例教学质量后,将案例教学目的、案例教学态度、案例教学效率、案例教学指导思想、案例教学频率作为一级指标下的二级指标。

---

① 加涅:《学习的条件和教学论》,华东师范大学出版社1999年版。

② 李学昌:《构建以职业能力训练为导向的案例教学体系——华东师范大学MBA教育综合改革试点工作特色成果与经验总结》,《学位与研究生教育》2013年第11期,第11—15页。

③ 邹群霞、张传燧、张菁:《教学过程研究的过去、现在与未来》,《中国教育科学(中英文)》2020年第3期,第68—80页。

④ 芈凌云、王文顺、俞学燕:《基于MBA学员视角的案例教学效果影响因素实证研究》,《黑龙江高教研究》2018年第36卷第11期,第139—144页。

⑤ 教育学名词审定委员会:《教育学名词》,高等教育出版社2013年版。

⑥ 苏敬勤、王娜、高昕:《案例学的构建——学理基础与现实可行性》,《管理世界》2021年第37卷第9期,第207—214页。

⑦ 王君明、关月晨、宋玲玲:《基于德尔菲法研究构建中医药"以学生为中心"的课堂教学质量评价指标体系》,《时珍国医国药》2020年第31卷第2期,第442—444页。

（二）指标选取

根据指标设计专家的咨询问卷，专家从规范性、合理性等多角度建议删除二级指标"案例教学频率"，同时对部分指标的规范性进行了适当删除和修正。经过专家筛选、讨论和论证，最终确定体育硕士专业学位案例教学评价指标体系的构成指标包含：一级指标 4 个，即案例教学过程、案例教学效果、案例教学条件、案例教学质量；二级指标 17 个，即案例教学设计、案例教师能力、学生案例学习能力、案例课堂评价、案例课堂反思、案例教学目标、案例教学成绩、案例课堂活跃度、案例课堂学生状态、案例教师状态、案例课堂基础设施、教学案例、案例教学环境、案例教学目的、案例教学态度、案例教学效率、案例教学指导思想。

五、教师视角下体育硕士专业学位案例教学各级评价指标权重的计算

（一）层次分析法计算专家主观权重

根据层次分析法的步骤，首先按照重要程度等级表中规定的数值，确定专家指标打分标准。[①]程度相同时取 1，程度相差 1 时取 2，以此类推，从而构建专家指标两两比较判断矩阵，研究选择专家 1 为示例（表 4-2-1）。

表 4-2-1　教师视角下体育硕士专业学位案例教学一级指标两两比较判断矩阵

（专家 1）

	教学过程	教学效果	教学条件	教学质量
案例教学过程	1	1/2	1/7	1/9
案例教学效果	2	1	1/5	1/7
案例教学条件	7	5	1	1/3
案例教学质量	9	7	3	1

构建判断矩阵后，借助权重公式计算每一位专家从教师视角下体育硕士专业学位案例教学一级评价指标的权重（表 4-2-2），并通过一致性检验审核，测得每位专家的 CR 值均小于 0.1，赋值有效。

---

① 万崇华、方积乾：《层次分析法在生命质量资料分析中的应用》，《中国医院管理杂志》1998 年第 8 期，第 16—18 页。

表 4-2-2　教师视角下 AHP 层次分析法一级指标权重汇总表

专家	案例教学过程	案例教学效果	案例教学条件	案例教学质量
1	0.048140838	0.078847466	0.294763645	0.578248051
2	0.059104729	0.510422997	0.329988284	0.100483990
3	0.084281139	0.152073627	0.540636466	0.223008767
4	0.084203638	0.503797814	0.298976829	0.113021719
5	0.094080844	0.157801868	0.247125476	0.500991812
6	0.512031066	0.078951702	0.16916736	0.239849872
7	0.092607393	0.155344655	0.523176823	0.228871129
8	0.066730202	0.486759940	0.324313150	0.122196708
9	0.563675560	0.057945143	0.221510995	0.156868302
10	0.075439760	0.148837777	0.232392154	0.543330309
11	0.547539417	0.073140627	0.233038700	0.146281255
12	0.058536743	0.494557327	0.315114029	0.131791900
13	0.557848171	0.154301644	0.054928390	0.232921795
14	0.066272576	0.144443248	0.259500531	0.529783645
15	0.068647132	0.228036806	0.559125245	0.144190817
16	0.553828349	0.061383782	0.159488677	0.225299193
17	0.162403291	0.065694127	0.542334096	0.229568486
18	0.071944074	0.491707949	0.329645183	0.106702794

（二）熵权法计算专家客观权重

根据熵权法权重公式（1）（2），将数值代入，计算教师视角下体育硕士专业学位案例教学各级评价指标的权重，并将权重值结果汇总（见表4-2-3）。经过计算得知，专家1的熵值最小，变异程度及权重占比最高，其意见占比应最大；专家5熵值最大，变异程度及权重占比最低，其意见占比应最小。

$$H_i = -\ln(n)^{-1} \sum_{i=1}^{n} p_j \ \mathrm{h} \ p_j \quad （1）$$

$$C_i = \frac{1/H_i}{\sum 1/H_i} \quad （2）$$

表 4-2-3　教师视角下体育硕士专业学位案例教学熵权法客观权重数值汇总表

准确度排名	熵值 H_i	权重 C_i	专家序号
1	0.738044729	0.061860437	1
2	0.798666582	0.057164992	2
3	0.802599546	0.056884868	9

（续表）

准确度排名	熵值 H_i	权重 C_i	专家序号
4	0.802665557	0.056880190	13
5	0.811727325	0.056245204	15
6	0.813038982	0.056154465	16
7	0.823564150	0.055436810	11
8	0.824489882	0.055374566	18
9	0.825024225	0.055338701	17
10	0.826179310	0.055261332	12
11	0.826643226	0.055230319	14
12	0.828884262	0.055080994	10
13	0.831835317	0.054885586	8
14	0.837589595	0.054508520	4
15	0.838221671	0.054467417	3
16	0.855548895	0.053364301	7
17	0.855678164	0.053356240	6
18	0.869549924	0.052505058	5

（三）一级指标组合权重计算

将通过AHP和熵权法计算的教师视角下体育硕士专业学位案例教学一级评价指标权重进行加权处理，即可得出教师视角下指标体系一级指标的组合权重：案例教学过程0.191、案例教学效果0.205、案例教学条件0.223、案例教学质量0.381。

（四）教师视角下二级评价指标权重的计算

教师视角下案例教学评价体系的二级指标，可通过一级指标的演算步骤进行计算（步骤省略），在对数据进行整理统计后，将权重数值汇总代入，便可得到案例教学评价体系二级指标的各个权重（见表4-2-4）。

表4-2-4 教师视角下体育硕士专业学位案例教学评价指标权重

一级指标	权重	二级指标	相对权重	绝对权重
案例教学过程	0.191	案例教学设计	0.296	0.056536
		案例教师能力	0.243	0.046413
		学生案例学习能力	0.171	0.032661
案例教学过程	0.191	案例课堂评价	0.138	0.026358
		案例课堂反思	0.152	0.029032

（续表）

一级指标	权重	二级指标	相对权重	绝对权重
案例教学效果	0.205	案例教学目标	0.332	0.068060
		案例教学成绩	0.135	0.027675
		案例课堂活跃度	0.158	0.032390
		案例课堂学生状态	0.174	0.035670
		案例教师状态	0.201	0.041205
案例教学条件	0.223	案例课堂基础设施	0.245	0.054635
		教学案例	0.468	0.104364
		案例教学环境	0.287	0.064001
		案例教学目的	0.273	0.104013
案例教学质量	0.381	案例教学态度	0.231	0.088011
		案例教学效率	0.202	0.076962
		案例教学指导思想	0.294	0.112014

六、学生视角下体育硕士专业学位案例教学各级评价指标权重的计算

同理，学生视角下体育硕士专业学位案例教学各级评价指标的权重，可参照教师视角下权重的计算。将数据整合，各级指标权重见表4-2-5。学生视角下指标体系一级指标的组合权重为案例教学过程0.3115、案例教学效果0.2375、案例教学条件0.1775、案例教学质量0.2755。

表4-2-5 学生视角下体育硕士专业学位案例教学评价指标权重

一级指标	权重	二级指标	相对权重	绝对权重
案例教学过程	0.3115	案例教学设计	0.2270	0.07071050
		案例教师能力	0.2140	0.06666100
		学生案例学习能力	0.2080	0.06479200
		案例课堂评价	0.1890	0.05887350
		案例课堂反思	0.1620	0.05046300
案例教学效果	0.2375	案例教学目标	0.1810	0.04298750
		案例教学成绩	0.1760	0.04180000
		案例课堂活跃度	0.1850	0.04393750
		案例课堂学生状态	0.2510	0.05961250
		案例教师状态	0.2070	0.04916250

（续表）

一级指标	权重	二级指标	相对权重	绝对权重
案例教学条件	0.1755	案例课堂基础设施	0.2870	0.05036850
		教学案例	0.4020	0.07055100
		案例教学环境	0.3110	0.05458050
案例教学质量	0.2755	案例教学目的	0.2380	0.06556900
		案例教学态度	0.2785	0.07672675
		案例教学效率	0.2020	0.05565100
		案例教学指导思想	0.2815	0.07755325

七、体育硕士专业学位案例教学各级评价指标的综合权重

在对教师视角下体育硕士专业学位案例教学评价指标权重 ω_1 和学生视角下体育硕士专业学位案例教学评价指标权重 ω_2 进行线性合成时，通过公式 $\omega_{总}=\alpha\omega_1+(1-\alpha)\omega_2$，求得综合权重。专家对案例教学整个过程分析后指出，案例教学是教师与学生之间共同作用、共同努力的过程，无论是教师还是学生，在案例教学课堂中都是相互作用，相互影响的，两者之间不分轻重缓急，同等重要，权重倾斜两者中的任何一方，都会由于权重不平衡导致评价不准确。若教师权重降低，案例教学就会导致教学引导减弱；若学生权重减弱，案例教学就失去了教育学生的意义。所以为了权衡教师与学生两者的地位，专家建议将 α 比例系数的数值设定为 0.5，用以平衡师生间的权重，故各级评价指标综合权重的计算公式为：$\omega_{总}=0.5\omega_1+0.5\omega_2$。

八、体育硕士专业学位案例教学评价指标体系的构建

通过 AHP 和熵权法主客观综合赋权的方法，构建体育硕士专业学位案例教学评价指标体系（见表 4-2-6），该体系共分为三个层次：目标层、准则层和指标层。目标层即所要完成的目标，指构建体育硕士专业学位案例教学评价指标体系；目标层下分解为若干准则，这些准则是实现目标层而必须遵守的，包含 4 个一级指标及权重；准则层下分解为若干基础的具体指标，包含 17 个二级指标及其相对权重和绝对权重。各层次既相对独立又相互联合，各指标之间相互协同，通过并列性、从属性进行序列组合，构成案例教学评价指标体系。

表 4-2-6　体育硕士专业学位案例教学评价指标体系（目标层）

一级指标 （准则层）	权重	二级指标 （指标层）	相对权重	绝对权重
案例教学过程	0.25125	案例教学设计	0.26150	0.063623250
		案例教师能力	0.22850	0.056537000
		学生案例学习能力	0.18950	0.048726500
		案例课堂评价	0.16350	0.042615750
		案例课堂反思	0.15700	0.039747500
案例教学效果	0.22125	案例教学目标	0.25650	0.055523750
		案例教学成绩	0.15550	0.034737500
		案例课堂活跃度	0.17150	0.038163750
		案例课堂学生状态	0.21250	0.047641250
		案例教师状态	0.20400	0.045183750
案例教学条件	0.19925	案例课堂基础设施	0.26600	0.052501750
		教学案例	0.43500	0.087457500
		案例教学环境	0.29900	0.059290750
案例教学质量	0.32825	案例教学目的	0.25550	0.084791000
		案例教学态度	0.25475	0.082368875
		案例教学效率	0.20200	0.066306500
		案例教学指导思想	0.28775	0.094783625

九、体育硕士专业学位案例教学评价指标体系模糊综合评价检验

（一）评价对象

为检验体育硕士专业学位案例教学评价指标体系的实际评价作用，邀请5名高校教授作为专家观看2020年山东省高校体育硕士案例教学课程录像，按照本研究所构建的指标体系，选取20节课对体育硕士案例教学课堂进行评价。

（二）评价步骤

采用1→20的顺序对20节课进行编号，将专家对评价对象的评分通过MATLAB软件进行模糊处理。评价以课堂1为例，展示具体步骤。

1. 确定评价对象的因素论域

根据体育硕士专业学位案例教学评价指标体系，将评价因素分为4个子集 $A=\{A_1, A_2, A_3, A_4\}=\{$教学过程，教学效果，教学条件，教学质量$\}$。

2.确定评语等级论域

等级论域的选择,可按照绩效评估的方式,分为优秀、良好、一般、合格和合格以下五种,即 D={优秀,良好,一般,合格,不合格},分别对应 90—100 分、80—89 分、70—79 分、60—69 分和 60 分以下。

3.构建隶属矩阵

在确定评语等级论域后,需要对单一因素进行模糊分析,前文中对各级指标进行了权重计算,因此各指标都有其相对应的权重分配集。将一级指标权重系数集设为 B_A,各二级指标所对应的权重系数集分别为 B_{A1}、B_{A2}、B_{A3}、B_{A4}。请专家根据自身经验、工作经历及理解对各项指标进行评分,从而计算出各二级指标的隶属度 R(见表 4-2-7)。

表 4-2-7 案例教学二级评价指标隶属度(选择人数/总人数)

二级指标	优秀	良好	一般	合格
案例教学设计	0.4	0.4	0.2	0.0
案例教师能力	0.4	0.2	0.4	0.0
学生案例学习能力	0.6	0.2	0.2	0.0
案例课堂评价	0.6	0.2	0.2	0.0
案例课堂反思	0.2	0.6	0.2	0.0
案例教学目标	0.2	0.6	0.2	0.0
案例教学成绩	0.0	0.8	0.2	0.0
案例课堂活跃度	0.4	0.6	0.0	0.0
案例课堂学生状态	0.0	0.4	0.6	0.0
案例教师状态	0.0	1.0	0.0	0.0
案例课堂基础设施	0.2	0.4	0.4	0.0
教学案例	0.0	0.8	0.2	0.0
案例教学环境	0.0	0.4	0.4	0.0
案例教学目的	0.0	0.8	0.2	0.0
案例教学态度	0.0	0.8	0.0	0.2
案例教学效率	0.0	0.8	0.2	0.0
案例教学指导思想	0.2	0.6	0.2	0.0

4.隶属矩阵与权重的合成

如表 4-2-7 所示,根据 5 位专家的打分,建立二级指标模糊矩阵 R_{A1}、R_{A2}、R_{A3}、R_{A4}。模糊矩阵 R_{A1} 示例如下。

第四章 体育硕士专业学位案例教学影响因素与评价体系

$$R_{A1} = \begin{bmatrix} 0.4 & 0.4 & 0.2 & 0.0 & 0.0 \\ 0.4 & 0.2 & 0.4 & 0.0 & 0.0 \\ 0.6 & 0.2 & 0.2 & 0.0 & 0.0 \\ 0.6 & 0.2 & 0.2 & 0.0 & 0.0 \\ 0.2 & 0.6 & 0.2 & 0.0 & 0.0 \end{bmatrix}$$

将各二级指标的权重系数集 B_{A1}、B_{A2}、B_{A3}、B_{A4} 引入。按照评价向量公式，采用加权平均方式计算 C_A。例如 $C_{A1}=B_{A1}\cdot R_{A1}$=（0.26150，0.22850，0.18950，0.16350，0.15700）$\cdot R_{A1}$（上式）=（0.4392，0.3151，0.2457，0.0000，0.0000）。

同理，C_{A2}=（0.1199，0.6702，0.2099，0.0000，0.0000），
C_{A3}=（0.0532，0.5740，0.3130，0.0000，0.0598），
C_{A4}=（0.05755，0.74245，0.14905，0.05095，0.00000）。

将 C_{A1}、C_{A2}、C_{A3}、C_{A4} 组合为一级模糊矩阵（下图）。

$$R_{CA} = \begin{bmatrix} 0.43920 & 0.31510 & 0.24570 & 0.00000 & 0.00000 \\ 0.11990 & 0.67020 & 0.20990 & 0.00000 & 0.00000 \\ 0.05320 & 0.57400 & 0.31300 & 0.00000 & 0.05980 \\ 0.05755 & 0.74245 & 0.14905 & 0.05095 & 0.00000 \end{bmatrix}$$

将一级指标权重分配集合 B_A 引入一级模糊矩阵 R_{CA}，经计算可得。

$C_A=B_A\cdot R_{CA}$=（0.25125，0.22125，0.19925，0.32825）$\cdot R_{CA}$=（0.1664，0.5855，0.2195，0.0167，0.0119）（小数位数过多，取近似值）。

（三）评价结果及分析

经过模糊评价 C_A，对案例教学课堂 1 进行评价。根据前文所设定的评价等级论域，模糊矩阵中最高数值所对应的等级即该指标所处的等级。案例教学课堂 1 对应的矩阵 C_A 中，最高数值为 0.5855，对应的等级为良好，故整节案例教学课堂 1 总体上处于良好等级，其隶属于良好等级的程度为 0.5855。同理，该课堂中的案例教学过程处于优秀等级，其隶属于优秀等级的程度为 0.4392。案例教学效果处于良好等级，其隶属于良好等级的程度为 0.6702。案例教学条件处于良好等级，其隶属于良好等级的程度为 0.5740。案例教学质量处于良好等级，其隶属于良好等级的程度为 0.7424。

按照前文中所设定的专家标准，另邀请 5 位权威专家，以研究中设定的评语等级论域为评价标准对课堂 1 进行评价，通过书面形式记录专家结果。专家对课

堂 1 评价的等级为良好，其综合意见为：案例教学课堂 1 中，该教师教学设计针对性较强，能充分地引导学生分析问题，激发学生创新性思维，且在课堂结束前进行了全面及时的课堂评价，但需要端正教学态度，进一步改善案例教学环境，以保证案例教学的顺利实施。将专家综合意见对比课堂 1 案例教学评价指标体系的模糊综合分析结果（分析结果为良好），两者评价结果较为一致（表 4-2-8）。通过将所有案例教学课堂汇总，将专家意见对比模糊综合分析结果，20 堂课中，19 堂课专家意见与体系评价结果一致（表 4-2-9），进一步证明评价体系可靠性。

表 4-2-8　课堂 1 专家意见与模糊综合评价结果对比表

模糊综合评价指标	模糊综合评价数值	所处等级	专家综合意见
案例教学过程	0.4392	优秀	良好。该教师教学设计针对性较强，能充分地引导学生分析问题，激发学生创新性思维，且在课堂最后进行了全面及时的课堂评价，但需要端正教学态度，同时需要进一步改善案例教学环境，以保证案例教学的顺利实施
案例教学效果	0.6702	良好	
案例教学条件	0.5740	良好	
案例教学质量	0.7424	良好	
案例教学课堂总体	0.5855	良好	

表 4-2-9　20 堂课专家意见与模糊综合评价结果对比表

课堂编号	模糊综合评价数值	模糊综合评价等级	5 位专家综合意见简述
课堂 1	0.5855	良好	良好。教学设计针对性强，但态度需进一步端正
课堂 2	0.5111	良好	良好。教学成绩较高，教学过程较顺利流畅
课堂 3	0.4732	一般	一般。教学案例设置较好，但未考虑学生能力
课堂 4	0.5538	优秀	优秀。教师案例教学态度端正，教学目标明确
课堂 5	0.6657	一般	一般。教学评价不彻底，教学设施未提前设置
课堂 6	0.4901	优秀	优秀。学生相互评价，课堂活跃度高，教学效率高
课堂 7	0.7664	良好	良好。教学效果较好，但课堂活跃度略低
课堂 8	0.5251	优秀	优秀。教学目标明确，教学反思充分，评价合理
课堂 9	0.6412	一般	一般。案例教学效率较低，整堂课花费时间较多
课堂 10	0.7113	良好	良好。教学流程顺畅，整堂课规划合理，计划明确
课堂 11	0.6265	良好	良好。教学指导思想处于前沿，但教学效果略差

（续表）

课堂编号	模糊综合评价数值	模糊综合评价等级	5位专家综合意见简述
课堂12	0.4471	优秀	优秀。学生积极性被调动，整节课堂学习氛围浓厚
课堂13	0.5351	一般	良好。教学设计较明确，但教学主题略有偏差
课堂14	0.6729	良好	良好。案例设置较好，但讲解方向略微出现偏差
课堂15	0.5318	良好	良好。教师积极性较高，但目标设置较高，难达到
课堂16	0.4733	优秀	优秀。师生互动及时，学生创新思维得到极大发展
课堂17	0.4074	合格	合格。缺乏针对性的教学反思，只进行了细微总结
课堂18	0.5093	良好	良好。教学过程流畅，但教师评价需加强
课堂19	0.4298	不合格	不合格。教学目的不明确，内容不合理，结构混乱
课堂20	0.5025	良好	良好。整堂课内容明确丰富，但教学效率略低

体育硕士专业学位案例教学评价指标体系，分为4个一级指标、17个二级指标。通过模糊评综合评价进行科学性检验，对比专家的综合评价意见，20节案例教学课堂中19节课两者评价结果一致，从而进一步证明体育专业学位案例教学评价指标体系的可靠性。体育硕士专业学位案例教学评价指标体系中的案例教学，既有传统教学的共同特性，也包含以下学科特征：从传播学的视角看，以案例为传播形式，体育教师的案例既是传播的媒介，也蕴含着传播的内容。虽然评价体系已经建立，但受到研究条件和研究范围的限制，研究结果尚存在一定的不足，今后将进一步开展相关研究，使得评价体系更加完美。

第五章 体育硕士专业学位教学案例库建设

本章分为四节,分别列举了体育教学领域的教学案例、运动训练领域的教学案例、竞赛组织管理领域的教学案例以及运动训练领域的教学案例。前三个领域的教学案例各3个,运动训练领域的教学案例4个,共计12个。

第一节 体育教学领域教学案例库

一、案例:幸福教育——学校体育的旨归

(一)案例归类:案例适用于体育教学领域

1.摘要

享受乐趣、增强体质、健全人格、锤炼意志是习近平总书记对学校体育价值与功能"四位一体"目标的重要论述。以山西临猗县西关小学校长张鹏飞带领全校学生大课间跳"鬼步舞"火遍全网的事件为案例进行教学,旨在阐述学校体育指导思想及贯彻落实国家有关方针政策的创新实现路径。"一切以学生为中心,实现幸福教育"是学校体育的旨归。本文以叙事为研究方法,通过案例分析,引导学生了解学校体育与学生全面发展的关系,掌握课外体育活动的性质、组织形式;认识学校体育与社会发展的联系,并在案例教学过程中,培养学生的体育素养与专业自信,提高学生的创造性思维与创新能力。

2.关键词

"鬼步舞" 幸福教育 学校体育

3.教学目标

学校体育学方面：A.理解学校体育的指导思想、目标与内容；B.了解学校体育与学生全面发展的关系；C.掌握课外体育活动的性质、组织形式等；D.认识学校体育与社会发展的联系；E.思考学校体育"四位一体"目标的创新实现形式。

体育心理学方面：A.了解运动活动的动力调节系统的心理结构、功能；B.理解激发学生运动兴趣、培养学生运动动机的方法；C.了解体育活动的心理健康效益；D.掌握体育活动的坚持性、影响因素及行为控制策略；E.了解体育教师领导类型的种类。

（二）案例引言

习近平总书记把体育的价值和体育要发挥的作用高度概括为"四位一体"目标，即通过学校体育让学生享受乐趣、增强体质、健全人格、磨炼意志。《关于全面加强和改进新时代学校体育工作的意见》明确指出，学校体育要做到"坚持健康第一的教育理念，推动青少年文化学习和体育锻炼协调发展，帮助学生在体育锻炼中享受乐趣、增强体质、健全人格、锤炼意志"。可见，学校体育对推动学生全面发展、实现立德树人的根本任务具有重要作用，也是促进学生身体健康和国家体育事业发展的重要手段。

然而，世界卫生组织的最新调研结果表明，青少年体育活动不足是各国普遍存在的问题。在我国，青少年学生的身体健康水平更是令人担忧，肥胖、近视等问题日益严重，患有精神疾病和出现心理问题的青少年逐年增多。手机控到处可见，电子产品就像精神鸦片一样正在侵蚀着青少年的课余生活，少年蜗居正成为一种社会常态，久坐蜗居成为户外运动的最大威胁。由此，如何让学生放下手机、走向操场，放弃电子游戏、享受运动乐趣成为教育工作者尤其是学校体育工作者必须深刻思考的问题。

本案例是成功开展课外体育活动、提高学生幸福指数的典型事件。课外体育活动可以激发青少年体育参与的动机和兴趣，促进青少年全面发展，增进健康，增强体质。通过学习本案例，使体育硕士专业学位研究生掌握体育教学领域的相关知识原理，提高其专业能力，为今后从事体育教育事业提供思路。

（三）案例正文

1.案例介绍

2019年1月，一段校长带领几百名小学生在课间跳"鬼步舞"的视频火爆全网，不仅火遍全中国，还得到了海外人士的点赞。（"鬼步舞"又称"滑步舞""漂移舞"，由澳大利亚墨尔本的地下舞团所创，是一种既可以让人放松身心，又可以让人收获快乐的综合型运动方式。这种舞蹈对力量的要求较大，动作快速优美，伴奏震撼有力，舞姿动感活力，极具跳跃性。）这段视频的主角是山西临晋镇西关小学的校长张鹏飞，他在课间带领全校学生跳"鬼步舞"。视频中，在上午课间操（大部分学校做广播操）时间，张校长亲自出马，手拿话筒，带领全校师生在校园高音喇叭所播放的劲爆音乐伴奏中一起跳"鬼步舞"，师生动作整齐划一，喊着拍子，情绪高涨，完全沉浸在舞步中，成为校园一道靓丽的风景线。根据教育部规定，中小学生每天保证学生一小时体育锻炼。该校从2019年年底尝试在30分钟的大课间中，用"鬼步舞"代替传统的广播体操，带动学生参与体育活动，取得了非常好的效果。在手机控们的生活里，"鬼步舞"受到热捧，这一事件背后所隐含的道理，值得每位教育工作者深思，更值得学校体育工作者探究。①

图 5-1-1　张鹏飞校长带领全校师生跳"鬼步舞"火爆全网

不到两周的时间，这段校长带领全校师生课间跳"鬼步舞"视频的点击量就高达2.6亿，获得45万次点赞、112万次分享。英美网友大赞："这个网红校长太聪明了！""'鬼步舞'节奏感十足，相当有活力！应该引进过来！"中央电视台

---

① 贾荟娟：《尊重孩子的心理舒适区——临猗县西关小学"鬼步舞"大课间活动引发的思考》，《山西教育》2019年第8期，第16—18页。

对此录制了长达 13 分钟的专题节目,《参考消息》也进行了专题新闻报道。张校长的微博粉丝人数在十天之内暴涨到一百万。中国的校服也火了……

这个视频为何会如此火爆？课间操对于大多数学生来说不是新鲜话题，中小学生对广播体操、太极操等并不陌生，为什么大家对这个"鬼步舞"如此羡慕与青睐？学生们又为何如此喜欢？学校体育如何调动学生积极性？如何实现幸福教育？本案例从学校教育的理念、目标，课外体育活动的特点、性质、组织与实施等方面进行分析。

2.参与其中——让兴趣成为最好的老师

著名教育学家苏霍姆林斯基经过长期教育实践与理论研究，揭示出体育在学生个性形成中的地位与作用。[1]他在书中指出，"体育已经不可能仅仅局限于锻炼身体与增进健康，它涉及对周围世界做出评价与自我评价等人的个性方面的复杂问题"，"体育不仅可以丰富文化生活，还可以充实精神生活"。这些观点彰显苏霍姆林斯基的基本思想，即学生的身体健康状况和学校体育开展情况都是学校教育的重要基础。让每位学生参与其中、成就其中、受益其中是学校体育的宗旨，也是学校教育的目标，更是实现学校体育"四位一体"指导思想与目标的基本要求。

张鹏飞校长从他自己的两个孩子以及他的学生身上发现了一个让人担忧的现象：蜗居成为当代学生的社会常态和病态，这让他非常担忧，也一直在思考如何改变现状，怎样让学生放下手机，走向操场。

张鹏飞：本校学生代表着中国所有学生的特点。

一是孩子们被手机、电脑俘虏，一有空就玩手机，玩平板，看网页，玩游戏。"电子产品就像精神鸦片侵蚀着孩子"。

二是学生学业负担重，整天无精打采，一回到家就不愿意和外界接触。"少年蜗居已经成为一种社会常态和病态"。

三是学生锻炼少，身体健康状况差，近视率占到70%—80%。没有喜爱的体育活动，没有活动氛围，学习效率低。

学生对传统的广播体操不感兴趣，大课间活动完全是在应付，没有真正投入到其中，起不到课间体育活动对学生身心状态进行有效调节的作用。

记者：为什么会想到跳"鬼步舞"？

---

[1] ［苏联］苏霍姆林斯基：《关于全面发展教育的问题》，王家驹等译，湖南人民出版社 1984 年版。

张鹏飞：过去，我们小学也开展过篮球、羽毛球、乒乓球、剪纸、葫芦丝等活动，但因为学校经费有限，缺少专业的教师，缺少专用的场地和设施，因此这些活动不得不半途而废。

记者：为什么不搞广播体操呢？

张鹏飞：广播体操搞了好多年，但发现学生大部分是应付，学校也采取了一些强制性办法，但不感兴趣的事情孩子做不来。

由于场地受限，学生们对广播操又缺乏兴趣，这是很多学校体育活动开展的关键制约因素与难点。如何调动学生运动的积极性，张鹏飞一直在思考。偶然的机会，爱好运动的张鹏飞接触到"鬼步舞"，被动感的音乐和欢快的舞步吸引，"'鬼步舞'这样的舞蹈动作幅度大，对学生能起到锻炼的作用"。张鹏飞通过调研、征求教师与学生的意见，尝试将其引进校园。秋季开学，张鹏飞给老师们吹风，一起开会研讨。他说："跳舞只是充实孩子的课余时间，不影响正常教学秩序，老师、学生长时间上课肯定会产生疲惫感，课间进行适当的体育活动会提高孩子的学习效率。"部分老师同意试一试。

张校长坚持"兴趣是最好的老师"这一理念，2018年11月15日，先成立30人左右的高年级社团，学生喜欢，大家积极性很高。两周后，社团人数发展到80人左右。再过一周，变成150人。学生们学得快，随着人数的增加，校园"鬼步舞"的气氛越来越浓。部分一、二年级学生在高年级训练时，聚集在一起观看，都要求加入。12月中旬，成立低年级社团，一、二年级参与进来，发展到400人以上。通过小部分高年级学生的学习逐步扩大推广至低年级学生，最后带动全校学生积极参与。

张鹏飞说："学生们不是不想活动，而是没有喜欢的活动，广播体操不是不好，而是老套，大家兴趣不高。"

这就是说在学校体育教育过程中，应积极思考如何开展让学生喜欢的活动，通过活动吸引学生主动参与其中，而非被动地接受安排。教育的目的在于点燃。张鹏飞身体力行，通过自学将这一运动形式引入校园，点燃学生的运动热情，激发学生的运动兴趣，实现了体育活动的价值与功能。"鬼步舞"适合青少年学生的个性特点，通过练习，能缓解学习压力、增强体质、激发学习兴趣。视频中学生们个个脸上洋溢的笑容是纯真的，自然的，发自内心的，更是幸福的。这就是为什么张鹏飞被网友称为"别人家的校长"的原因。

记者：你们觉得跳这个（"鬼步舞"）跟原来那个广播体操，哪个好？

学生们：这个（"鬼步舞"）比广播操好玩儿。
　　记者：这两个锻炼效果哪个更好？
　　学生们：会了（"鬼步舞"）就特别爱跳，锻炼效果当然是这个好。

　　可见，课间活动不管是广播体操，还是"鬼步舞"，其最终目的都是为了促进学生身体健康，缓解学生在学习上的压力和疲劳。以往的课间活动几乎都是广播体操，动作相对老套、固定，时间长了学生容易产生厌烦、枯燥的情绪，应付差事走形式，课间活动的效果大打折扣。而跳"鬼步舞"，与以往的课间操相比，节奏更适合学生，动作更时尚阳光，既可以增强全身肌肉群的力量，又可以提高爆发性、柔韧性、协调性，容易让学生们接受。事实上，教育部在推行和实施课间活动时，没有限制活动内容，反而是积极鼓励在学校实际条件下，结合学生的运动能力和兴趣进行创新，其目的是让学生参与运动，收获快乐，收获健康。张校长引入"鬼步舞"，有效地调动了学生的积极性，真正实现了参与其中、乐在其中、受益其中，有效促进了课外体育活动的改革步伐。全校学生的这种热情和积极性就是该视频火爆全网的首要原因。

　　事实上，比校长的舞步更火的是校长的初心。享受幸福教育，一切从学生出发，让学生在学校感到幸福，这是张鹏飞一直努力的方向，也是在不断思考的教育问题。孩子们需要什么？如何提高课堂效率？如何改变学生对广播体操积极性不高的问题？秉持着这一初心，张鹏飞坚持"少一事不如多一事"，只要对孩子有利的事，就尽力去尝试。"鬼步舞"进入校园只是这一教育初心实施的一件事而已。从这个角度看，在学校教育理念不变的前提下，教学活动的开展与实施却有很多方法与路径。一切从学生出发，一切为了学生。只有走近学生，才能了解学生的心声，了解学生的兴趣爱好，才能创造出适合学生和受学生欢迎的教育活动；也只有勤于思考，勇于探索，才能将教育理念落地，使制定的教育政策真正推行开来，实现教育的价值与使命。在案例教学过程中，要深入分析张鹏飞校长的教育思想与行为，引导学生提升职业素养与使命感。

　　3. 获益其中——促进学生全面发展
　　课外体育活动看似简单，却有着重要的功能，也包含非常多的内容，需要教师对其进行系统的编排与策划。学生是学校教育的主体，更是学校体育的核心，只有正确认识学生是发展的个体，并充分遵循学生的身体、心理、社会适应发展的规律，才能探索开发广受学生喜爱的体育活动，推动学生健康成长，促进其全面发展，让学生在学校体育中受益。通过案例教学，能够让体育教学专业的硕士研究生认识学校体育对学生全面发展的意义,掌握学生在身体机能、体能发展、心理发展以及社会适应方面的特点,并能根据学生的实际情况对学校体育进行完善和创新,将所学的专业知识和技能应用到学校体育中,推动学生全面发展。

有的家长打电话说,看了视频后,深受感染,非常想让张校长教自家娃娃跳。学了"鬼步舞"孩子的家长说,跳舞以后,孩子性格开朗,变得活泼,不再玩手机,爱学习了。

  记者:那你们觉得这个("鬼步舞")好玩儿还是手机好玩儿?
  学生们:(异口同声)——这个(跳舞)好玩儿!
  老师A:学生跳完舞进教室,学习积极性特别高。
  老师B:学生课间活动进入教室后,学习热情更高了,注意力更集中了,学习效率提高了。
  家长:我觉得这样的活动非常好,而且还能减轻孩子的学习负担。

"鬼步舞"这一课间活动形式能使学生从中获益,身体素质得到提高,情绪情感、个性心理、意志品质得到不同程度的发展,社会适应能力、动作技能得到提高,真正体现了学校体育对实现学生全面发展的重要意义与价值。

这一视频在网络上迅速流传,点赞与羡慕的评价居多,网友们称赞的不仅仅是这些孩子可以学到"鬼步舞",更是一个乡村学校能有这么好的体育氛围,羡慕的是学生有一位随时可以亲近的校长。这是视频点击者与点赞者内心对幸福教育的渴盼。教育者常常容易将自己置于引导者的地位,而忽视被教育者的幸福诉求,这是幸福教育的一大难点。通过研讨这一案例,可以使教育者进一步思考如何贯彻落实国家有关方针政策,使学生在教育中受益与成长,享受幸福教育。

4.勇于创新——让学生收获幸福

素质教育最鲜明的特点是"教学有法,但教无定法",对于学校体育而言,明确指导思想是开展活动的前提与根本。在此基础上,应提倡和鼓励体育活动形式和内容的创新,丰富学校体育活动的组织形式,以培养学生的运动兴趣和爱好为前提,变被动运动为主动运动。学校体育倡导每位学生都能参与其中、成就其中、获益其中,参与是获益与取得成就的前提,只有通过创新,开发符合学生身心发展特点的运动形式,才能实现全员参与,使学生从"要我动"变为"我要动"。案例中,张校长长期深入学生群体,了解学生的个性特点,积极思考如何调动学生活动积极性,在引入"鬼步舞"的过程中,经过大量调查与访谈,通过激发和培养学生兴趣,使这种新的运动方式被学生关注,吸引越来越多的学生参与,最后在全校师生中得到推广,并受到学生一致欢迎。视频中,全校 700 多名学生跳"鬼步舞"时脸上洋溢的笑容就是学生参与其中、乐在其中的最好诠释,也对塑造学生性格、实现身心愉悦起到了润物无声的教化作用。

值得注意的是,张校长的创新精神与尝试,更是体现了一名教育工作者对教学目标的追求与实践精神。他把学生感兴趣的元素与运动形式引进校园,体现了"一切从学生出发,以学生为本"的教育理念,这样的创新与尝试应该得到支持与推广。他的做法表明实现学校体育"四位一体"目标的路径是多元的,是可以通过创新实践落实的。虽然"鬼步舞"的科学性与运动适宜性等还需要我们进一步探索完善,但是这种创新的精神应得到支持与鼓励。

教育部《关于实施研究生教育创新计划 加强研究生创新能力培养 进一步提高培养质量的若干意见》指出,"要深入研究新形势下的研究生教育规律,建立新型培养模式,在研究生教学内容和教学方法、教材教案等方面加强创新研究"。相比于本科生,在研究生教育过程中,要将培养学习积极性和独立思考能力放在首位,改革创新教学方法,提高教学效果,增强学生理论层面的探究动力与实践领域的应用能力。理论课程教学要结合社会实际,提高教师的知识储备,根据学生的实际情况设计教学方案,组织教学内容,革新教学方法,注重学生创新能力的提升和创新人格的塑造。

在使用该案例进行教学时,教师通过有效地启发硕士研究生思维,引导硕士研究生参与讨论,分析解决实际问题,促进硕士研究生对知识点的内化与深入思考,创造性地将所学知识运用到实际生活中,实现理论与实践的有机结合。课程讲授中,需要在教与学的互动中给予硕士研究生更多的主动性和独立思考空间,引导自主式和探究式学习模式,培养和启发硕士研究生的创新思维。本案例对启发硕士研究生的创新思维、提高创新能力具有较好的示范意义与价值。通过本案例,可以引导硕士研究生思考如何创新改革学校体育工作,怎样结合学生特点开发运动项目,创造性地开展学校体育活动。

学校体育活动的开展还应紧跟时代脚步,与时俱进。"鬼步舞"之所以受到小学生的欢迎与热捧,是由于这种活动方式迎合了小学生的个性需求,激发了学生参与体育运动的兴趣,培养了学生的运动动机,学生不是被动地接受,而是主动地参与,变"要我动"为"我要动",显著提升了大课间活动的有效性。这是对学校体育功能和价值的最好彰显,也是对各项政策法规最有力的落实,更是对幸福教育理念的践行。通过对案例展开深度研讨,不仅可以引导硕士研究生深入思考学校体育思想的贯彻落实，同时有助于拓展思维，提高创新意识，不断探索与发现践行学校体育"四位一体"目标的多元实现路径。

5.结语

张鹏飞校长坚持教育初心，不断探索，勇于创新，身体力行，为践行和推动幸福教育提供了示范与榜样。我们应从他的经验与实践中，积极思考学校体育的开展形式与改革创新方法，进一步探究学校体育活动在不同社会背景、不同学校、不同地区创新发展的可行性与实效性。季成叶说："让我们的孩子尽可能快乐地奔跑，这才是童年快乐的体育。"孩子们对"鬼步舞"的喜爱溢于言表，彰显着学校体育带给学生的幸福感，这样的学校体育与学校教育正是我们共同期盼的。

这个典型案例给予每位教育工作者的启示远不止对"鬼步舞"独特运动风格的解析，也不仅仅是张鹏飞校长的教育初心与创新改革，而是探讨如何实现教育的目标与基本思想，怎样落实《健康中国2030规划纲要》《关于全面加强和改进新时代学校体育工作的意见》等国家战略与政策，如何彰显学校体育促进学生全面发展的价值与功能，如何实现幸福教育的旨归。这是每一位体育教育工作者的职责与使命，也是值得我们深刻思考与不断探索的重要现实问题。

（四）教学指导手册

1.适用范围

A.适用对象：体育硕士专业学位研究生。

B.适用课程：学校体育学、体育心理学等体育教学领域相关课程。

2.教学目的

本案例的教学目的是帮助硕士研究生理解和掌握体育教学领域的重点知识。在学校体育学方面让硕士研究生理解学校体育的指导思想、目标与内容，了解学校体育与学生全面发展的关系，掌握课外体育活动的性质、组织形式，认识学校体育与社会发展的联系等。在体育心理学方面让硕士研究生了解运动活动的动力调节系统的心理成分、功能，理解激发学生运动兴趣、培养运动动机的方法，了解体育活动的心理健康效益，掌握体育活动的坚持性、影响因素及行为控制策略，了解体育教师领导类型的种类。

3.教学内容

A.结合案例分析，学习学校体育发展的指导思想和相关方针政策。

B. 通过案例讨论，分析学校体育与学生全面发展的关系；讨论课外体育活动的性质、组织形式，交流学校体育与社会发展的关系。

C. 引导硕士研究生思考如何创新学校体育活动的开展形式，探讨学校体育实现幸福教育的路径。

D. 案例中全校学生都喜欢跳"鬼步舞"，这与学生的运动动机和兴趣有很大关系，讨论如何培养学生的运动兴趣，如何激发学生的运动动机。

4. 要点提示

（1）学校体育与学生全面发展的关系

①学校体育与学生身体发展的关系

学校体育可以促进学生身体形态的正常发育，促进学生全面发展体能，提高学生的机能水平，提高学生对外界环境的适应能力和对疾病的抵抗能力。

②学校体育与学生心理发展的关系

学校体育可以促进学生智力与能力的发展；调节学生心情，缓解心理压力；有助于学生情感的发展；锻炼意志，增强进取心；促进学生健康个性的养成。

③学校体育与学生社会适应的关系

学校体育有利于建立和谐的人际关系，提高社会适应能力；培养学生的竞争意识及抵抗挫折能力；培养学生良好的体育道德规范及协作精神。①

（2）体育活动的性质

任务目标的多向性，活动内容的多样性，组织形式的灵活性。

（3）课外体育活动的组织形式

全校性活动和年级活动，班级活动和小组活动，俱乐部活动，校团体活动，个人锻炼活动。

（4）学校体育与社会发展的联系

学校体育为社会培养人才，推动社会发展，而社会又是提高学生实践能力的主要场所，二者有着密不可分的联系。目前学校体育存在的问题主要有：没有全面发展受教育者的体育能力；忽视了学生的主体性；没有系统传授终身体育的观念；偏离健康第一的主题。学校体育的历史责任主要有：加强学生们的情感交流，全面提高学生的情商，确立明确的以学生为本观念，将终身受益作为学校体育的最终目标。当前学校体育正进行全面改革，将全力推动社会的进步和发展。

---

① 王玮：《学校体育与现代社会发展》，《体育文化导刊》2011年第5期，第87—88页、第95页。

5.体育活动的心理健康效益

（1）体育活动对情绪的影响

体育活动具有抵抗抑郁、降低焦虑、提高主观幸福感等效能。

（2）体育活动对人格的影响

体育活动可以促进人格的发展，体育活动能提高身体自我价值和其他重要的身体自我认知，体育活动对不同性别人群的自尊会产生不同的影响，体育活动对低自尊者的效果更加明显，不同体育活动方式对自尊的影响不同。

（3）体育活动对应激的影响

体育活动对应激具有积极的作用，可以有效地改善心境状态，缓解应激对人体的损害，可以提高机体的防御机制。

6.培养学生运动兴趣的方法

满足学生的运动需求，体验运动带来的愉快感，可以对体能和技能较差的学生降低练习难度，让其体验完成练习带来的愉悦感。提高学生的运动技能水平，体验运动技术的内在魅力，如强化投篮技术，帮助学生完成投篮任务，体验学会投篮带来的快乐。设置新奇、适宜的运动项目，如运动会中设置趣味比赛项目，吸引学生对体育竞赛的兴趣。增强学生的成功体验，使其产生满足感，如改变竞赛规则，让运动成绩较差的学生拥有为集体争得荣誉的机会，从而可以体验体育运动带来的成就感。[①]

7.激发学生运动动机的方法

充分重视和利用学生的各种需要；培养学生的体育成就动机；适当展开竞争，积极组织合作；及时反馈，积极评价；端正对体育活动的态度。

（五）预期效果

通过本案例的学习，预期达到如下效果。

A.使硕士研究生对学校体育的指导思想、目标任务，有关国家方针政策等有较为全面的认识；深入理解学校体育与学生全面发展的关系；理解激发与培养学生运动兴趣、运动动机的意义与方法。

B.让硕士研究生深刻领会新时期学校体育"四位一体"的价值与功能，了解体育活动的心理健康效益，积极思考如何创造性地开展学校体育工作。

---

① 季浏、殷恒婵、颜军：《体育心理学》，高等教育出版社2016年版。

C. 通过本次案例教学，拓展学校体育学的关于课外体育活动等有关知识点，更加深入全面地理解学校体育的主旨与指导思想。

D. 较好地掌握体育活动的坚持性、影响因素及行为控制策略，能创造性地开展学校体育教学、课外体育活动指导等工作。

（六）教学计划

1. 时间安排

整个案例分为三个阶段，时间为三节标准课时。

2. 环节安排

（1）课前预习

查找学校体育的历史沿革与思想演变，了解学校体育目标、学校体育与学生的全面发展的关系；收集资料，认真领会习近平总书记对于学校体育价值与功能"四位一体"的重要论述。让硕士研究生尝试体验跳"鬼步舞"。

（2）课堂讨论

A. 第一阶段（1学时）：教师引导硕士研究生梳理预习关键知识点，讲解学校体育的指导思想，指导硕士研究生理解学校体育的基本理论知识。

B. 第二阶段（1学时）：小组讨论张鹏飞带领学生跳"鬼步舞"体现了哪些指导思想；硕士研究生共同研讨课外体育活动的性质特点、组织形式与实施，应注意结合案例内容对知识点进行延展。

C. 第三阶段（1学时）：引导硕士研究生探讨张鹏飞是如何践行"一切为了学生，享受幸福教育"这一教育理念的，开展大课间活动需要考虑哪些问题，课外体育活动的创新形式还有哪些。

（3）课后思考

在教学实践中，如何践行学校体育"四位一体"的指导思想？

（4）人数要求

30人以下的班级教学。

3. 条件要求

（1）教学方法

参与式教学、小组合作等方式，以师生讨论为主，讲授为辅。

（2）工具选择

多媒体、案例视频资料与文字打印资料。

（3）组织引导

教师布置预习任务应清晰、预习要求应明确具体；提供硕士研究生必要的案例参考资料，包括视频资料与文字资料；给予硕士研究生必要的引导与提示，便于课堂教学中案例的研讨能围绕主题进行。

（七）思考题和实践题

A. 结合学校体育的指导思想与目标等知识，阐述案例中张鹏飞校长引入"鬼步舞"是如何体现学校体育的指导思想与目标任务的？

B. 结合中小学生的个性特点，谈谈如何创新课外体育活动的形式与内容？

C. 结合社会实践与职业规划，讨论在学校体育教学中如何践行"四位一体"的指导思想？

D. 体验"鬼步舞"的动作、音乐、节奏等，阐述其被小学生欢迎的特点。广泛收集相关资料，探索适合不同年级、不同地区学校课外体育活动的开展形式。

E. 讨论如何根据学生的心理特点，培养运动兴趣，激发运动动机，形成科学的运动习惯。

二、案例：女儿终于当上了运动员

（一）案例归类：案例适用于体育教学领域

1. 摘要

学校课余体育竞赛是体育竞赛的重要组成部分，也是实现学校体育目标的基本途径之一。当前学校课余体育竞赛项目设置不合理、学生对体育竞赛不感兴趣、课余体育训练不规范、学生缺少运动动机以及家长对学生体育竞赛的不重视等诸多因素，成为阻碍学校课余体育竞赛全面发展的障碍。基于此，该案例通过描述真实事件"女儿终于当上运动员"，对案例中"女儿小学六年没当成一回运动员"的原因与解决该问题的办法进行分析和总结，为体育硕士专业学位研究生正确运用学校体育学和体育心理学原理解决学校体育问题提供参考，也为今后从事体育教学和组织学校课余体育竞赛工作提供理论支持。

2. 关键词

体育教学　课余体育训练　课余体育竞赛　运动动机

3.教学目标

学校体育学方面：A.理解课余体育训练与竞赛的目的、意义及价值。B.掌握课余体育竞赛的组织原则。C.掌握课余体育竞赛的类型、特点及管理方法。D.知晓传统课余体育竞赛的组织竞赛过程。E.了解欧美及日本课余体育训练与竞赛的经验。

体育心理学方面：A.了解调动学生积极性的方法。B.掌握培养学生运动动机的方法。C.掌握培养学生运动兴趣的方法。D.学会培养学生意志品质的方法。

（二）案例引言

2021年4月21日，教育部办公厅发布《关于进一步加强中小学生体质健康管理工作的通知》指出，"鼓励学生利用课余和节假日时间积极参加篮球、排球、足球、田径等项目的训练……要组织开展'全员运动会''全员体育竞赛'等多种形式的活动，构建完整的'校内竞赛—校级联赛—选拔性竞赛'一体化的中小学体育竞赛体系"[①]。

学校课余体育竞赛是学校内各种体育运动项目进行比赛的总称，是以争取优胜为目的，以运动项目或某些身体运动为内容，以学生参与为主体，根据比赛规则的要求，进行个人或集体的体力、智力、心理和技艺的竞争。课余体育竞赛是实现学校体育目的、任务的基本途径之一，是学校体育教学和运动训练的重要内容，也是学校广泛开展师生体育运动、增强学生体质和提高运动技术水平的重要措施。

学校课余体育竞赛是学校体育的组成部分，为促进学生积极参与体育活动、丰富校园文化生活、培养德智体全面发展等做出了重要的贡献。一直以来，我国学校课余体育竞赛发展缓慢，存在组织形式简化、项目设置单调、评奖方式单一、竞技水平不高、发展不平衡、竞赛体系不完善、经费不足等问题。《中国体育报》专门组织过"为什么学校运动会的观众越来越少"的大讨论，比赛中弄虚作假、冒名顶替、追求成绩名誉等负面现象，对学校体育竞赛造成很多不良影响。因此，找到学校课余体育竞赛存在的问题，分析其产生原因及表现形式，解决其症结，对学校课余体育竞赛的健康发展及学校体育教学目标的实现有重要的现实意义。

本案例是反映学校课余体育竞赛开展问题的典型事件。通过分析此案例，可以帮助体育硕士专业学位研究生掌握学校体育学和体育心理学的相关知识，提高

---

① 教育部办公厅.教育部办公厅关于进一步加强中小学生体质健康管理工作的通知[EB/OL].（2021-04-21）[2021-12-21].http://www.moe.gov.cn/srcsite/A17/moe_943/moe_947/202104/t20210425_528082.html.

其专业实践能力。

（三）案例正文

1. 案例介绍

不知不觉春天已经来了，某小学到了举办春季运动会的时间，各个班级提前一周就开始报名。

该小学周校长和妻子王女士（化名）还有女儿，一家三口在吃晚饭。

女儿："我们学校下周要开运动会了。"

妻子问女儿："今年运动会你参加了什么项目？"

女儿唉声叹气地说道："我？怎么可能有我的份儿？每次运动会都有很多人报名，而可以参加的项目就那些，体育老师压根就没问我。"

妻子满脸抱怨看向周校长："你这个校长是怎么当的？还想着你女儿在小学能参加一次运动会，结果这都马上毕业了，还是个坐板凳的，小学六年没当成一回运动员。"

妻子抱怨，女儿不高兴，周校长这顿饭吃得也没滋没味。他的女儿虽然文静，但也有活泼开朗的一面，为什么在小学六年的时间里没参加过一次运动会呢？没当成一回运动员呢？

周校长所在的小学每年会举办两次运动会，运动会期间，操场上到处都是人，呐喊声、助威声、加油声等充满操场的每一个角落。这看似十分热闹的运动盛会，却只是少数体育特长生的舞台，多数学生和周校长的女儿一样都是场下的观众。当运动会的广播宣布有多少个项目的纪录被刷新时，不知道有多少学生被冷落在观众席和体育运动之外，导致他们对体育运动失去了兴趣。运动会是学生在体力、技能以及意志方面的竞争，学校教育是面向全体学生的，既要提高学生的身体素质，又要培养学生的竞争意识，那为何要将多数学生排除在运动会之外呢？

全面实行素质教育，应该从每件事情做起。第二天上班，周校长在校领导会议上提出两点改进运动会的建议："第一，小学运动会与专业体育比赛不同，比赛成绩不是重点，而每位学生都能参与其中才是最重要的；第二，改进项目设置，增加比赛项目，例如多人团体比赛、班级集体比赛等，让体育特长生参加单项运动比赛，让非体育特长生参加团体或集体项目。"会议上各位校领导都提出了自己的建议，经过大家的讨论，最终采纳了周校长的建议。随后体育组立马开展会议，重新商讨运动会的比赛项目，增加了踢毽子、跳绳等项目，并重新向各班级下发报名表。

晚上放学回家后，周校长的女儿高兴地说道："爸爸，我也参加运动会了，我也是一名运动员啦！"

周校长问："你参加了什么项目？"

女儿："踢毽子。"

妻子王女士微笑着说："女儿终于在小学毕业前当了一回运动员。"

这次经过重新调整的运动会举办得非常成功。部分班级在参加集体项目比赛时，还统一了参赛服装，赛场上充满了加油声和呐喊声，一个小小的胜利就让学生们兴奋无比。此外，在运动会期间，部分家长也来学校给孩子加油助威。踢毽子比赛结束后，周校长的女儿取得了第三名的好成绩。晚上周校长的女儿拿着一个印有"第三名"的笔记本，向他炫耀说："这是第三名的奖品，如果是大型比赛，这就是一枚铜牌。"在以人为本的现代教育背景下，一次小小的学校运动会，足以看出学校课余体育竞赛存在的种种问题。

2.女儿"小学六年没当成一回运动员"的原因

（1）校运会项目设置不合理

①校运会项目竞技化严重，是少数体育尖子生的舞台

学校体育的基本原则是要面向全体学生，体育竞赛也应该面向全体学生。目前，多数中小学的校园运动会都是以跑、跳、投为主要内容的竞技田径比赛，这种传统运动会的模式从学校运动会诞生一直延续至今，基本没有发生较大变化。参与这些项目需要比较高的教育背景、运动技术、身体素质和场地器材，使普通教师、学生难以适应，与青少年的现实体育生活有很大距离。校运会这种田径项目的竞技化状况，将大多数学生能够参与的大众体育项目排斥在外，只有少数体育尖子学生参加，绝大部分学生只能在场下观看比赛，"小学六年的运动会都是个坐板凳的"是绝大部分学生的真实写照。校园运动会田径项目的竞技化把大部分学生排除在了校运会之外，对学生和教师的吸引力逐渐降低，失去了对运动会的兴趣，校园运动会的路子越走越窄，体育比赛对学校教育价值的贡献率越来越弱，这是"小学六年没当成一回运动员"的主要原因。

②多数项目单打独斗，缺乏集体合作性

校运会主要以田径项目为主，除了 4×100 米和 4×400 米接力赛以外，基本都是个人项目，由于每个项目的名额限制，大部分学生很少有机会报名参赛，即使成功报名参加，在比赛中也难以取得较好的名次，因此学生们参与运动会的积极性不高，甚至有人认为谁参加比赛就是谁的事，与自己关系不大。而参赛学生

只要个人单项成绩突出,在比赛中就能取得好名次,与班级其他同学是否参赛的关联较少,缺乏合作性。① 因此,在以田径项目为主的校园运动会中,基本都是单打独斗、孤军奋战,集体合作性的项目甚少,没有较强的个人能力是不可能参加的。这也是大多数学生"小学六年没当成一回运动员"的主要原因。

(2) 应试教育弊端制约学生参与体育运动

受传统应试教育制度的影响,"升学率是学校的生命线""唯升学是瞻",学校领导和教师就拼命抓文化课,抓分数,"侵占"体育课用来上文化课,"体育课为其他课程让路""体育教师经常生病"等现象屡见不鲜,有的学校还超出国家规定大量延长学生在校学习的时间,严重制约了学生参加体育活动和上体育课的机会,造成学生体育观念淡化,忽略体育的价值,体育活动被放在次要位置,可有可无。② 如此种种都说明了应试教育对学校体育的影响。学校课余体育竞赛在这种教育观念的影响下,其增强体质、愉悦心情、缓解压力以及提高道德品质的功能和价值也进一步受到了冲击。学生不重视体育,不愿意上体育课,不喜欢参加运动会,"小学六年没当成一回运动员"也就不足为怪。

(3) 比赛注重名次,缺乏体育精神和校园文化

很多师生参加运动会的目标就是夺冠,特别重视比赛胜负,比赛结束后给人的印象就是赢了则宣传、庆祝、表扬、奖励,输了则检讨、批评、警告,重夺冠轻参与,重结果轻过程,功利思想太重,违背了奥林匹克"重要的是参与而不是取胜"的宗旨。学生参加训练、比赛,本身就是一个教育过程,也是一个阶段目标,应始终将教育性放在第一位。学校课余体育竞赛的特点是依托学校,依托学校的校园文化、人文底蕴和学校精神,学校有大量的教育资源可以充分利用,这是其他体育比赛所没有的优势。如校旗、校训、校徽、校服,可以显示各个学校的历史传承、学校符号、人文精神、修养学识,都是学校运动会用之不竭的教育资源,能给学生带来校园文化的熏陶。但是大多数学校没有表现出自己的学校风格、学校符号、学校精神,没有突出自己的特色和个性,千篇一律,缺乏学校精神的内涵、文化的特色,缺少对体育精神的挖掘与弘扬,也就削弱了体育过程的教育价值,没有发挥出校园运动会的价值。

(4) 课余体育训练体系不完善

中小学一般都设有自己的运动队,运动队成员往往要通过一定的选拔,具有

---

① 高志红、赵玉梅:《学校运动会面向全体学生的改革与探索》,《体育文化导刊》2008年第2期,第93—94页。
② 杨艳莉:《学校运动会的现状分析与改革探索》,《教学与管理》2006年第6期,第18—19页。

较好的身体素质和体能，队员们参与课余体育训练，经过较为系统且全面的训练，往往都是当今校园运动会的主角，可以在学校运动会上取得较好的成绩。由于运动队的选拔机制和学校场地器材、师资力量等诸多因素的限制，很少学校有完善的课余体育训练体系，其他大部分学生是没有机会参与课余体育训练的，身体素质和运动技能与运动队学生存在一定的差距，缺乏竞技运动实力，很难超越运动队的学生，很难取得理想的成绩，也就没有参赛的欲望，只能"小学六年的运动会都是个坐板凳的"。学校课余体育训练体系是否完善是学校课余体育竞赛发展的基础，也是制约大部分学生"小学六年没当成一回运动员"的重要原因。

（5）体育参与的动力调节系统不完善

兴趣和动机是人们参与体育活动的动力调节系统，是内部动力和心理动因，对人的行为具有始发、指向和强化的作用。个体对某个活动的兴趣和动机越强，参与此活动的欲望就越强，强大的内在动力促使个体积极参加活动。对学生而言，参加运动会的兴趣越高、动机越强烈，则报名参赛的积极性就越高，内在动力促使学生在运动会中全力以赴；缺乏兴趣，缺少参加运动会的动机，则参赛的积极性就不尽如人意。学生的运动兴趣、运动动机、运动态度、运动习惯等参与体育活动的动力调节系统是驱使学生参加运动会的关键因素。另外，家长们注重学业成绩，认为学生的主要任务就是学习，运动员没有前途，甚至认为学生期间参加课余体育训练、参加运动会等活动会对学习成绩产生负面影响。家长对体育活动不重视，也不支持自家孩子参加课余体育训练和运动会，学生参加体育活动的意愿会大打折扣，没有动机也就缺乏行为，直接造成"小学六年没当成一回运动员"。

3.谁为这个现象负责以及解决方法

案例中女儿"小学六年没当成一回运动员"的现象，教育部门、体育部门、学校、教师和家长都有不可推卸的责任。如何解决这个问题？

（1）出台相关政策，发挥榜样作用，营造运动氛围

教育部明文规定学校每年至少举办一次（春季或秋季）运动会，很多学校遵照规定每年只举行一次运动会。所以应出台相关政策，增加学校举办各类校园体育竞赛的频率，扩大运动员的人数，作为评价学校体育的指标；规定全体学生都应受到较系统的体育训练，每个学生至少掌握一项运动技能，培养学生的体育运动兴趣，促使其积极参加体育竞赛，使每位学生在校期间都能当成一回运动员。相关政策是开展课余体育竞赛的保障。学校领导要带头参加运动会，这是对运动会的重视，教师和学生会受到鼓舞，积极参加运动会，良好的课余体育竞赛氛围

就油然而生。组织校领导和教师的特殊比赛，能为学生带来更多的乐趣，树立良好的榜样，营造良好的运动氛围；组织师生混合比赛，可进一步增强师生之间的友好关系，将吸引学生们积极参与体育活动。有学校领导和教师参加运动会能较好地发挥榜样作用，大幅提升学生参赛和比赛的主动性，"小学六年没当成一回运动员"的现象也将不再出现。

（2）激发学生参与课余体育竞赛的动机

动机在需要的基础上产生，需要可以让人产生驱动力和欲望，推动人产生相应的行为。学生报名参加运动会的需要主要有归属集体的需要、追求乐趣的需要以及展示自我的需要。满足学生的各种需要就会产生相应的运动行为。第一，满足学生追求乐趣的需要：组织活泼有趣的竞赛，让学生在竞争的过程中体验快乐，其参加运动会的积极性、主动性就能得到进一步的提高。第二，满足学生归属集体的需要：比赛中赋予学生一定角色，承担一定的责任，激发学生的集体荣誉感，激励学生勇于拼搏的精神，可以有效激发学生运动动机。第三，满足学生展示自我的需要：根据学生的水平设置比赛项目，鼓励全体学生参赛，树立重在参与的观念，让每一位学生的运动风采和自我价值能在运动会中得到实现，以此满足学生自我展示的需要。总之，满足学生的各种运动需要，提高学生运动的主动性、积极性，才能有效激发其运动动机，避免"小学六年没当成一回运动员"现象的产生。

（3）优化课余体育竞赛项目

当前，学校各类体育比赛太少，运动会也一再"瘦身"，取消长跑等项目，还普遍存在注水现象，"花架子""蜻蜓点水"式的活动项目过多，因此应该优化课余体育竞赛体系，因地制宜选择合适的比赛项目。例如，打破传统只有田径比赛的运动会模式，增加运动会比赛项目，增加个人和集体跳绳、踢毽子、花样投篮以及拔河等项目；适当增加一些民族民间传统体育项目，提倡男女混合参赛、师生混合参赛，鼓励全员参赛；适当增加健美操、武术、校园集体舞等集体表演比赛，扩充参赛人数；同时还可设立趣味比赛项目和亲子比赛项目，给不擅长跑、跳、投等田径项目的学生提供参赛机会，减少人多项目少的情况，让每位学生都能当一回运动员。

图 5-1-2　某小学在运动会中增加的跳绳比赛

（4）改进比赛评分和奖励机制

比赛的评分和奖励机制对学生参赛有较强吸引力。在运动会奖励环节，可适当改进比赛评分机制，强化重在参与的比赛观念。如将运动会参赛人数作为评分标准之一，给所有同学都提供参加运动会的机会，使参与者在体育运动中体验乐趣、收获健康。在奖励机制方面，应遵循竞争和参与同样重要的原则，增加参与奖、特色创造奖、组织奖、体育道德风尚奖、最佳表演奖、优秀团体奖、精神文明奖等，适当增加集体奖项数量，在鼓励竞争的前提下，强调重在参与的宗旨。此外，赛后应在第一时间向取得名次的同学颁发证书、奖牌和奖品，效仿专业比赛的模式，进一步激发学生们的体育精神，让每一位学生都"当成一回运动员"。

（5）家校合作提高学生运动成绩

家庭的体育氛围对学生的运动参与有着重要的影响，每一个家庭都要树立科学的运动与健康理念。邀请家长参与校园运动会，让其发现学生之间体育成绩的差距，了解学生运动成绩不达标带来的危害，增强家长的体育运动意识，通过家庭的支持推动学生积极参加课外体育活动，培养学生运动特长，提高运动成绩。每一个家庭都应适当添置体育用品、器材设施，如哑铃、呼啦圈、跳绳等简便易行的运动器材，表明家长支持学生参加体育运动的态度，让学生在家中也可以进行不同形式的体育活动，激发学生参与运动的积极性，提高其运动成绩。家校合作、共同配合，帮助学生形成良好的体育观、激发学生运动动机，让学生具有一定的运动特长，增强学生参与课余体育竞赛的积极性和自信心。

（四）教学指导手册

1.适用范围

A.适用对象：体育硕士专业学位研究生。

B.适用课程：学校体育学、体育心理学等体育教学领域相关课程。

2.教学目的

在学校体育学课程领域，让硕士研究生了解课余体育竞赛和训练的目的和意义，掌握课余体育竞赛的组织原则，了解课余体育竞赛的类型、特点以及管理方法，了解日本和欧美国家课余体育竞赛与训练的经验。在体育心理学课程领域，掌握培养学生运动兴趣的方法，掌握激发学生运动动机的方法，掌握培养学生意志品质的方法等多方面的知识。

3.教学内容

A.从学校体育学角度分析本案例中"女儿小学六年没当成一回运动员"的原因，交流学校课余体育竞赛与学校、个人和家庭的关系。

B.通过案例分析讨论课余体育竞赛的原则、组织管理方法以及特点。

C.从体育心理学角度讨论本案例中学生对校园运动会不感兴趣、不愿意参加的原因。

D.通过案例分析，讨论如何激发运动动机、如何调动积极性、如何培养学生对体育的兴趣以及如何培养学生的意志品质等问题。

E.多数学生在小学六年没当成一回运动员，学校课余体育竞赛组织负有重大责任，试从课余体育竞赛组织角度讨论如何解决"全员参与"问题。

4.要点提示

（1）课余体育竞赛组织的原则

公正性原则、均等性原则、权威性原则、统一性原则、健康性原则、课余性原则。

（2）课余体育竞赛的类型

课余体育竞赛多种多样，根据比赛的地点可将课余体育竞赛分为校内竞赛和校外竞赛两种。[①]

校内竞赛的参赛对象是本校的全体师生员工，其宗旨是鼓励全校师生积极参加课外体育活动，丰富校园活动、增强学生体质、促进身体健康。校内体育竞赛不是具有运动特长的学生的舞台，而是为全体学生创造更多的体育竞赛机会，给学生带来娱乐，缓解因学习而带来的压力，其目的是促进全体学生全面发展。按比赛的目的和性质可将校内竞赛分为运动会、选拔赛、表演赛、友谊赛、校内联

[①] 杨文轩、张细谦、邓星华：《学校体育学》，高等教育出版社2016版。

赛以及周期赛等。

校外竞赛是指在校学生参加非本校组织的体育竞赛。校外体育竞赛的参赛对象是来自不同学校学生，这些学生通常是本校较出色的运动选手，他们参加校外体育竞赛，为本学校争取荣誉。校外体育竞赛的目的是为各学校体育成绩优秀的学生提供相互交流的机会，从而发现自己的不足之处，进一步取长补短，提高体育成绩。校外体育竞赛主要分为国际性学生体育竞赛（如世界大学生运动会、世界中学生运动会）、全国性学生比赛（如全国大学生运动会、全国中学生运动会）、省市学生运动会、县市区学生运动会等。

（3）课余体育竞赛的特点

①教育性

学校是教育和培养人才的场所，课余体育竞赛则是教育的一个环节。学校课余体育竞赛具有鲜明的教育性，不仅要创造好的运动成绩、取得好的名次、选拔和输送竞技运动后备人才，更重要的是以竞赛作为手段，促进和推动学校各项活动的开展，培养学生团结协作、勇于进取的上进心，培养迎难而上、勇往直前的坚强的意志品质，培养学生遵守规则，养成自律的良好品行。

②竞争性

学校课余体育竞赛与竞技体育一样，具有较强的竞争性。竞争性是课余体育竞赛的根本属性之一。在课余体育竞赛过程中，竞争是两个人之间的决一胜负，也是两个团队之间的较量，每时每刻都散发着竞争的气息。可以说比赛是激发个人内心好胜欲望、彰显体育竞技魅力的唯一形式。竞争不仅仅是看比赛结果，实际上更注重比赛过程，在比赛中对手之间的技术、体能、心理、智力等，都随着比赛过程随时进行较量，甚至有的时候还包括啦啦队和场下观众之间的竞争，这样充满各种竞争元素的比赛将更精彩、更激烈、更持久，由诸多竞争元素组成的竞赛也是校园文化的一个重要部分。

③合作性

合作性是学校课余体育竞赛的鲜明特点。合作存在于体育竞赛的每一个过程，在比赛过程中合作与竞争同时发生。许多体育项目需要通过团队间的合作才能取得比赛的胜利，例如，篮球、排球、足球、手球、各种接力赛，以及乒乓球和羽毛球的双打等。队员在与对手竞争时，为取得比赛的胜利，必须团结合作、默契配合，还有运动员与教练员之间的合作，运动员与裁判员之间的合作，运动员与球迷之间的合作，这些合作存在于体育竞赛的每时每刻。

④公开性

课余体育竞赛通常在一个公开的场所进行，具有公开性的特点。参赛双方在裁判的公开监督下，直接展开对抗，同时场地周边的观众直接参与协助监督，在一个开放的环境下进行比赛。学校课余体育竞赛的公开性，可以让比赛的组织管理更加公平公正、科学规范。

⑤娱乐性

多种多样的竞赛项目充分展现了学校课余体育竞赛的娱乐性，多种多样的竞赛项目可以让学生心情愉悦，有效缓解学习带来的压力，促使学生健康成长。例如，学生通过排球比赛体验到快乐，篮球比赛中的绝杀球给学生带来兴奋，跳绳、拔河等比赛都带有浓厚的娱乐性，深受学生喜爱和欢迎。

⑥群众性

教育要面向全体学生，著名教育学家苏霍姆林斯基指出，学校运动竞赛"不应该为了在比赛中获胜，而应该为了锻炼强健的体魄""学校内的竞赛，必须坚持真正的群众性，不能以学生有无运动能力作为能否参加体育比赛的依据，使学校内的体育竞赛仅仅成为少数运动尖子角逐的场所"。

⑦多样性

学生是课余体育竞赛的对象，为了鼓励、吸引不同能力和基础的学生参加课余体育竞赛，提高学校体育质量，在开展课余体育竞赛时必须考虑竞赛的多样性。课余体育竞赛的多样性主要表现在竞赛内容的多样性和竞赛组织形式的多样性。

（4）课余体育竞赛的管理

课余体育竞赛的管理主要分为课余体育竞赛的规程和课余体育竞赛的方法。竞赛规程是根据学校年度体育竞赛日程计划，开展某一项比赛的法规性文件，是指导课余体育竞赛工作的重要依据。常见的课余体育竞赛方法分为比赛的方法以及评定成绩和名次的方法，比赛方法主要有淘汰法、循环法、顺序法和轮换法等；评定成绩和名次的方法可分为个人和团体两种。

（5）调动学生积极性的方法

调动学生积极性的方法主要有：目标诱导法、情境感染法、情趣激励法。

目标诱导法是指通过设置具体明确的学习目标、练习任务，激发学生练习的欲望和学习的热情，调动学生的积极性。情境感染法是指以课程内容为前提，打造良好的教学环境，形成良好的学习氛围，让学生产生积极愉快的学习情绪，调动学生的积极性。情趣激励法是指以建立良好的师生关系为前提，加强师生之间的相互尊重、彼此信任，创建积极的情趣，调动学生积极性。

（6）培养学生运动兴趣的方法

满足学生的运动需要，体验运动带来的愉快感；提高学生的运动技能水平，体验运动技术的内在魅力；设置新奇、合适的运动项目，让学生以饱满的精神状态参与体育运动；增强学生的成功体验感，使学生产生满足感，增强自信心，提高学生参与运动的动力。此外，还需要创新教学方式、拉近师生距离、注重角色的转换，充分发挥学生的主体作用，使学校体育课程的设计更加合理，并借助音乐来激发学生的学习热情，培养学生的运动兴趣，提高学生综合素质。

（7）培养激发学生运动动机的方法

动机的培养是指促使学生从没有运动动机到形成动机的过程，而动机的激发是指将学生已经形成的潜在动机充分调动起来的过程。培养和激发学生运动动机可采取以下措施：充分重视和利用学生的各种需要；培养学生的体育成就动机；适当展开竞争，积极组织合作；及时反馈，积极评价；端正对体育活动的态度。

（8）培养学生的意志品质

加强学生对意志品质的认知。对意志品质的认知是培养、强化、磨炼意志品质的重要基础。对学生进行意志品质教育，让其懂得意志品质的内涵，具备良好意志品质的作用，并对意志品质重新定位。

加强学生"世界观、人生观、价值观"教育。正确的三观会影响学生学习观、事业观和生活观的树立，正确认识世界，正确看待事物的本质，正确看待顺利与挫折，使学生不怕困难、迎难而上，勇于直面挫折，具备克服困难的决心和信心。

增强学生的心理教育和纪律意识。健康的心理和严明的纪律是强化意志品质的重要前提。健康的心理会让学生保持良好的心态，有利于学生进行自我保护，有效增强学生的自信心，提高学生的思维分析能力，让学生以乐观的态度面对挫折、应对挫折，养成独立思考、坚定不移的意志品质。纪律意识利于学生的修身养性，利于学生克服各种散漫、懒惰的行为，主动磨炼自己，养成谨慎做事的好习惯，培养学生积极进取、严谨负责的优秀意志品质。

在实践中锻炼学生的意志品质。坚强的意志品质是从实际中不断磨炼得到的。在实际生活、学习、运动、交往过程中，要想达到理想的效果，需要付出一定的努力，在付出努力的过程中，正是磨炼学生意志品质的最佳途径。学校可适当组织、安排一些具有挑战性和目的性的活动，让学生在实际活动中锻炼自身的意志品质。培养意志品质是前提，强化意志品质是过程，磨炼意志品质是保障。[①]

---

① 侯成万：《简论学生意志品质的培养》，《教学与管理》2013年第18期，第72—74页。

（五）预期效果

在学校体育学方面，让硕士研究生能够理解课余体育竞赛和训练的目的、意义；掌握课余体育竞赛的原则，如公正性原则、均等性原则、权威性原则等；学会课余体育竞赛的类型、特点以及管理方法等；了解其他国家课余体育竞赛与训练的经验；理解课余体育竞赛的建设过程。在体育心理学方面，学会培养激发学生运动兴趣和运动动机的方法；掌握培养学生意志品质的方法。此外，课余体育训练是导致"小学六年没当成一回运动员"的重要影响因素，因此，通过案例分析，硕士研究生还应学会如何组织开展学校课余体育训练。

（六）教学计划

1.时间安排

整个案例课分为两个阶段，时间130分钟（3个课时，课间休息10分钟）。

第一阶段（60分钟）：A.案例（5分钟）；B.分组讨论，启发思路（20分钟）；C.各小组发言（20分钟）；D.报告讨论结果，分享观点（15分钟）。

第二阶段（60分钟）：A.分组讨论，对案例中涉及的相关知识点进行梳理和总结（20分钟）；B.各小组发言，报告讨论结果，分享观点（20分钟）；C.最后的总结归纳（20分钟）。

2.环节安排

布置预习，对学校体育学和体育心理学相关知识原理的梳理与掌握；小组讨论"女儿小学六年没当成一回运动员"的原因；总结收获，提出解决措施；小组汇报具体方案，共同讨论最优解决措施；选出代表讲述最优方案；教师点评。

3.条件要求

A.人数要求：30人以下的班级教学。

B.教学方法：参与式教学、小组合作等方式，以师生讨论为主，讲授为辅。

C.工具选择：多媒体、案例视频资料与文字打印资料。

D.组织引导：教师布置预习任务应清晰，预习要求应明确具体；提供硕士研究生必要的案例参考资料，包括视频资料与文字资料；给予硕士研究生必要的引导与提示，便于课堂教学中案例的研讨能围绕主题进行。

（七）思考题

A. 针对案例中新增的跳绳比赛，策划全校师生的跳绳比赛规则程序。
B. 结合本案例，谈谈如何促使班级中的肥胖学生参与体育竞赛。
C. 结合自身的经历，谈谈如何将间接兴趣转换为直接兴趣。
D. 试述运动兴趣的影响因素。
E. 列举学校课余体育竞赛的比赛方法。

三、案例：好日子为啥养出弱孩子

（一）案例归类：案例适用于体育教学领域

1. 摘要

随着国民经济的不断发展，大众生活质量逐渐得到改善，老百姓日子越来越好。按理说好日子应该养出壮孩子，但是青少年学生的体质健康状况却随着国民生活质量的提升而不断下降。好日子为啥养出弱孩子？这种现象成为目前社会的热点话题。本案例以叙事为研究方法，对"国民生活质量提高了、日子变好了，而孩子的体质健康却出现了问题"这一现象进行解读。通过案例分析，引导硕士研究生了解学校体育目标的含义、学校体育与学生体质健康的关系，掌握体育课程管理的要素、体育课程管理举措，学会如何管理学校课外体育活动、如何管理课余体育训练，为体育硕士专业学位研究生正确运用学校体育学和体育管理学原理解决学校体育问题提供参考，也为今后从事体育教学和学校体育管理工作提供理论支持。

2. 关键词

学校体育学　体育管理学　体质健康　学校体育管理

3. 教学目标

学校体育学方面：A. 了解学校体育与学生体质健康的关系。B. 掌握学校体育目标的具体含义。C. 掌握开展、组织课外体育活动的办法。D. 掌握强化学生增强体质意识的方法。

体育管理学方面：A. 了解学校体育管理目标。B. 掌握体育课程管理的要素、体育课程管理举措。C. 学会如何管理学校课外体育活动。D. 学会如何管理学校课余体育训练。

(二)案例引言

中共中央、国务院《关于加强青少年体育增强青少年体质的意见》中明确指出,"要高度重视青少年体育工作,认真落实加强青少年体育、增强青少年体质的各项措施"[①]。随着国民经济的不断发展,大众生活质量逐渐得到改善,老百姓日子越来越好。按理说好日子应该养出壮孩子,但是青少年学生的体质健康状况却随着国民生活质量的提升而不断下降。好日子为啥养出弱孩子?这种现象成为目前社会的热点聚焦话题。如何改变这种现象?学校体育对促进学生体质健康具有不可替代的作用,增强青少年体质水平、增进青少年健康是学校体育的宗旨,健康第一是学校体育的目标之一,因此,探寻完成学校体育目标的途径,提高学生体质健康水平,是学校体育应该完成的历史使命。

本案例通过分析现实生活中好日子养出弱孩子的真实事件,围绕学校体育与学生体质健康的关系展开讨论,从体育课、课外体育活动、课余体育训练和课余体育竞赛等方面探讨增强学生体质、增进学生健康的有效途径,帮助体育硕士专业学位研究生学习掌握学校体育学和体育管理学等方面的知识。

(三)案例正文

1.案例介绍

2018年,一条有关征兵体检不合格率"爆表"的新闻成为网络热点。某市有关公众号发文声称该市征兵体检不合格率高达56.9%。

近年来我国部队征兵体检不合格率逐年上升,标准不断降低,老兵感叹新兵体质一届不如一届。目前新兵入伍前的训练主要有体能、队列、战术和擒敌4个方面,而许多新兵体能训练结束后,却难以完成器械二练习。这些令人胆战心惊的现象,让人情不自禁联想到如此下去,50年后的中国还有可以备战、参战的合格军人吗?

与军人相比,更让人担忧的是我国学生的体质健康水平。开学前期军训是对学生进行国防教育的最佳手段,其目的是通过相对严格的军事训练,培养学生吃苦耐劳和奋发图强的精神,增强学生的爱国情怀和政治觉悟,让学生形成良好的生活作风,学会基础的军事技能和军事知识。

[①] 中华人民共和国教育部.《中共中央、国务院关于加强青少年体育增强青少年体质的意见》[EB/OL].(2007-05-07)[2021-12-21].http://www.moe.gov.cn/jyb_xxgk/moe_1777/moe_1778/tnull_27692.html.

"在军训首日，有高达 1/10 的学生晕倒。"这是来自某市四所学校的数据。军训是对学生的一种洗礼，要在规定的军事基地或校园统一进行，通常每次军训操练时间只有 40 分钟，但是就在这短短的 40 分钟内总会有学生因受伤或晕倒被送到学校医务室，一天的时间内竟然有 1/10 的学生被送往医务室。①

图 5-1-3　军训时学生晕倒

2. 孩子的体质问题不容乐观

无论是与我们隔海相望的韩国、日本相比，还是与相距甚远的西方发达国家相比，我国青少年学生的身体素质都处于落后水平，且具有一定的差距。

在过去 20 年的时间内，韩国青少年学生的体质健康状况在不断改善，青少年学生的运动能力、身体柔韧程度以及肺活量等体质标准在不断增强。自第二次世界大战结束以后，日本青少年学生的身体健康状况也在不断改善，最为明显的是，日本本土居民的平均身高比以前长高了 10 多厘米。与日本相比，我国青少年学生的近视率、超重率及肥胖率显著上升，而体育运动能力却大幅度下降。最为明显的是学校课间操，部分学生只要稍微运动，就出现气喘吁吁的情况，需要好几节课的时间才能缓过来。

通过分析《2010 年全国学生体质与健康调研结果报告》可以发现，在 1985—2010 年期间，我国青少年儿童的肥胖率已经增长至 6.9%（女）、14.6%（男），而不满 18 周岁的肥胖青少年竟然有 1.2 亿人。在 17 周岁以下的青少年学生中，有接近 30% 的学生存在心血管危险因素。我国 12 周岁以上 18 周岁以下的学生中，

---

① 搜狐网. 开学军训晕倒率惊人！为什么中国孩子吃得更好了，身体更差了？ [EB/OL].（2017-08-25）[2021-12-21].https://www.sohu.com/a/167213015_497749.

有接近2%的人出现过糖尿病,是美国同龄人患糖尿病比例(0.5%)的4倍。

与20世纪末的学生相比,目前国内肥胖学生随处可见,学生的跑步速度明显变慢。以中学体育结业考试的必测项目800/1000米为例,女生的800米成绩比以往至少慢了12秒,而男生跑完1000米所用时间比以前慢了15秒。

近几年,校园运动会出现一个现象:场下本应该加油助威的学生,却在观众席上做起了试题、背起了课文,呈现出场下与场上严重脱节的现象。学生最为喜欢的运动盛会,当今却成为运动员自己的比赛。这种情况下如何培养学生的运动兴趣,如何增进学生的体质健康,值得我们认真思考。

图 5-1-4　某校运动会观看比赛的学生正在做试卷

同时,近几年国内青少年学生的近视率不断上升,且年龄越低,近视率越高。有数据显示,现阶段我国大、中、小学学生已有超过70%的人戴上了眼镜,戴眼镜的人数日益增加,目前我国青少年学生近视率位居世界首位。此外,我国小学生的近视率竟然达到了40%,是美国同龄学生近视率(10%)的4倍。

我国青少年学生的体质健康问题还体现在耐力素质不断下降、速度素质提高缓慢、机体恢复能力较差。有数据显示,与学生速度素质密切相关的50米、100米成绩,能表现学生力量素质的引体向上、立定跳远成绩,几乎没有提升,甚至出现了下降的趋势。

我国青少年学生体质健康状况为何如此不尽如人意?与上一代人相比,现在生活条件愈来愈好,按理说青少年学生的体质健康水平应该愈来愈强,但实际情况却恰恰相反,令人不由感叹:"好日子为啥养出弱孩子?"

3.孩子的体质健康问题,谁之过

(1)缺乏锻炼时间

体育锻炼不充足是导致我国青少年学生体质健康下降的关键因素。此外,家长和学校对孩子体育运动的忽视也是造成学生身体素质下降的原因之一。

所有的家长都希望自家孩子能够健健康康,但由于现代教育制度的影响,家长们普遍存在"不能让孩子输在起跑线上"的观念,从小就开始把孩子送到作文、奥数、英语等各类辅导班,将孩子的学习成绩放在第一位,孩子根本没有机会也没有时间进行体育运动。在以升学率为重要考核的前提下,体育课"让路"、体育教师"缺位"是经常发生的情况。学校过分强调学生的学习成绩,忽视体育课对学生的重要性,甚至减少开展课外大众性体育活动(包括运动会、越野赛、班级间的各类比赛等)的次数和时间。

相关机构对 15 个省市区、120 个县市区的学校调查发现,缺乏体育锻炼、缺少运动时间是中小学普遍存在的问题。整体来看,作为小学关键阶段的四年级组织体育课的概率不足 56.5%,作为初中重要阶段的初中二年级组织体育课的概率只有 24%。31.6% 的小学高年级和 83.5% 的初中二年级,学校基本不开展利于学生体质健康的课外体育活动。

通过《中国中小学体育基本情况调查》可知,国家规定小学生在校学习时间不能超过 7 个小时,而我国有一半以上的小学生在校学习时间远远超过这个标准。国家规定初中生在校学习时间不能超过 9 个小时,而我国却有 60% 以上的初中生在校学习时间超过这一规定标准。

(2)锻炼有风险

学生的安全问题是学校组织课外体育活动的顾虑之一。部分学校不敢开展课外体育活动,不敢举办有危险性的体育竞赛,即便要举办也需要在家长的陪同下进行,唯恐发生意外承担责任。来看一组具体的新闻报道。[①]

2016 年 10 月 20 日,四川省南充市营山县某中学,一名 15 岁的初中三年级女生在体育课上慢跑热身时意外死亡。

2015 年 3 月 17 日,甘肃省某职业技术学院,一名学生在田径场慢跑健身时突然晕倒,之后因抢救无效死亡。

2014 年 9 月 15 日,浙江省某学院的一名男学生,在 1000 米体质测试过程中意外死亡。

…………

家长对孩子的溺爱是孩子体质变弱的重要原因之一。家长们普遍认为在学校和家中学习才是最安全的,将孩子安置在家中学习、玩耍,可以避免受伤的风险。

---

① 搜狐网."军训一天晕倒一片"现象普遍发生……孩子的体质问题,究竟是谁之过?[EB/OL].(2017-08-29)[2021-12-21].https://www.sohu.com/a/168139686_266953.

学校组织体育大课间、课外体育活动和课余体育竞赛，通常难以得到家长的支持，这是学生身体素质下滑的重要原因。

为了进一步保证学生的安全，有些学校运动会取消了5000米、3000米跑项目，甚至体育课也只剩下女生800米、男生1000米跑的体育结业考试必测项目。目前大中小学的体育课堂，几乎都是"少出汗、少喘气、不摔跤、不受伤、无冲撞、无对抗、小强度"的"温柔"体育课。

性格色彩学创始人乐嘉曾带着4岁女儿徒步穿越沙漠无人区，此事件发布之后遭到了无数网友的质问，网友们普遍认为孩子只有4岁，高强度的运动不适合那么小的孩子，更不能让这么小的孩子去体验如此艰苦的生活。乐嘉曾发文称："作为一个父亲，我会在保证安全的前提下，让我的女儿懂得，作为一个女生，必须学会坚持和独立。"网友在评论区说："让一个只有4岁的小女孩学会坚持和独立，那你为什么不让她去打工赚钱呢？"没错，网友对此提出的质疑就是目前多数家长培养孩子的观念，对待孩子有种过分的不忍心和仁慈，正是由于这种观念，才让当今的孩子成为"瓷娃娃"，碰不得，一碰就碎。

在确保安全的基础上，让孩子从小体验身体极限，磨炼意志品质，在行走过程中用洒下的汗水、迈过的步伐体验运动的极限，在行走的路上学会坚强和独立，这有什么不好？这与让孩子打工赚钱有什么关系？当今，许多父母就是在这种类似毒药的言论中丢失了自己的教育方向，俗话说"慈母多败儿"，大概就是这样。

4.为了孩子的健康，家长应该怎样做

（1）支持孩子参加体育锻炼

诸多家长认为，学生的学习压力非常大，应将时间都用在学习上，应全力提高学习成绩，不支持孩子参与体育活动或其他一切与学习无关的活动，更反对孩子在体育锻炼上花费时间。作为孩子的监护人，家长必须懂得参加体育活动对学生身体健康的意义，对孩子成绩的促进作用，对学习压力的缓解作用，对坚强意志的磨炼作用，应大力支持孩子参加符合自身情况的体育活动。

（2）陪孩子一起锻炼

儿童青少年害怕孤独，属于正常情况。如果让孩子单独参加体育活动，孩子通常会犹豫，甚至会反对抵触，难以形成坚持锻炼的良好习惯。最好的解决办法就是家长陪同孩子共同锻炼。家长陪同孩子锻炼的好处有以下几点。

A.帮助孩子养成体育锻炼的好习惯。

B.密切父母与孩子的关系，锻炼过程中的交流沟通能有效缓解压力。

C. 防止发生安全问题，减少锻炼浪费时间、效率不高的情况。
D. 陪练过程中家长也参与了体育活动，增进了健康，增强了体质。

（3）让运动与家庭生活融为一体

与吃饭、睡觉同等重要的体育运动，是健康生活不可或缺的，与整个家庭的生活质量有着密切联系。居里夫人格外重视孩子的身体锻炼，她在自家后院搭建了一个秋千架，还有一些简单的体育器材，让她的两个孩子每天完成作业后都去参加体育锻炼。居里夫人在空余时间还会跟孩子们一起游泳，带她们骑自行车、爬山等，因此她两个孩子在身体上、心理上得到了健康发展，长大之后都事业有成。一个家庭形成良好的运动氛围是必要的，全家人一起通过体育活动感受乐趣、愉悦心情是更重要的。

（4）控制过度锻炼

锻炼效果并不是和锻炼时间成正比关系。无论做什么事情都要有一个度，一旦超过这个度，就可能产生负面影响。锻炼时间过长可能对身体造成伤害，时间过短可能没有锻炼效果。人体每日每次体育锻炼时间达到30分钟就刚刚好，锻炼时间过长，并不会取得明显的效果，因此必须控制好锻炼的时间。

（5）做好锻炼的准备工作

家长在支持孩子参与体育锻炼时，要为孩子做好充足的准备工作，一方面可以为孩子节约时间，提高体育锻炼效率，另一方面可以减少锻炼带来的伤害，提高体育锻炼的安全性。比如，给孩子准备一套合适的运动服。在夏天运动时，应穿轻便的、吸汗的棉质服装；在冬天运动时，应穿多层服装，方便在体育锻炼过程中逐渐脱下。孩子在锻炼过程中应注意水的补充，运动后应该让孩子饮用一些生理盐水，补充因出汗丢失的电解质。当孩子结束体育锻炼后，家长应及时帮助孩子进行放松，防止锻炼过程中产生的乳酸堆积让孩子产生肌肉酸痛的感觉。在体育锻炼前，应要求孩子做好热身活动；在锻炼后，应要求孩子有适当的恢复期，不要立即休息，更不能立刻洗澡。

5. 为了孩子的健康，学校应该怎样做

（1）强化学生体育运动意识

意识可以引导个体的行为，因此，增强学生体质健康应从强化学生的体育运动意识切入。首先，提高学生对体育运动的认知。体育课中，教师应该对本节课所学习的运动技能进行全面讲解，让学生充分了解体育运动技术；其次，让学生了解体育运动的作用，如强身健体、愉悦身心、缓解压力、磨炼意志等，使学生理解体育运动的价值，还应该在体育课中组织教学比赛、教学游戏，让学生在真实的比赛和游戏中，感受体育运动带来的益处，培养学生的运动动机，激发学生的运动兴趣；再次，构建良好的体育运动氛围，亲身感受体育运动对体质健康的改变，从内心产生"参加体育运动，增强体质健康"的想法；最后，通过校园广播、手抄报、作文等，在学校积极宣传"参加体育锻炼，增强体质健康"的理念，适当讲解缺乏体育活动的危害，提高学生的体育运动意识，让学生自觉参加体育锻炼，从而提高身体素质。

（2）开齐、开足、上好体育课

体育课是进行体育教学的基本形式，是学生学会体育技能的基础，必须全面开足、全力上好。学校应该全面重视体育课，重视学生对体育技能的学习，重视学生的体质健康，避免体育课为其他课程"让路""体育老师经常生病"的情况发生，必要时可将体育教师的上课率、学生体育测试的成绩作为班级评优的指标，保证体育课达到100%的开课率，实现全面开足体育课。体育教师要上好体育课，保证每节课的质量。上好每一节体育课，让学生掌握一定的运动技能，为提高其体质健康夯实基础。

（3）大力开展课外体育活动

课外体育活动具有自愿性与规定性相结合、时效性与拓展性相结合、指导性与自主性相结合、计划性与课余性相结合、可能性与多样性相结合、补偿性与独立性相结合的特点。开展课外体育活动可以丰富校园文化，向学生传授终身体育思想，培养学生的运动兴趣，增强学生的社会适应能力。课外体育活动是学校体育的重要环节，可以进一步巩固体育课上所学的运动技术，有助于实现学校体育教学的目标。开展课外体育活动应从以下几方面着手。

首先，应该制定课外体育活动计划，主要有全校计划、年级计划、班级计划、小组和个人计划。课外体育活动的全校性计划一般由体育教研室或体育办公室的全体老师制定，应制定课外体育锻炼的目标、时间、组织与措施等，为年级性计划做好准备；年级性计划由各年级的体育教师、班主任以及体育教研室的负责人根据学生体育运动能力、水平以及身心发展特点等共同制定，为班级性计划的制定提供依据；班级性计划主要由任课体育教师和班主任根据年级性计划的具体方案制定；小组和个人计划通常由学生组长、个人和任课体育教师根据学生运动兴趣和爱好制定，计划的差异性较大，计划的内容比较复杂，是小组和个人进行课外体育活动的主要依据。

其次，应该完善课外体育活动的组织。课外体育活动的组织需要学校的多个部门共同合作才能完成。建立工作制度和工作规范，以制定的课外体育活动计划为依据,由学校的负责人组织有关部门和人员共同制定有关制度,并将确定的制度纳入学校的规范管理,确保各项制度严格实施。需要明确相关人员的工作范围和职责,校领导是开展课外体育活动的关键负责人,应该做好带头和榜样作用,监督课外体育活动制度的实施;体育教师应该参与课外体育活动,对学生进行全面指导;班主任应该掌握学生的运动爱好、兴趣和运动能力,有效带领、鼓励学生积极参加课外体育活动;班级干部应该以身作则,发挥榜样作用,带领班内学生有序参加课外体育活动。

再次,应该明确课外体育活动的要求。帮助学生树立健康第一的理念,为学生指明方向;帮助学生树立科学锻炼意识,明确科学锻炼原则,比如安全原则、循序渐进原则、全面发展原则等;与学校体育活动相结合,服务全体学生;与校外体育活动相结合,丰富课外体育活动的项目和种类,培养学生对体育运动的兴趣,提高学生参加课外体育活动的积极性。

最后,应该丰富课外体育活动的项目。运动项目对学生参加课外体育活动的积极性有直接影响,应根据地方特色项目、民间传统体育项目以及新兴体育项目,引进或改造学校课外体育活动资源,全面发展学生的速度、力量、耐力、柔韧、协调、灵敏等身体素质,提高体质健康水平。

(4) 组织课余体育训练

课余体育训练是指利用非上课时间,对体育成绩优秀的学生进行系统训练。课余体育训练可进一步培养和发展学生的体育特长,有效增强学生体质,增进学生身体健康。组织课余体育训练应注意以下问题。

首先,应该明确课余体育训练的原则,将一般性训练与专项训练相结合,提升学生的体育运动成绩;根据人体机能的承受水平和恢复规律,安排适量的训练量和强度,使每次的训练都达到最佳效果;根据学生的个体差异,如性别、年龄、身体素质等,有区别地安排训练方法和内容,提高每位学生的运动水平。其次,应该组建运动队。学校从全校范围内选取运动员,鼓励学生积极报名,培养学生对体育运动的兴趣,促使学生积极参加体育锻炼,增强体质。再次,应该制定训练计划,全面、周到的训练计划可以提高训练效果。根据学生的运动能力和训练内容制定课余体育训练计划,提高学生的运动成绩。最后,应该合理安排训练内容,选择合适的训练方法。合理的训练内容和方法能有效地提高学生的运动成绩,让学生获得体育运动的成就感,展示体育运动的风采,形成良好的体育锻炼氛围。

(5) 优化课余体育竞赛

课余体育竞赛是指利用非上课时间,组织学生以增强体质、创造优异成绩为目的,以体育运动、身体练习等为主要内容,根据已有的或自编的规则进行技能、体力、心理等方面的比赛。课余体育竞赛有利于提高学生的身体素质,有利于实现我国学校体育目标。课余体育竞赛具有教育性、合作性、健身性、大众性、娱乐性、竞争性、公开性等特点,了解这些特点可以更好地帮助学校组织、优化课余体育竞赛,提高学生的身体素质。

优化课余体育竞赛还需要恢复以往取消的运动项目,例如标枪、铁饼、10000米跑等。目前来看取消这些项目是因为它们具有一定的危险性,取消后虽然在一定程度上保证了学生的人身安全,但影响了相关运动能力的提高和发展。比如,标枪比赛是发展学生上肢力量和肩关节活动的灵活性,取消后导致学生的上肢力量不强、肩关节的灵活性较差,对学生的力量素质有较大影响;再如,10000米跑项目的取消导致学生的耐力素质差。一些运动项目的取消也是出现案例中"好日子养出弱孩子"的原因之一。因此,需要恢复以往取消的运动项目,优化课余体育竞赛,增进学生的体质健康。

优化课余体育竞赛可以通过引进新的运动项目来实现。如,引进传统体育项目中的竹竿舞,竹竿舞是发展下肢力量的一种有效手段,需要多人配合进行,可以减少单人跳远、跳高、跳绳项目的枯燥,在提高下肢力量的同时,让学生体验多人配合的成就感和乐趣。竹竿舞对练习者的灵敏性也有一定的要求,引进竹竿舞比赛,能有效发展学生身体的灵活性。再如,引进新兴体育项目中的独轮车,独轮车同样是一种发展下肢力量的比赛项目,在独轮车的练习和比赛中,还可以锻炼学生的平衡能力。

(6)加强学校体育管理

学校体育管理是完成学校体育目标、增强学生体质的有效手段,对帮助学生树立终身体育观念、改善体质健康状况、形成体育锻炼的习惯有重要作用。[①]

建设和管理体育课程。第一,做好体育课程目标设置,根据《体育与健康课程标准》、教学大纲以及学生身心特征,设计运动认知、运动技能、身体健康、心理健康以及社会适应5个相互关联的教学目标,帮助学生更好地掌握运动技能。第二,要明确体育课程内容,根据学校的实际条件,设计符合要求的课程内容。第三,要根据学生的性格、特点以及运动技术难度,选择合适的教学方法。第四,上好体育课,通过教师的传授让学生学会运动技术。第五,对体育课程进行全面的评价。体育课程是学校体育的重要组成部分,建设和管理好体育课能提高教学质量。

---

① 张瑞林:《体育管理学》,高等教育出版社2015年版。

加强课外体育活动的管理。首先，应该根据学校的实际情况，制定全面的课外体育活动方案；然后，以方案为指导，管理、组织、实施课外体育活动，使课外体育活动更加井然有序地进行。

加强课余体育训练的管理。首先，应该根据学生的运动兴趣和特长，选择合适的运动训练项目；然后，根据相关制度建立符合学校实际情况和学生特点的课余体育训练管理机制，通过管理机制规范课余体育训练行为；最后，应根据学生生长发育的特点，制定课余体育训练计划，使课余体育训练更加全面。

通过建设、管理体育课程，管理课外体育活动和课余体育训练，全面实现学校体育目标、增强学生体质、增进学生健康。

（四）教学指导手册

1. 适用范围

A. 适用对象：体育硕士专业学位研究生。

B. 适用课程：学校体育学、体育管理学等体育教学领域相关课程。

2. 教学目的

本案例的教学目标是围绕学校体育学、体育管理学相关知识和原理，使硕士研究生懂得如何更好地组织和实施学校课外体育活动，如何强化学生增强体质的意识，了解学校体育管理目标，掌握学校体育课程管理的要素、方法，学会科学管理课余体育训练，了解青少年体质健康与家庭的关系等多方面的知识。

3. 教学内容

A. 从学校体育学角度分析本案例中"好日子为啥养出弱孩子"的原因，交流学生的体质健康与学校、个人和家庭的关系。

B. 讨论孩子体质健康水平逐年下降的原因，探讨如何通过体育课、课外体育活动、课余体育训练与竞赛提高学生的身体素质。

C. 从体育管理学角度讨论案例中"好日子养出弱孩子"现象的原因，并讨论如何通过学校体育管理，增进学生体质健康。

（五）预期效果

通过本案例的学习，硕士研究生能够了解学校体育学中的体育课程、课外体育活动、课余体育训练和竞赛等方面的知识，了解青少年体质健康与学校、家庭的关系，学会组织、开展、优化学校课外体育活动、课余体育训练和竞赛的方法；

掌握学校体育管理方法，学会如何全面构建学校体育管理机制，通过全面管理提升学生体质健康水平。

（六）教学计划

1.时间安排

整个案例课分为两个阶段，时间130分钟（2个课时，课间休息10分钟）。

第一阶段（60分钟）：A.阅读案例（5分钟）；B.分组讨论，启发思路（20分钟）；C.各小组发言（20分钟）；D.报告讨论结果，分享观点（15分钟）。

第二阶段（60分钟）：A.分组讨论，对案例中涉及的相关知识点进行梳理和总结（20分钟）；B.各小组发言，报告讨论结果，分享观点（20分钟）；C.最后的总结归纳（20分钟）。

2.环节安排

布置预习，对学校体育学和体育管理学相关知识原理的梳理与掌握——小组讨论"好日子培养出弱孩子"的原因——总结收获，提出解决措施——小组汇报具体方案，共同讨论最优解决措施——选出代表讲述最优方案——教师点评。

3.条件要求

A.人数要求：40人以下的班级教学。

B.教学方法：参与式教学、小组合作等方式，以师生的讨论为主，讲授为辅。

C.工具选择：多媒体、案例打印资料。

D.组织引导：教师任务布置清晰、预习要求明确；提供给硕士研究生必要的参考资料、案例；给予硕士研究生相关的技能训练，便于课堂实践的有序进行；对硕士研究生的讨论给予必要的指导和建议。

（七）思考题

A.结合学校的实际情况，谈谈加强学校体育管理的重要性。

B.谈谈强化体育课程管理对学生身体素质发展的意义。

C.谈谈构建学校体育管理机制需要哪些部门的配合。

D.针对目前学校体育管理的现状，试分析从哪些方面强化课外体育活动。

E.结合案例中的情况，谈谈如何改变学生家长对体育的看法。

第二节 运动训练领域教学案例库

一、案例:"校园运动会纪录多年未破"背后的纾解之道

(一)案例归类:案例适用于运动训练和体育教学领域

1. 摘要

校园运动会纪录一放就是几十年,校园运会纪录多年无法打破是个普遍现象。究其原因,就会发现其背后是当代学校体育面临的一个又一个严峻的现实问题:体育教学随意化、课外活动形式化、课余训练表面化、课余竞赛娱乐化,青少年学生体质下降、运动技能下降、运动成绩下降……在当今健康中国、体育强国大背景下,学校体育暴露出的这些问题亟待解决。本案例以叙事为研究方法,从"校园运动会纪录多年不破"这一现象切入,剖析引发这一现象的原因,揭示当前学校体育发展过程中面临的现实困境,从学校体育学、运动训练学和体育心理学等学科视角出发,探寻这一现象背后的纾解之道。通过案例研习,指导体育硕士专业学位研究生明确学校体育职责,掌握学校体育学、运动训练学和体育心理学等学科领域的教学内容与方法,提高硕士研究生的体育教学、运动训练指导能力,同时,也能够为相关学科运用本案例渐进解决问题提供借鉴。

2. 关键词

校运会纪录 学校体育目标 体育课 课外活动 课余体育训练与竞赛

3. 教学目标

运动训练学方面:使硕士研究生了解运动训练学课程之运动训练科学管理的相关理论,学会选拔和组建学校高水平运动队,合理安排和制定高水平运动队的训练计划、训练内容和训练方法,并能开展科学的训练。

学校体育学方面:使硕士研究生深入了解当前学校体育发展过程中出现的各种问题以及在解决问题过程中积累的宝贵经验,对我国学校体育的目标及实现途径有更具体的理解。

体育心理学方面:激发和培养学生的运动兴趣和运动动机,体育运动中有效目标的设置及学生意志品质的培养,对新时期学校教育及育人功能产生新的认识,

从体育心理学角度思考学校体育对全面育人的积极意义。

（二）案例引言

近些年来，国内各大媒体纷纷报道一个现象："校园运动会纪录多年未被打破"。央广网（2015-10-20）："校运会纪录多年不破，是谁之痛？"《中国青年报》（2017-09-18）："校运会纪录40年为何无人能破，其实有因可循？"《钱江晚报》（2017-10-10）："校运会纪录40年不破，真是学生体质变差了吗？"校运会纪录一放就是几十年，校运会纪录多年无法打破基本是个普遍现象。

在专业体育领域，一项纪录保持10年甚至更长时间，是正常的。然而，作为群体性体育的中小学运动会，如果大多数纪录长期不能被打破，就不得不令人忧心了。

是什么导致了这一现象的发生和长期存在？学校体育暴露出的这些问题令人深思、发人深省！

我国学校体育的目标明确：增进健康、增强体质；掌握体育与健康的基础知识、基本技能与方法；培养心理品质，促进立德树人；培养体育后备人才，提高竞技水平。[①]近年来学校体育暴露出的现实问题已经严重阻碍了学校体育目标的实现。实现学校体育的教学目标是一个庞大的系统工程，需要学校、家庭、社会全员参与，高度重视，系统管理，实际行动，才能付诸实现。借助于"校园运动会纪录多年未被打破"这一现象，揭示当前学校体育发展过程中面临的现实困境，从学校体育学、运动训练学和体育心理学等学科视角出发，探寻这一现象背后的纾解之道。这种由"现象—引发问题—深度反思—剖析原因—多学科协同—路径探寻—发展策略"的渐进式解决问题模式提供了极具理论意义和实践意义的案例研究范式。

（三）案例正文

1."校园运动会纪录多年未被打破"之现实审视

（1）"校园运动会纪录多年无法打破"是个普遍现象

新华社报道，郑州大学男子3000米长跑校纪录9′23″是在20世纪60年代郑州大学第四届全校运动会上，由政治与公共管理专业学生李连成创造的，距

[①] 杨文轩、张细谦、邓星华：《学校体育学》，高等教育出版社2016年版。

今已有62年，但依然没有学生可以打破。① 而该校女子3000米长跑纪录10′51″2是由物理专业学生王淑霞1986年在第二届全国大学生运动会上创造的，截至2022年已有36年，也同样未被打破。

郑州大学发生的这种情况实际上并不稀奇，查阅各地媒体部门发布的新闻可知，目前全国诸多高校中，校园运动会纪录几十年不被刷新的情况屡见不鲜。据了解，四川省诸多高校校运动会中长跑比赛成绩呈逐年下降趋势。云南大学的男子10000米和5000米长跑纪录都是由本校法学专业的杨贤在1992年创造的30′49″和14′42″，距今已有30年。而云南大学女子3000米长跑纪录是由在校生周若琼1987年创造的10′32″，距今已有35年，仍然没有学生可以打破。相比之下，合肥工业大学男子5000米长跑纪录的创造时间更早，是20世纪50年代创造出来的。②

目前来看，我国中小学的校园运动会纪录也与此相似，广东、云南、安徽、苏州等地的中小学校园运动会纪录保持在30年以上的情况普遍存在，且好几十年无人打破的运动会纪录不止长跑项目，还有短跑、跳高、跳远、投掷等项目。杭州第九中学的男子跳高（1.84米）和跳远（6.40米）校纪录都是本校学生柯吉欣在1986年创造的，而30年后的2015年杭州九中校运会跳高和跳远比赛第一名的成绩只有1.65米和5.60米。近几年合肥市第一中学举办的运动会，没有一个运动项目纪录被刷新，该校男子100米校纪录是20世纪90年代创造的，而女子跳高纪录则是在20世纪70年代创造的。烟台第一中学女子跳高纪录距今已有36年，栖霞第一中学女子400米纪录距今已有37年。

按理说，生活水平提高了，运动条件改善了，我国青少年学生的运动成绩应该愈来愈好才对，但实际情况却恰恰相反，有网友调侃："什么比金钟罩铁布衫更难破？学校运动会纪录！"③ 那么为何人们的日子越来越好，而孩子的身体素质却越来越差呢？无论是小学、中学还是大学，是什么原因导致校园运动会纪录多年甚至几十年仍无人打破呢？

（2）学生运动技能下降，比赛项目标准无奈调低

在每年一届的烟台市芝罘区中小学田径运动会中，一位体育老师表示："这

---

① 人民网.郑州大学男子3000米长跑纪录52年不破[EB/OL].（2012-12-07）[2021-12-19].https://sports.qq.com/a/20121207/000543.htm.

② 搜狐体育.高校长跑纪录52年无人能破 保持时间最长的记录[EB/OL].（2012-12-08）[2021-12-19].https://sports.sohu.com/20121208/n359868758.shtml.

③ 新晚报.校运动会最长记录52年仍保持 网友：比金钟罩更难破[EB/OL].（2012-12-08）[2021-12-19].http://sports.sina.com.cn/o/2012-12-08/11386328893.shtml.

是我参加的第 10 个运动会，大会广播里几乎就没播报过刷新纪录的消息。在我们小的时候，每年运动会基本上都能听见刷新纪录的广播。早在前几年运动会的铁饼比赛中，裁判员还会插上纪录旗，以此来激发运动员勇敢拼搏的精神，争取刷新纪录，而现在的铁饼比赛根本不用纪录旗，因为学生们的比赛成绩与纪录成绩相差甚远。"① 总裁判长于凯说："通过学生在运动会中的比赛成绩可以看出，诸多传统项目的成绩都达不到 20 世纪八九十年代的水平。可以说，运动会中诸多项目的纪录都是在 20 世纪九十年代创造的，基本上从 1995 年以后，学生的运动成绩就开始呈现下降的趋势，有些项目的纪录 20 多年无人打破已经不足为奇了。就拿 800 米中长跑来说，20 世纪八九十年代的学生在运动会中 2 分钟出头就能跑完，而现在的学生 3 分多钟能跑完都算好的。1500 米长跑项目的成绩更是比 20 世纪慢了一两分钟；有的学生在跳远比赛中，甚至连沙坑都跳不进去，这个成绩真的是相差太多了。"有新闻报道说："虽然各学校每年都会举办运动会，但很多有危险性的、强度大的运动项目都在不断减少，例如危险系数较高的标枪项目已经被取消，原因是这个项目的比赛容易发生安全事故，而且多数学校都没有合格的场地来训练和比赛。"运动会中还有许多项目强度大、技术难度高，多数学生不适应，因此就取消了这些项目。比如杭州采荷中学已经将运动会中的 1500 米项目取消了，而杭州市第二中学运动会中的 3000 米、110 米跨栏和铁饼已经取消很多年了。②

近几年，不仅运动会的比赛项目在减少，比赛的难度也在降低。一名体育老师在记者采访时说："以前女子跨栏跑的栏高是 84 厘米，而现在比赛的栏高只有 76 厘米，如果高了，学生根本跨不过去，反而容易受伤，因此只好降低栏架高度。"杭州市第二中学将 3000 米长跑加入运动会中，与以往不同的是不分年级，高中三个年级一起比赛；女子 2000 米长跑也是重新开设的，同样是三个年级一起比赛。安徽中医药大学早在 2010 年就将男子 10000 米长跑取消，安徽农业大学也取消了校运会中的男子 10000 米和女子 5000 米长跑比赛。安徽中医药大学和安徽农业大学的体育部相关人员向记者解释："取消部分长跑项目的原因是多数学生对这些长跑项目的热情和参与度不高，报名人数达不到规定的要求。并且，还存在一些学生对自己运动能力认识不足，在比赛期间受伤的情况。"另外，华中科

---

① 齐鲁网.烟台校运会记录 20 年不破 体育成绩没法看[EB/OL].（2012-10-15）[2021-12-19].http://news.iqilu.com/shandong/kejiaoshehui/20121015/1342092.shtml.

② 央广网.校运会纪录 40 年不破真是学生体质变差了吗？[EB/OL].（2017-10-11）[2021-12-19].https://baijiahao.baidu.com/s?id=1580915367498149300&wfr=spider&for=pc.

技大学最近的一次运动会取消了男子5000米和女子3000米长跑项目[①];西安许多高校也取消了5000米和3000米长跑项目,理由是学生的身体素质水平太差,担心学生在比赛过程中发生安全事故。[②]除了取消、调整一些不适合现在学生的运动项目之外,有些学校甚至放弃了以前的纪录,重新开始计算。

近几年,诸多中小学运动会中还存在一个怪现象:年级越高,运动成绩越差。就是说低年级的运动成绩要比高年级的运动成绩好。就拿跳高成绩来说,高中生和小学生跳的高度都是1.24米,更稀奇的是有些运动项目的成绩还比不上小学生,比如跳远。在学生年级不断升高的同时,学生学习压力日益增大,没有时间去操场运动,体育成绩肯定不达标。学生的体育成绩一年不如一年,这与学生的运动时间和运动量不足有着密切联系,平时缺少全面的训练,速度、力量、耐力、柔韧、协调、灵敏都不合格,就更别说运动技术了。一位体育组负责人表示:"现在开齐开足体育课已经成为常态,多数学校几乎都能做到,但在保证体育课数量的同时,却忽略了体育运动效果。"此外,目前还存在学校体育场地设施不足的情况,严重制约了一些运动项目的训练和比赛。同时还有标枪、铁饼、铅球等危险系数较高的项目,害怕学生被砸到,在专项训练过程中,为了保证学生的安全,教师们都不敢让学生进行实物练习,无奈之下只好用实心球代替铅球来练习,这种练习一般情况下很难取得理想的效果。另外还有一些学校的体育器材也存在老化、损坏、不全面的情况,导致一些运动技巧和练习内容难以在体育课中开展。目前多数学校几乎都取消了单双杠、跳马、跳箱等项目,同样是害怕学生受伤。长期以来,学生的运动能力和成绩已然受到影响。

2."校园运动会纪录多年未被打破"之渊源追溯

(1)"温柔体育"在校园滋长,学生体质状况堪忧

第七次全国学生体质与健康调研结果显示,我国青少年身高、体重、胸围均有增长,但同时超重与肥胖检出率也在增加,视力不良率在上升,肺活量水平在下降,速度、力量、耐力和爆发力素质在下降。第八次全国学生体质与健康调研结果显示,上述指标出现了好转,但"青少年的近视、肥胖等问题,大学生体质

---

① 长城网.纷纷取消长跑发出堪忧信号[EB/OL].(2012-12-02)[2021-12-19].http://bhc.hebei.com.cn/system/2012/11/30/012292907.shtml.

② 中国青年网.西安也有30多所高校运动会取消长跑[EB/OL].(2012-11-12)[2021-12-19].http://news.youth.cn/gn/201211/t20121112_2605424.htm.

下滑的问题,仍然没有得到有效的遏制"①。所以老师们普遍反映学生尽管长高了,但身体虚弱、体质太差,"小眼镜""小胖墩""小豆芽"在青少年群体中依然呈现越来越多的趋势。

  2018年,习近平总书记在全国教育大会上作出专门指示,"树立健康第一教育理念,开齐开足体育课"②。教育部规定,从小学三年级到初中八年级的课程中,每周至少有三节体育课,必须落实开齐开足体育课的要求。实际上,学校开设体育课程远远达不到"开齐开足"的标准。语文、数学、英语等主学科经常霸占体育课,出现体育课程为其他课程"让路""体育教师经常生病""外边天气恶劣"等情况。这些情况不仅在其他教师和体育教师之间形成了默契,而且学校课程监督部门也睁一只眼闭一只眼。甚至有些学校在临近考试期间会暂停所有体育课,让体育课服务于其他主学科,体育课成为学校的"鸡肋"课程。

  受应试教育的影响,学校与家庭都过分重视学生的知识学习,学习时间过长,而参加体育锻炼的时间则严重不足,运动量严重不足。当今体育课上,学生只要一咳嗽就要求见习,在20世纪的体育课中根本不会出现这种情况。很多学生不会加速跑(只会跑操),不会游泳,不会三步上篮,不会颠球,完不成一个标准的引体向上,不会前滚翻,不会马步,甚至没有接触过铅球、网球、单杠、栏架……视区区千八百米跑为畏途,为了所谓安全轻易向懦弱诉求让步。这种让步竟然能为很多家长、老师、校长所认同,整个社会竟然只有少量质疑和反对声音。为了安全,一些学校废止了多年来运动会上3000米、5000米跑的传统项目;为了安全,当下从小学、初中、高中到大学,我们的体育课,都是基于"不出汗、不脏衣、不喘气、不摔跤、不擦皮、不受伤、不长跑、无强度、无对抗、无冲撞"的"七不三无"的"温柔"体育!结果形成了一个世界教育奇观:一个学生从小学、中学到大学上了14年的体育课(1404学时),可是最后没有真正学会任何一项运动技能,连基本的运动常识都不懂,没有通过体育课养成运动习惯,更别谈什么终身体育!③ 国家中小学体育与健康课程标准研制组组长季浏表示:"中国好多体育课是不出汗的,无运动负荷,无战术,无比赛,大多数学生学了12年,甚至14

---

① 教育部.第八次全国学生体质与健康调研结果[EB/OL].(2021-09-03)[2022-02-15].http://www.moe.gov.cn/fbh/live/2021/53685/mtbd/202109/t20210903_558581.html.
② 中华人民共和国教育部:《深入学习贯彻习近平总书记在全国教育大会上的重要讲话精神》,中华人民共和国教育部2018年版.
③ 杜时忠.为什么中国学生的体质越来越差[EB/OL].(2016-10-12)[2022-02-25].https://www.sohu.com/a/115922646_176210.

年的体育课，一项运动都不会。"① 试想，体育课如此发展下去，学生能学到东西吗？学生的体质能不下降吗？校园运动会纪录怎么可能被打破？近年来，学生军训猝死、跑步猝死、体测猝死、打篮球猝死，加之因为学习压力跳楼自杀等屡见报端。人们不禁要问：经过改革开放40多年来的发展，国民经济、竞技体育等都取得了辉煌的成果，为什么学生的体质越来越差？体育课，学生到底学到了什么呢？

（2）课外体育活动步履维艰，障碍重重

《中共中央、国务院关于加强青少年体育增强青少年体质的意见》（中发〔2007〕7号）和《国家中长期教育改革和发展规划纲要（2010—2020年）》都明确规定："保证中小学生每天一小时校园体育活动。"实际上，表面上热热闹闹的校园体育活动，学生在思想上并不重视，很多人认为是学校走形式和走过场，校园体育活动时间上并没有保证，活动也不规范，流于形式化。课外体育活动形式单一，比如大课间活动，大部分学校组织学生集体跑步、做广播体操，内容重复单一，组织形式过于单调和乏味，学生对活动的参与积极性不高，在参与过程中也采取一种敷衍了事的态度，无精打采，甚至完全失去了兴趣，产生一种厌恶情绪，有些学生做操站着不动，有些学生会出现逃避行为，无法感受到体育活动带来的魅力，由此使体育活动失去其应有的效用。

学生活动场地和活动器材不足也是阻碍学生参加体育活动的重要因素。学校虽然有一定的活动空间和场地，但学生平均占有面积与学生人数不成比例，明显欠缺。学校的体育活动场地明显不足、运动场地质量较差，特别是碳渣跑道，一旦天气干燥，学生跑起来尘土飞扬，严重影响学生健康。在体育场地、设施、器材方面的投入也不够，几百名学生只有一个篮球场、两个乒乓球台，出现三四十人挤一张乒乓球台，"僧多粥少"的现象屡见不鲜。②

学校课余体育训练是普及体育人口、发展学生特长、培养优秀体育后备人才的有效形式。③ 课外体育训练对象通常是学校的高水平运动队，是学校体育水平的标志，肩负着刷新校园运动会纪录的重任。许多老师面对学校课余体育训练，

---

① 新浪网.学了12年体育课一项运动都不会[EB/OL].（2021-04-07）[2022-02-25].http://k.sina.com.cn/article_1271638160_m4bcba89003300r3i2.html.
② 宜宾县观音镇小学体育大课间活动的现状分析及对策[EB/OL].（2018-10-26）[2021-12-19].https://max.book118.com/html/2018/1014/8040140002001127.shtm.
③ 中华人民共和国教育部.教育部 国家体育总局关于进一步加强学校体育工作切实提高学生健康素质的意见[EB/OL].（2006-12-20）[2021-12-19].http://www.moe.gov.cn/jyb_xxgk/gk_bgg/moe_0/moe_1443/moe_1463/tnull_21505.html.

经常抱怨:"千里马常有,伯乐也有,但是坚持到最后出成绩的学生不多。"[①]学生喜欢篮球、乒乓球、羽毛球等有器械、有趣味性、娱乐性、可观赏性、多变性的运动项目,参与的人数多一些,像长跑、跳高等枯燥无味,活动方式单调的田径类运动项目,参与人数就相对较少。许多学生参加学校运动队训练,开始只是好奇,抱着好玩的态度来训练,没有正确认识课余训练的功能与意义。而随着时间的推移,训练量的加大,部分教师的训练方式严格、枯燥,会导致训练初期的新鲜感逐渐消失。这个时候,学生会慢慢产生放弃训练的想法,这是运动员流失最多的一个因素。比如足球,训练量大,中国有多少孩子在踢足球?在法国,12—13岁年龄段的青少年每周训练两次,比赛一次,每年还有很多次全国性的正规联赛;而在中国,这个年龄段的孩子一年最多有五六场比赛可踢。[②]中国足球的基础还比较薄弱。家长们最关注的还是学习成绩。家长认为,成绩的下降一定是因为课余训练引起的,他们看不到体育活动对学习的促进作用,而只是一味让体育活动来背锅。学习和训练一旦处理不当,学习成绩出现滑坡,家长便会毫不犹豫地阻止学生参加课余训练。家长还有疑惑就是:"为什么要去练这个项目?练了这个项目之后对孩子会有什么帮助?"热门的项目,大家都会去学,如跆拳道、篮球、轮滑、游泳等,高矮胖瘦各种体型的小孩都会去,但是从专业的角度出发,这样并不能最大限度地开发学生的潜力、发挥学生现有的自身优势。现在生活条件变好了,学生长高了,按理说经过训练后应该取得更好的运动成绩才对,可是即便发现了具有运动天赋的学生,家长们都害怕训练影响孩子的学习,害怕孩子在训练时受苦,从而不愿意让孩子参与训练。长期以来,自觉参加体育运动的孩子愈来愈少,出现校园运动会纪录多年未被打破的现象也是不足为奇的。

竞技体育项目被弱化,缺乏实战经验。课外体育竞赛不仅可以增强学生的身体健康和实战经验,还可以磨炼学生的意志品质,但由于家长担心孩子受伤受累、学校害怕担责任等,学校不得不为确保学生安全而选择比较保守、安全的课外体育竞赛项目。此外,近几年,学校为实现体育竞赛的全员参与,取消了部分危险系数高、运动强度大的项目,增设了一些安全系数高、运动强度小的集体比赛项目,由竞技性比赛转向娱乐性比赛。例如,本应该在操场上挥洒汗水、磨炼意志、强身健体的竞技项目,却被象棋、围棋等智力类活动替代,原来的走、跑、跳、投等逐渐转变为舞蹈化、游戏化的活动,活动的量和强度也达不到规定的要求,

---

[①] 杨杰:《小学生体育课余训练不积极的归因与对策》,《宁波教育学院学报》2021年第23卷第2期,第114—117页。

[②] 白鲸体育.https://www.zhihu.com/question/22374084/answer/704750663.

体育活动逐渐由锻炼身体、强健体魄变成了体育表演、团体娱乐。学生参加体育竞赛的概率提高了,但体育比赛的竞技性降低了,高水平运动员无法参加相应项目的比赛,缺少竞技体育的实战经验。

3."校园运动会纪录多年未被打破"之学理反思

(1)纪录难破就是学生身体素质差吗?

校园运动会纪录多年未被打破,是当今学生身体素质差导致的吗?这个说法有失偏颇,不能这样轻易下结论。

杭州采荷中学体育教研组的李娜老师(从事体育教学工作已有 14 年,教学经验丰富)表示:"难以打破的纪录几乎都是以往体育特长生刷新的,情况比较特殊,而现在体育特长生的数量比较少,身体素质和其他方面都与以往的学生有所差别,因此,部分运动会纪录很难被刷新。"[①] 李娜说,受近几年教育体制的影响,学校、家长对学生学习成绩过度重视,学习成绩才是最重要的,参加体育活动通常是为了应付课程考试,比如说中考体育的几个必考项目,只是为了应付考试才得到重视。学习成绩好才有出路,很少有人把未来和出路押在体育上,优质体育生源越来越少,体育特长生的数量也在减少,这才是"校园运动会纪录多年未被打破"的重要原因。杭州第二中学体育教研组组长肖伟老师表示:"学校体育纪录通常分为两种:学校运动会纪录和学校最高纪录。前者是学生在运动会上创造的最好成绩,后者是学生代表学校参加各种大型体育比赛取得的最高成绩。学校最高纪录通常由体育特长生刷新,从这几年体育特长生数量不断减少的情况来看,很难再刷新纪录了,而刷新学校运动会纪录的希望还是非常大的。"

从整个学校体育大环境来看,"目前,一周 3 节体育课的课时量,往往不能满足这个年纪的学生的需求"。李娜表示:"有时候,学生不能全面理解体育运动,爆发力和体力跟不上。比如,在组织迎面接力跑游戏时,个别学生会摔倒,其原因就是力量跟不上,动作不协调。""现在小学的体育课过于温柔化,也是导致中学阶段学生运动基础较差的重要原因。为了保证学生不受伤,体育教师通常不敢增加体育课的运动量和运动强度。"李娜说:"越早进行体育锻炼对学生越好。体育锻炼是一个长期的过程,不可能在短时间内提高学生的体育成绩。"[②]

由此来看,纪录难破就是因为学生身体素质差的说法显然不正确。学校要确

[①] 央广网. 校运会纪录 40 年不破真是学生体质变差了吗? [EB/OL].(2017-10-11)[2021-12-19].https://baijiahao.baidu.com/s?id=1580915367498149300&wfr=spider&for=pc.

[②] 网易新闻. 校运会纪录 40 年不破真是学生体质变差了吗? [EB/OL].(2017-10-10)[2021-12-19].https://www.163.com/news/article/D0C3Q0TL000187VI.html.

保升学率，就会使老师千方百计提高学生文化课成绩，体育课无疑会被"霸占"，"确保学生每天校园体育活动一小时"最终只能流于形式，导致学生身体素质差；再加上担心学生受伤、过度重视学生学习成绩等原因让教师难以增加学校体育的运动量和运动强度；学校、家长对学生学习成绩过度重视，学校招收体育特长生的数量不断减少，这才导致学校运动会纪录多年未被打破。

（2）中小学校园运动会的价值何在？

一所学校的运动会纪录可以沉睡十几年甚至是几十年，有网友调侃道："学校运动会纪录这般'寂寞'，传说中的运动高手又在哪里呢？"而一些学校运动会项目不得不因为学生身体素质下降而取消时，我们的确应该反思："当今我们还需要校园运动会吗？校园运动会的价值何在？"

校园运动会是学校课余体育竞赛，是实现我国学校体育目标的基本途径之一，是学校体育完整体系的重要组成部分。开展校园运动会可以检查学校群体工作的开展情况，有助于师生之间的体育交流。校园运动会的举办，是学生熔铸价值观的良好机会，能够对学生产生潜移默化的影响。如开幕式上升国旗，可使学生的爱国情怀高涨，颁奖仪式带给学生精神上的满足和情感上的愉悦。各种比赛能够激发学生争取胜利、拼搏进取、超越自我的自信心，面对挑战学会勇往直前，为实现目标尽情释放自身的各种潜力和内心蕴藏的激情。独生子女能克服依赖心理、竞争意识缺乏、社会适应能力差、缺乏合作精神和责任感等不良心理品质。通过竞赛普及运动项目，提高竞技水平，加深学生对体育运动的热爱程度，从而使他们养成锻炼习惯，形成终身体育意识。校园运动会就是一个综合大课堂，它散发的正能量对学生影响深远，通过运动会奠定的优良的个性品质是后续的竞赛中打破纪录的先提条件。

著名教育学家苏霍姆林斯基指出，"学校运动竞赛不应该是为了在比赛中获胜，而应该是为了锻炼强健的体魄"，应"避免校园运动会仅仅成为少数运动尖子角逐的场所"[①]。校园运动会的全员性和多样性的特点削弱了运动会的竞技属性。肖伟表示："近几年学校运动会正在改革。因为多数竞技运动项目学生不太喜欢，报名参赛的人数逐年减少，长此以往，运动会就成了少数人的舞台。多数学校正计划适当取消部分竞技项目，适当增加具有趣味性的团体比赛项目，力争实现全员参与。""全员参与"，顾名思义是每位学生都是运动会的参与者，都有比赛项目，这就决定了校园运动会规程的制定要考虑到学生的参与度。据了解，部分学校的

---

① ［苏联］苏霍姆林斯基：《关于全面发展教育的问题》，王家驹等译，湖南人民出版社1984年版。

运动会已经开设了跳大绳、跳袋鼠、拔河等多个集体项目。有位体育教师说:"今后的运动会很可能从小部分人参加的竞技性运动会,逐渐转变为大部分学生都可以参加的趣味运动会。"有记者在采访过程中得知,部分学校的体育教育已经朝着这个趋势转变。一位中学体育负责人表示,现在体育项目均以普及性为主。比如,将以前的健美操换成大部分学生都可以跳的啦啦操,增加一些团体类项目,给学生提供更多的参赛机会。还有一些中学取消了 5000 米、3000 米项目,增加了 10×50 米项目,让更多的学生都可以参加比赛。此外,还有部分学校增设了教师与学生共同参与的运动项目,增加了体育的趣味性,也加深了师生间的感情。校园运动会变成了一个具有集体性和群众性特点的大型学校体育参与及娱乐竞赛活动,大大削弱了它的竞技属性,"校园运动会纪录多年未被打破"也就不足为奇。

今天的学校体育并不是为了打破运动会纪录,提高学生的运动成绩,而是为了增强全体学生的身体素质。但是在重在参与的理念之下,也不能舍弃校园运动会的竞技属性,两者要同步进行。一方面要根据普通学生个体差异增设多样性的集体项目,全员参与,实现自我;另一方面体育特长生们要去突破自我,创新纪录。校园运动会做到人人参与,各取所需,都能享受其中。只有这样,学校体育目标才能得以实现,校园运动会纪录才能得以刷新。

(3)"双减"政策如何助力学校体育改革?

"校园运动会纪录多年不破"这一现象背后其实是作为学生参与体育活动主阵营的学校体育不完备。2021 年 7 月 24 日,中共中央办公厅、国务院办公厅印发了《关于进一步减轻义务教育阶段学生作业负担和校外培训负担的意见》(以下称"双减"政策),减轻了学生繁重的课业压力,让孩子们有更多的时间和精力去参与体育活动,这也为学校体育改革带来了契机。

"双减"政策指出要减轻学生过重的作业负担,提升学校课后服务水平。这为学生参与体育运动提供了前提条件,增加体育活动时间成为顺理成章的事情。学校可以充分利用课后时间为学生提供丰富多样的课后体育服务,结合学校的师资条件、场地器材和学生特点,开设专项体育运动俱乐部,让学生们根据自身兴趣自主选择运动项目进行专项化学习,满足了学生的多样化、个性化需求。还可以在课后时间举办课余体育竞赛,让学生们以赛带练,在竞赛中激发学生的胜负欲,进而巩固深化运动技能、磨炼意志。学校可以在俱乐部和竞赛中挑选运动水平拔尖的学生进行课余体育训练,全面提高其运动能力,既培养了竞技体育后备人才,又解决了"校园运动会纪录多年不破"的难题。

"双减"政策中还提到要减轻学生校外培训的负担,学生周末和节假日的自由时间也增多了，家庭和社会也有条件更加注重学生的体育活动和身体锻炼。在校外课余时间家长会根据学生兴趣选择合适的体育特长班，学生在增强体质的同时也能掌握一项运动技能，促进学生全面健康成长，也能在一定程度上有助于解决"校园运动会纪录多年不破"的难题。

总的来说，要抓住"双减"政策这一关键时机，坚持学校体育教育的主阵地，以增进学生健康、增强学生体质为主要目标，提高课余体育活动和课后体育服务质量，开发新颖有趣的体育活动，让学生积极主动地参与体育运动，营造出勃勃生机的校园体育文化氛围。要融合各方资源，逐步形成以学校主导、家庭协助支持、社区积极参与多元联动的学生健康促进模式，并做好反馈工作，加强与家庭和社区之间的沟通，共同引领学生走向健康成长之路。

在减负中增加体育活动，对学校来说既是契机也是挑战。"双减"政策只是为学校体育改革提供了外部机遇，关键还是要立足于学校内部体育工作，但学校体育的改革仅靠学校的力量是远远不够的，需要多方组织全员努力，突破学校体育改革瓶颈，从而提高学生体质，促进学生健康，为解决"校园运动会纪录多年不破"难题提供路径选择。

（4）体育中考制度改革如何影响学校体育发展？

"校园运动会纪录多年不破"这一现象折射出学生缺乏体育参与、身体素质差等当前学校体育普遍存在的问题。学生参与运动的人数少，只通过体育课上的运动远远达不到增进健康、增强体质的标准。体育中考制度改革为打破这种窘况提供了契机。通过体育中考可以改变学生对体育的态度，使学生参与到体育运动中去，培养学生的运动兴趣，提高学生的运动能力，养成主动锻炼的习惯，从而为打破"校园运动会纪录多年不破"这一现象提供了前提条件。

体育中考制度是指体育中考时通过对学生的各项运动成绩的测定来进行评价，并将检测的体育成绩纳入升学考试中去。体育中考制度是国家激励学生积极锻炼身体，增强体质，促进学校体育发展的一项重要举措。体育中考制度在一次又一次的改革中变得更加完善和细致，考试项目几乎可以兼顾各类学生的体质特点，通过制度有效地保障了体育中考的公平性与权威性，在一定程度上能够提高学生的锻炼意识，从而达到增进健康、增强体质的目的，促进学校体育的发展。

体育中考制度改革对学校体育的发展而言是一把双刃剑，有其积极的影响也有其消极的影响。体育中考制度的改革使学校体育得到了广泛的关注和重视，改变了人们以往对体育的态度，使健康第一的指导思想深入人心。体育中考制度的改革，使中考体育分值增加，在一定程度上提高了体育的课程地位，同时学生也能够积极主动地投入到体育锻炼中去，上体育课的态度较以往也有很大的改善，从而促进了学校体育的发展。在体育中考制度实施中也暴露出一系列的问题，随着体育中考成绩被纳入中考成绩中去，应试化教学现象不断浮现，体育考试制度"考什么""怎么考"就成了体育教师在体育教学中"教什么""怎么教"的功利性源头。体育中考制度改革后，体育成绩纳入中考成绩之中且分值增高，学生的学习负担加重，学习压力就会随之增高。体育教师作为体育教育活动的主要参与者，对于学生的体育学习具有指导和引领的作用，对学生的体育中考成绩负主要责任，因此，教师在教学中的压力倍增。

体育中考制度改革对学校体育的发展虽利弊同在，但总体而言利大于弊。体育中考的意义在于"以考促练""以考促教"，推动学校体育的发展，为终身体育奠定基础。体育中考制度提高了体育课程的学科地位，扩大了体育人口数量，在增强学生体质、增进学生健康的同时，也为选拔培养竞技运动后备人才提供了基础，为打破"校园运动会纪录多年不破"这一现象提供了前提条件。

改革仍未结束，还需继续完善，发扬改革对学校体育的积极影响，摒弃负面影响，才能更好地促进学校体育的发展，从根本上解决"校园运动会纪录多年不破"的困局。

（5）体教融合理念下学校体育如何发展？

体教融合在我国已有较长的发展历史。教育部体育卫生与艺术教育司司长王登峰指出："自新中国成立后我国体育与教育的发展关系可以用三个阶段来表述，即体教配合阶段、体教结合阶段、体教融合阶段。在体育教育发展的新时期，体教融合理念应运而生。"[①]2020年9月，国家体育总局与教育部联合印发了《关于深化体教融合 促进青少年健康发展的意见》，围绕推动青少年体育锻炼与文化学习协调发展，促进青少年健康成长、锤炼意志、健全人格，提出了一系列重大改革举措。在新时代体教融合理念下，"校园运动会纪录多年不破"这一困局有望找到破解之路。

20世纪我国体育系统与教育系统分离发展，体育系统在相对独立于教育系统的专业训练竞赛体制中运行，学训矛盾开始在学校体育中出现。一方面青少年运动员为提高竞技水平在运动训练中花费了大量的时间与精力，对文化学习的重视程度不够；另一方面在应试教育竞争激烈的现状中，体育课被占用已成常态，学校及家长也担心学生参与运动会影响学习，学生身体素质逐年下滑也是不争的事

---

① 王登峰：《体教融合的历史背景与现实意义》，《体育科学》2020年第40卷第10期，第3—7页。

实。而在深化体教融合背景下，学训矛盾的解决成为可能。深化体教融合，有利于解决青少年运动员受文化教育少、学生体质与运动能力下降的问题，有利于完成于体教融合中促进青少年身心全面发展与竞技体育后备人才培养的目标。只有将深化体教融合落实于学校体育中，才可能使"校园运动会纪录多年不破"的现象不复出现。

在学校体育中要解决学训矛盾，完成新时代学校体育"四位一体"目标和充分发挥学校体育对于竞技体育发展的基础作用，应当推进体育与教育的内在价值、目的、功能的充分融合。在学校体育工作中，首先，应当树立学校体育新理念，加强学校对体育课、体育竞赛的重视，开齐开足体育课并经常举办班际、校际运动会，增加学生体育锻炼的时间并提高学生体育参与的积极性，将组织高水平队伍为学校争取荣誉或利益的观念转变为使具有体育天赋的学生能得到全面发展，同时要促进家长对于孩子参与体育的观念转变，使家长成为学生课外体育活动的伙伴与监督者。其次，拓宽体育教师补充渠道和提高体育教师队伍水平，根据学校体育特色及学生需要引入高水平退役运动员或教练员，影响学校体育氛围的同时也能激励一般体育教师提高个人教学水平，还要完善针对体育教师的评价机制与激励机制。最后，学训矛盾的关键点还是解决学生投入学习与投入训练的时间和精力的矛盾，应当为学生减轻课后作业的负担，让学生有时间参与体育锻炼；青少年运动员的教练应当加强与班主任和文化课老师的沟通，合理规划文化课学习与训练的时间安排。

体教融合理念是解决我国体育与教育在近几十年发展中所遇问题的一味良药，从目前来看，只有深化体教融合才有可能彻底根除学训矛盾，促进体教融合与学校体育"四位一体"目标的有机结合，推动我国体育事业与教育事业走上可持续发展之路，培养出打破校园运动会纪录的学生。

（6）学校体育、竞技体育、社会体育"三张皮"如何缝成"一件袄"？

"校园运动会纪录多年未被打破"还有一个重要原因，那就是学校体育、竞技体育、社会体育之间缺少支撑和内在联系，"三张皮"没有缝成"一件袄"，学校体育与竞技体育、社会体育之间出现脱节，学校体育没有得到社会体育的课外支持、没有得到竞技体育的资源支撑。

"教育部门怎样推进学校特色体育项目，将项目文化融入学校的文化和发展中；社会力量如何由'被动参与'转向'主动参与'；体校如何与当地优质的教育资源相结合，形成管办合理、权责分明的教学训练机制等，都是完善我国青少年体育公共服务体系必须解决的难题。"①一位体育局的负责人表示，目前我国诸多地区体育系统并没有与教育部门形成全面的人才培养机制，而是泾渭分明，缺乏合作。青少年体育俱乐部需要加大扶持力度，激发学生活力；一些家长对体育的观念需要改变，"在小时候，课余时间都用来踢足球、打篮球，而现在的家长生怕孩子受伤，有些家长还为此找学校、找老师。"宁夏银川市体育总会秘书长丁晓晶表示，家长对孩子进行体育活动的态度影响最大，家长们对体育运动的看法，直接影响孩子的选择。

要"把三张皮缝成一件袄"，需要审视体育强国战略背景，深化学校体育改革。从体育大国迈向体育强国的路途中，学校体育应该充分贯彻"以人为本"的理念，促进学生素质和能力的全面提高，为学生树立终身体育的观念，促使其向竞技方向发展。竞技体育方面，制定科学的人才选拔方略、精准聚焦教学、密切注重教学情况，与学校体育建立密切的联系网络，保证竞技体育选拔人才，学校体育及时输送人才。

要"把三张皮缝成一件袄"，需要促进学社体育相接轨，保证学社体育相互合作。学校体育作为培养人才的基地，可为社区培养一大批有用的人才，例如体育管理人员、社会体育服务人员等。这些人才是社会体育所需要的，而社会体育可通过向学校体育投资、输送体育器材等方式，为学校体育发展提供人力、物力和财力等强有力的支撑，与学校体育之间建立合作关系链，确保学社平衡，联系稳定。②

要"把三张皮缝成一件袄"，在新时代背景下，还可通过构建学校体育、竞技体育和社会体育"三位一体"模式，形成三元结构的体育类型。③以学校体育为中心，三者之间两两联系，形成资源共享的格局，不仅做到穿针引线缝衣服，还可以加固"袄"的质量，甚至还可以从内部为"袄"添绒续棉，在缝制"袄"的同时，更易抵御外界危机，从而共同实现中国体育强国的目标。

学校体育、竞技体育和社会体育，"三张皮要缝制成一件袄"，需要线来连接，这些线就是三者之间联系的基础。要落实学校体育适应社会群众性体育活动的变

---

① 中华网.中学生运动会纪录40年无人破——好日子为何养出弱孩子[EB/OL].(2017-09-13)[2021-12-19]. https://news.china.com/domesticgd/10000159/20170913/31383602.html.
② 陈春阳、郭显彬、胡光霞：《学区体育模式：体育强国战略下学校体育与社会体育接轨的进路》，《广州体育学院学报》2014年第34卷第1期，第118—120页、第124页。
③ 陈凯：《"三位一体"的中国体育法核心价值——一种规范分析的路径》，《成都体育学院学报》2017年第43卷第5期，第8—12页。

化，推进学校体育为竞技体育做贡献；缝制袄需要针来缝合，这根针就是三者之间联系的纽带，学校体育、竞技体育、社会体育要加强彼此之间的联系，资源共享，保证三者全面、协调、可持续发展。①

总之，"校园运动会纪录多年未被打破"，绝不仅仅是学校体育自身的原因，只有加强学校体育与竞技体育、社会体育之间的内在联系与双效互动，实现以学校体育为中心的发展趋势，将学校体育，竞技体育、社会体育"三张皮"缝成"一件袄"，才能从根本上解决这一难题。

4."校园运动会纪录多年未被打破"之纾解之道

"校园运动会纪录多年未被打破"如何破解？通过前面的论证我们知道，要回答这个问题其实是回答"学校体育目标如何实现？当代学校体育到底何去何从"的问题。我们能够找到实现学校体育"四位一体"总目标（增进健康、增强体质；掌握体育与健康的基础知识、基本技能与方法；培养心理品质，促进立德树人；培养体育后备人才，提高竞技水平②）的纾解之道，"校园运动会纪录多年未被打破"这一难题也将迎刃而解。

（1）规范落实，开齐开足体育课

首先，要严格执行教学大纲和课程计划，加大对课程的监督检查力度，制定体育课保障机制，禁止挤占、取消体育课，禁止体育课程为其他课程"让路""体育教师经常生病""天气恶劣，不适合上课"等情况发生。其次，要配齐体育教师，保证体育师资数量，为开齐开足体育课提供师资支持。可以通过扩招体育教师、引进高水平退役运动员等途径，配齐配强体育师资，为开齐开足体育课提供保障。③再次，要规范体育课。完善体育课程内容的顶层设计，按照教学大纲的规定，根据学生的水平差异、认知发展特点和身体发育规律等实际情况，制定体育课程内容，保证教学内容的一致性和连续性，坚决抵制无运动负荷、无战术、无比赛的"三无"体育课和不出汗的体育课；充分利用、配置、开发体育课程资源，丰富教学内容，保证体育课程内容的多样性，落实体育课的规范性。最后，需要建立完善的课程评价机制。将教师、学生和教学效果作为体育课程评价对象，将过

---

① 李琴、苏利群：《基于体育三大领域发展态势探讨中国体育发展趋势》，《广州体育学院学报》2014年第34卷第6期，第53—57页。
② 杨文轩、张细谦、邓星华：《学校体育学》，高等教育出版社2016年版。
③ 柯勇、董思：《义务教育阶段"开齐开足体育课"的影响因素与路径选择》，《天津体育学院学报》2021年第36卷第4期，第412—419页。

程性评价和结果性评价有效结合，从实际出发，正确定位学校体育目标，全面评价体育课程，规范落实开齐开足体育课。开齐开足体育课是实现学校体育目标的基础，要打牢这一基础。

（2）宏观规划，灵活开展课外体育活动

课外体育活动是强化学生身体素质、提高学生运动成绩的基础，是实现学校体育目标的有效补充和保障。因此，宏观规划，灵活开展课外体育活动十分必要。第一，充分利用体育资源，根据学生的运动兴趣、运动水平以及地域特色等，合理安排课外体育活动的内容和形式，设置符合实际的、丰富多彩的课外体育活动，创建特色校园文化，保证体育活动的多样性。第二，强化组织完善制度，由校长带领体育教师共同制定目标和整体规划，明确分工，落实个人目标和职责，建立相应的规章制度，确保课外体育活动有序开展，形成人人爱运动、人人爱锻炼的良好氛围，为"每天活动一小时"提供制度保障。第三，增加课外体育活动的强度，避免无负荷、无强度、无比赛的"三无"课外体育活动，夯实学生基本功，提高学生运动水平，培养学生健康心理素质和意志品质。第四，制定课外体育活动评价体系，从学生兴趣、教师指导、活动种类以及活动效果等多方面进行评价，正确定位课外体育活动目标，提高学校的重视程度，灵活开展各类体育活动，提高学生身体素质和运动成绩。

（3）科学选材，系统进行课余体育训练

课余体育训练是提高学校高水平运动队成绩的重要途径，更是国家体育后备人才的重要来源。而学校高水平运动队肩负着刷新学校运动会纪录的重任，因此，科学选材、系统进行课余体育训练是解决案例中"校园运动会纪录多年未被打破"困局的关键所在。第一，进行科学选材。根据运动项目的要求和特点，在专业教练员的指导下，用科学的方法对学生的身体形态、身体素质、生理机能等进行预测和测试，选出"苗子学生"进行训练，为创造优异成绩打下坚实基础。第二，制定全面的训练计划。从学生身体素质、运动能力、生理和心理特点等实际情况出发，根据运动项目的特点，全面制定训练计划，如年度训练计划、阶段训练计划、周期训练计划等。第三，选择适宜的训练方法。根据运动项目的特征，引进新型训练方法，如改用模式训练法、程序训练法、比赛训练法等，在保证学生身体健康的情况下，激发学生运动潜力，最大限度地提高运动成绩。第四，合理安排训练内容，对运动员进行全面训练，确保运动员有过硬的身体素质、高超的运动技能、全面的运动战术、良好的心理素质和体育品格，保证课余体育训练的系统化。加强学校高水平运动队建设，科学选材，系统进行课余体育训练，为体育特长生提高运动成绩奠定基础，为学校运动会纪录的刷新提供保障。

（4）区别对待，合理组织课余体育竞赛

课余体育竞赛是学生丰富实战经验、提高运动成绩的必经之路。赛场上无论输赢，学生自身都会从中受益，从而促使学生自主活动，最终可以提高运动成绩。首先，学校要严格执行相关规定，定期举办学校课余体育竞赛。科学制定课余体育竞赛规程，创新课余体育竞赛方法，因人而异合理组织赛事，保证学校课余体育竞赛正常顺利开展。其次，根据学校课余体育竞赛全员性的特点，学校运动会可以由竞技性向娱乐性转变，取消部分运动强度较大的体育项目，降低运动会的竞技性，增加学生的参赛机会，力争实现全员参与。最后，对于体育特长生和高水平运动员要回归传统运动会，确保课余体育竞赛的竞技性，丰富实战经验，提高其运动水平和体育成绩。

（5）主动求变，推动新时代学校体育发展

新时代学校体育面临的核心问题是如何使学生变被动参与为主动投入，即将被动体育变为主动体育。[①]首先，要参照"教会、勤练、常赛"的学校体育工作新要求，体育课以"教会"为主要目标；课外体育活动以"勤练"课堂中学习的内容为主要目标（根据学习内容设计活动形式）；"常赛"已掌握的技能，让每位学生掌握一项技能，有特长的学生能参加正式比赛。其次，好玩、好动是学生的天性，要珍惜这种天性，让学生在运动中享受乐趣。中考制度让学生走向了运动场，但是他们的目的是达标、评比、加分，被动体育难以激发他们体育活动的动机。将体育活动、运动会趣味化，在不经意间培养学生的各种能力，为学生成长提供身体和精神养料。再次，抓住"双减"契机，主动求变。"双减"政策为学校体育发展提供了契机，全社会更加重视学生的体育活动，体育活动时间会增加，各种课外体育活动会复活和发展，社会体育资源会与学校体育相融合，无疑为学校体育发展提供了更肥沃的沃土。最后，"体教融合""一校一品""一校多品"可以促进学校体育质量的提升，强化课外体育活动的改革动力，促进学校课余训练与竞赛的蓬勃发展，使普通学校成为培养竞技体育后备人才的基地。

[①] 专家组：《"双减"政策与学校体育发展》，《上海体育学院学报》2021年第45卷第11期，第1—15页。

（四）教学指导手册

1. 适用范围

A. 适用对象：体育硕士专业学位研究生。

B. 适用课程：学校体育学、运动训练学、体育心理学等运动训练领域相关课程。

2. 教学目的

通过对《学校体育之殇："校园运动会纪录多年未被打破"背后的纾解之道》这一案例的讲解和分析，使硕士研究生了解当前学校体育存在的问题，反思出现问题的根源之所在，学会运用学校体育学、运动训练学和体育心理学等学科领域相关原理解决问题。了解学科前沿发展动态，收获新的理论工具，学会现象——引发问题——深度反思——剖析原因——多学科协同——路径探寻——发展策略渐进式的解决问题模式，并在案例的启发下提出自己对新时期学校体育问题的深入思考。

3. 思路分析

本案例分析的核心是基于"校园运动会纪录多年未被打破"这一现象引发的对当前学校体育存在问题的解决思路。在引导硕士研究生分析案例时，可以结合相关理论依据逐步深入探析，主要分析以下几个问题。

A. 从学校体育学的学科角度，对案例中"校园运动会纪录多年未被打破"这一现象进行渊源追溯，并尝试分析每一项影响因素，交流讨论体育课、课外体育活动、课余体育训练和课余体育竞赛的基本理论。

B. 从运动训练学的学科角度，对案例中"校园运动会纪录多年未被打破"这一现象进行学理思考，从选材、训练、保障等方面讨论学校课余体育训练的制约因素及方法途径。

C. 从体育心理学的学科角度，对案例中"校园运动会纪录多年未被打破"这一现象进行原因剖析，围绕运动兴趣、运动动机以及意志品质讨论在培养社会所需人才的过程中学校体育所起的作用。

下图很好地展现了现象——引发问题——深度反思——剖析原因——多学科协同——路径探寻——发展策略渐进式的解决问题模式。

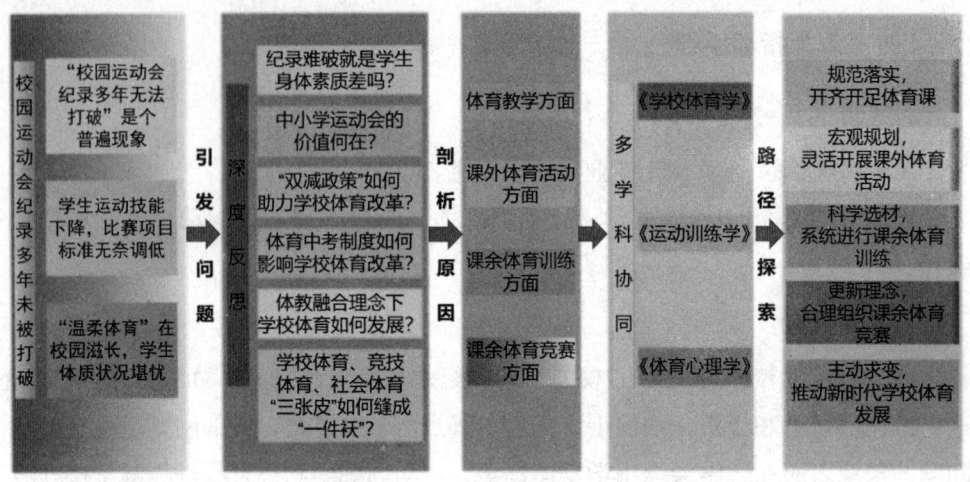

图 5-2-1　渐进式解决问题模式

4.案例分析

"校园运动会纪录多年未被打破"这一现象在国内长期并普遍存在，其背后反映出的学校体育教育问题十分严峻。近几年学校体育教育问题逐渐得到有关部门的重视，接连出台了《国家中长期教育改革和发展规划纲要（2010—2020年）》《中共中央、国务院关于加强青少年体育增强青少年体质的意见（2007）》《加强学校体育工作着力提升学生体质健康水平》[①]等文件，推进学校体育改革，推动青少年文化学习与体育活动协调发展，实现文明其精神，野蛮其体魄。

要从根本上打破"校园运动会纪录多年未被打破"这一困局，明确学校体育目标是解决学校体育问题的重点，推动学校体育改革是基础，变被动体育为主动体育、实现青少年文化学习与体育活动协调发展和强健体魄是关键。

（1）案例回顾

"校园运动会纪录多年未被打破"是个普遍现象。生活水平提高了，运动条件改善了，我国青少年学生的运动成绩应该愈来愈好才对，而郑州大学、云南大学、合肥工业大学、杭州九中、合肥一中、烟台一中、栖霞一中等诸多学校，却长期存在"校园运动会纪录多年未被打破"这一现象，甚至有网友调侃："什么比金钟罩铁布衫更难破？学校运动会纪录！"当前在诸多学校中还存在"学生运动技能下降，比赛项目标准无奈调低"这一令人震惊的问题。

在专业体育领域，一项纪录保持10年甚至更长时间，是正常的。然而，作

---

① 中华人民共和国教育部.加强学校体育工作着力提升学生体质健康水平[EB/OL].（2012-12-07）[2022-2-19].http://www.moe.gov.cn/fbh/live/2021/53685/mtbd/202109/t20210903_558601.html.

为群体性体育的中小学运动会，如果大多数纪录长期不能被打破，就不得不令人忧心了。体育教学随意化，课外活动形式化，课余训练表面化，课余竞赛娱乐化，青少年学生体质下降，运动技能下降，运动成绩下降，校园运动会成绩几十年没有提高……让学校体育的发展充满了重重挑战。

"校园运动会纪录多年未被打破"之渊源追溯：让学生深入探索这一现象产生的原因。"温柔体育"在校园滋长，当下从小学、初中、高中到大学，我们的体育课，都是基于"不出汗、不脏衣、不喘气、不摔跤、不擦皮、不受伤、不长跑、无强度、无对抗、无冲撞"的"三无七不"的"温柔体育"，学生能学到东西吗？学生的体质能不下降吗？校园运动会纪录怎么可能被打破？此外，课外体育活动时间和场地器械不足、家长对课外体育活动的不重视等，导致课外体育活动步履维艰，障碍重重；怕吃苦、认为从事体育无前途等因素制约了学校课余体育训练；全员参与、安全第一等观念使学校课余体育竞赛趣味化……这些均是造成"校园运动会纪录多年未被打破"的重要原因。

"校园运动会纪录多年未被打破"之学理反思：让硕士研究生深度思考该现象背后的原理。纪录难破就是学生身体素质差吗？中小学校园运动会的价值何在？"双减"政策如何助力学校体育改革？体教融合理念下学校体育如何发展？学校体育、竞技体育、社会体育"三张皮"如何缝成"一件袄"？让硕士研究生从学理上进行一系列反思，揭示当前学校体育发展过程中面临的现实困境，多角度探寻问题的原因，进行学理反思。

"校园运动会纪录多年未被打破"之纾解之道：根据引发"校园运动会纪录多年不破"这一现象的原因，从学校体育学、运动训练学和体育心理学等学科视角出发，探寻这一现象背后的纾解之道：规范落实，开齐开足体育课；宏观规划，灵活开展课外体育活动；科学选材，系统进行课余体育训练；区别对待，合理组织课余体育竞赛；主动求变，推动新时代学校体育发展。

（2）理论基础

A. 实现学校体育目标的途径：体育与健康课程、课外体育活动、课余体育训练与竞赛等。

B. 组建学校运动队并进行训练的方法。组建学校运动队是学校课余体育训练顺利进行的重要保证，是学校课余体育训练的核心内容，是为国家输送竞技体育后备人才的有效途径。制定训练计划是学校课余体育训练组织和实施的基础和保障。课余体育训练是基础训练，是为学生运动员创造优异运动成绩奠定身体和技术基础，课余体育训练内容包括提高学生运动员体育成绩的所有措施。科学运用训练方法是提高学生运动员体育成绩的关键，常用的训练方法有：重复训练法、变换训练法、竞赛训练法等。

C. 激发与培养学生运动兴趣（表 5-2-1）、运动动机（表 5-2-2）和意志品质（表 5-2-3）。

表 5-2-1　激发学生运动兴趣的方法

激发学生运动兴趣的方法	加强认知，让学生明确体育运动的重要性
	变换运动项目，增强体育学习内容的诱惑力
	给予学生空间，培养学生的自主、探究学习能力
	组织体育活动与比赛，使学生产生运动需要
	寓教于乐，创造良好的课堂学习氛围
	创设情境问题，激发学生运动兴趣

表 5-2-2　培养学生运动动机的方法

培养学生运动动机的方法	充分重视和利用学生的各种需要
	提高学生的体育成就动机
	适当展开竞争，积极组织合作
	及时反馈，积极评价
	端正对体育活动的态度

表 5-2-3　培养学生意志品质的方法

培养学生意志品质的方法	加强学生对意志品质的认知
	加强学生的三观教育
	增强学生的心理教育和纪律意识
	在实践中锻炼学生的意志品质

（3）实现条件

①体育课程

体育课是一门以身体练习为主要手段，以学习体育与健康知识、技能和方法为主要内容，以增进学生健康，培养学生终身体育意识和能力，养成健全人格为主要目标的课程。

②课外体育活动

课外体育活动是学校体育工作的重要组成部分，是体育课堂教学的有益补充和延伸，是实现学校体育"立德树人"目标任务的重要途径，在学校体育乃至学校教育中占有重要地位。

③课余体育训练与竞赛

课余体育训练与竞赛是学校体育的重要组成部分，也是培养竞技体育后备人才的重要途径。课余体育训练与竞赛是不可分离的整体,课余体育训练的目的是为了参与各级竞赛,参加竞赛不仅能反映出课余训练的效果和水平,而且也能提升训练的强度和密度,更能发现训练的不足之处,改进今后的训练。

④学校体育设施

学校体育设施是指开展体育教学、训练、竞赛、锻炼和体育娱乐等活动的体育建筑、场地、室外设施以及体育器材等的总称。

⑤体育人力资源

体育教师作为学校教育的主导力量,是学生健康成长和社会化过程的导师,是社会价值维护和人类文明传承的重要力量。体育教师是教师队伍中的重要成员,是体育教育的实施者和研究者。家长是学生的监护人,对学生参与体育活动的积极性具有重要影响,家长支持学生参与体育活动能够促进学校体育目标的实现。

5.课堂设计

(1)讨论方式:"剥洋葱式"讨论

为改变硕士研究生被动学习局面,激发活跃课堂气氛,授课时采用"剥洋葱式"讨论的方法,充分体现现象——引发问题——深度反思——剖析原因——多学科协同——路径探寻——发展策略,类似于剥洋葱的渐进式解决问题模式。

"剥洋葱式"讨论指每次讨论之前,由教师提出一个或多个案例中隐藏的开放式问题,比如校园运动会纪录多年不破这种现象是什么原因造成的,让硕士研究生找出出现这种现象的原因,在纸上写下自己的答案,还可以作为考勤记录,并强调找出的原因没有对错之分。五分钟过后,老师将硕士研究生划分为几个小组,大家在小组内充分讨论每个人刚刚写下的原因。讨论完成后每个小组选出一位代表发表本小组讨论后的观点。接着老师提出第二个问题:这些原因可以引发我们什么学理思考?可以从哪些学科角度进行思考?让硕士研究生深入思考,继续在纸上写下自己的答案,小组内交流。十分钟过后,每个小组选出一位代表发表讨论后的结果。最后老师提出第三个问题:如何解决案例中出现的现象(路径和发展策略),让硕士研究生在纸上写出自己的答案,小组内交流,讨论分享并多方面丰富自己的观点,之后每个小组的代表继续发表讨论后的结果。在讨论过程中,老师要提醒硕士研究生讨论时要着重分析彼此观点的相似性、不同之处及对方提出了的新观点等,如果时间允许,还可以让硕士研究生跨组交流分享观点。

"剥洋葱式"的课堂讨论方式可以运用到约40人左右的班级,在硕士研究生间观点不断交流与碰撞的基础上,按照现象——引发问题——深度反思——剖析原因——多学科协同——路径探寻——发展策略的顺序，通过渐进式解决问题模式像"剥洋葱"似的一层一层探索出最终答案。这种讨论方式由外及内逐步探寻到问题的核心，可以加深硕士研究生对于问题的思考，提升硕士研究生思考问题与分析观点的能力。

该课堂讨论方式具体运用在本案例的教学过程中，还要注重引导硕士研究生将理论与实践相结合，由外及内，由浅入深，层层递进，深入解决"校园运动会纪录多年未破"的困局，不断丰富自身在多学科方面的经验。

以下是某次教师上课时的具体讨论示例。

教师：下面请大家思考一下，在现实生活中，学校的哪些行为是实现学校体育目标的途径？

硕士研究生A："我当时的小学、初中，每天都有课间操，先跑步，再做操；此外，每天的课外体育活动时间，学校都组织我们进行各种各样的体育活动，体育老师还对学校高水平运动队进行专项训练。"

教师："对。学校的这些做法都利于学校体育目标的实现。每天进行的课间操对学生增进健康、增强体质十分有益；每天开展的课外体育活动有助于学生掌握体育与健康的基础知识、基本技能与方法；体育教师对学校高水平运动队进行专业训练，利于培养体育后备人才、提高学生竞技水平；学校组织的这些体育活动对培养学生心理品质，促进立德树人具有重要作用。"

硕士研究生B："我当时的小学、初中和高中也都有课间操、课外体育活动和校队训练。"

（2）具体课堂设计

A.时间安排：大学标准课3节，150分钟。

B.环节安排：布置预习，梳理学校体育学、运动训练学和体育心理学课程的相关知识并掌握──→探索"校运会纪录多年未被打破"的原因──→小组讨论，总结收获──→小组汇报本组观点，共同讨论──→对该现象进行学理思考──→小组讨论，总结收获──→小组汇报本组观点，共同讨论──→如何解决案例中出现的现象（路径和发展策略）──→小组讨论，总结收获──→小组汇报本组观点，共同讨论→教师点评，提出最优解决措施。

C.条件要求：人数要求，40人以下的班级教学；教学方法，参与式教学、小组合作、"剥洋葱式"讨论，以师生的讨论为主，讲授为辅；工具选择，多媒体、案例打印资料；组织引导，教师任务布置清晰、预习要求明确；提供给硕士研究生必要的参考资料、案例；给予硕士研究生相关的技能训练，便于课堂实践的有序进行；对硕士研究生的讨论给予必要的指导和建议。

具体课堂安排如下。

表 5-2-4 具体课堂安排

课时安排	教学内容	花费时间
第一节课	展示图文资料，介绍案例基本内容	10—20 分钟
	介绍学校体育学、运动训练学和体育心理学课程的相关理论，讲解知识要点	30 分钟
第二节课	回顾案例，并将学校体育学、运动训练学和体育心理学课程的相关理论与案例正文相结合，引导硕士研究生发现解决学校体育问题的策略	30 分钟
	组织"剥洋葱式"讨论第一轮，每位硕士研究生在纸上写下思考题答案后与小组同学分享	10—20 分钟
第三节课	组织硕士研究生发表第一轮心得体会	10 分钟
	组织"剥洋葱式"讨论第二轮，可以进行跨组讨论	20 分钟
	组织"剥洋葱式"讨论第三轮，教师总结要点，提出最优解决措施	20 分钟

6.要点汇总

"校园运动会纪录多年未被打破"这一现象，暴露出了当前学校体育教育存在的各种现实问题，已经严重阻碍了学校体育的发展。学校体育的发展是一个庞大的系统工程，需要学校、家庭、社会全员参与，高度重视，系统管理，实际行动，才能付诸实现。因此，如何合理运用学校体育学、运动训练学和体育心理学原理推动学校体育发展，成为需要进一步探讨的话题。

本案例教学过程中的主要教学知识点有以下几点。

（1）学校体育目标及实现途径

A.目标：增进健康、增强体质；掌握体育与健康的基础知识、基本技能与方法；培养心理品质，促进立德树人；培养体育后备人才，提高竞技水平。学校体育目标是学校体育工作的指南，关系学校体育工作最终要培养学生哪些身体素质，准确理解学校体育目标体系的内涵及其实现路径，对于学校体育工作者有着十分重要的现实意义。

B.实现学校体育目标的途径：体育课，课外体育活动，课余体育训练与竞赛。实现学校体育目标的途径可以帮助学校体育工作者进一步实现学校体育目标，保证学校体育的发展，对解决学校体育问题具有重要作用。

（2）课外体育活动的组织与开展

制定课外体育活动工作计划，确立课外体育活动制度和工作规范，明确课外体育活动职责和工作范围；落实课外体育活动的设计与实施。课外体育活动的实施能够帮助学生掌握体育与健康的基础知识、基本技能与方法，是实现学校体育目标的重要途径。

（3）课余体育训练与竞赛的组织实施

A.课余体育训练的组织实施：确定训练项目，进行运动员选材并组建学校运动队，制定训练计划，安排训练内容，运用训练方法，评价训练效果。学校课余体育训练是我国运动训练体制的重要组成环节，是培养体育后备人才的必经之路，是基础训练的组织形式。

B.课余体育竞赛的组织实施：设计课余体育竞赛的计划和规程，选择课余体育竞赛的方法，确定成绩与名次的评定方法。课余体育竞赛是实现我国学校体育目标的基本途径之一，与体育与健康课程教学、课外体育活动、课余体育训练相辅相成、相互配合，共同组成了学校体育的完整体系。

（4）学生心理品质的塑造

A.运动兴趣的激发与培养：加强学生对体育的认识，激发学生对体育运动的需要；选择有吸引力的项目和内容；培养学生自主学习和探究学习的能力；通过各种体育实践活动和比赛，使学生产生新的运动需要；寓教于乐，创造生动和谐的课堂氛围，调动学生兴趣；创设问题情境，激发运动兴趣。

B.运动动机的激发与培养：充分重视和利用学生的各种需要；提高学生的体育成就动机；适当展开竞争，积极组织合作；及时反馈，积极评价；端正对体育活动的态度。

C.学生意志品质的培养：加强学生对意志品质的认知；加强学生的三观教育；增强学生的心理教育和纪律意识；在实践中锻炼学生的意志品质。

D.体育运动中的目标定向与目标设置：体育活动中学生的学习目标定向有引导学生关注自身的动作技能学习，合理运用表扬的激励方式，合理采用分组教学的形式，合理的评价方式。目标设置理论指出，既定的目标决定了学生参与体育活动的努力程度，指引并规范着学生参与体育活动的行为，影响着学生参加体育活动的效果。

（五）思考题

A.为什么日子变好了，学生的运动成绩却下降了？

B. "双减"政策契机下学校体育如何主动求变?

C. 谈谈青少年运动员学训矛盾及其解决办法。

D. 目前我国竞技体育后备人才现状如何?对"竞技体育后备人才培养模式"做一综述研究。

E. 国外青少年业余训练模式有哪些?如何有效借鉴移植"洋为中用"?

F. 在学校体育中类似于"校园运动会纪录多年未被打破"之类难题还有哪些?如何解决?

G. 通过学习本案例,谈谈如何进行学校体育教育改革。

二、案例:"七星奇迹"是如何创造出来的

(一)案例归类:案例适用于运动训练和学校体育领域

1.摘要

体教融合背景下,学校体育竞赛体系具有鲜明的时代价值:可以深化学校体育改革,促进学生健康成长;夯实竞技体育基础,培养竞技体育人才;培育体育竞赛市场,带动体育产业发展。当前我国学校体育竞赛体系目标定位不清晰,学校体育竞赛资源不足,竞赛管理机制相对落后,学生赛事系统尚不完善。本案例以叙事为研究方法,通过广州市七星小学跳绳队在课余体育训练与竞赛上创造的"七星奇迹",探索其在队伍组织、课余训练、竞赛参与、育人实践等方面的经验,为开展学校课余体育训练和竞赛提供借鉴,更好地推动体教融合。本案例适用于课余体育训练与竞赛的实施、训练方法的改革等相关问题的教学。

2.关键词

跳绳队 "七星奇迹" 课余体育训练与竞赛 体教融合

3.教学目标

运动训练学课程方面:A.了解运动训练的基本原则。B.掌握制定运动训练计划的主要依据。C.掌握运动训练计划的基本内容。D.掌握运动员科学选材的步骤。E.明确教练员执教的相关能力。

学校体育学课程方面:A.了解学校课余体育竞赛的组织形式。B.掌握学校课余体育训练的具体实施。C.了解学校课余体育训练与竞赛中的育人实践。D.了解国外课余体育训练与竞赛的经验。

(二)案例引言

2020年8月,教育部联合国家体育总局共同颁发《关于深化体教融合 促进青少年健康发展的意见》指出:"加强学校体育工作,开展丰富多彩的课余训练、竞赛活动,扩大校内、校际体育比赛覆盖面和参与度,组织冬夏令营等选拔性竞赛活动。……完善青少年体育赛事体系,建立分学段(小学、初中、高中、大学)、跨区域(县、市、省、国家)的四级青少年体育赛事体系。"[1]这为我国学校体育深层发展指明了方向,也为开展学校课余体育训练和竞赛奠定了基础。

受社会广泛关注的广州市七星小学跳绳队事件,是学校开展课余体育训练和竞赛并取得优异竞赛成绩的典型案例,很多成功经验值得借鉴和参考。结合案例学习,帮助硕士研究生掌握课余体育训练和竞赛的相关知识,培养应对困难的能力,为今后投身学校体育事业、开展课余体育训练和竞赛提供良好示范。

(三)案例正文

1.案例介绍

2010年夏天,赖宣治从武汉体育学院毕业,来到了广东省广州市花都区七星小学当了一名体育教师。七星小学是一所乡村学校,各种基础设施极为简陋,体育器材、设备严重缺乏,学生多为当地村民和外来务工人员的孩子。赖宣治曾尝试在学校组建篮球队、足球队等课余体育训练队,但都因体育经费短缺、家长不理解等各种原因而不了了之。2012年,广州市教育局在全市中小学推广跳绳项目,赖宣治发现跳绳运动简单安全、场地要求低,很适合在七星小学开展,便组建了校跳绳队。他努力钻研教学,革新训练方法,改良训练器材,同时克服了外界的种种质疑。从2014年开始带领学生参加各类跳绳比赛,在世界级跳绳比赛中多次获得冠军,先后培养了20多名世界级跳绳冠军,曾多次刷新世界纪录,缔造了"世界跳绳梦之队"的"七星奇迹"[2]。

---

[1] 中华人民共和国教育部.体育总局 教育部关于印发深化体教融合 促进青少年健康发展意见的通知 [EB/OL].(2020-08-31) [2022-01-06].http://www.moe.gov.cn/jyb_xxgk/moe_1777/moe_1779/202009/t20200922_489794.html.

[2] 搜狐网."跳"进世界!一根绳子改变了这些乡村少年的命运 [EB/OL].(2019-07-22) [2021-01-06]. https://www.sohu.com/a/328422713_255783.

图 5-2-2　赖宣治带领学生参加全国跳绳比赛

一名普通的小学体育教师带出一个世界冠军队，赖宣治的事迹也引起了社会广泛关注，入选了"感动中国 2019 年度十大人物"①，连续三年被国家体育总局授予"优秀国家教练员"称号，并获得"全国群众体育先进个人""全国优秀教师"等荣誉称号。

2. "七星奇迹"的成功经验

七星小学跳绳队在队伍组织、运动训练、竞赛参与、育人模式等方面的成功经验，可为中小学课余体育训练和竞赛活动的开展提供范本。

（1）队伍组织

组建运动队是开展学校课余体育训练的基本保障。队伍的组建包括项目选择、队员选拔、队伍管理等具体内容。七星小学跳绳队的组建过程展示了在特定条件下如何组建、管理、维持并发展课余训练队伍的范例。

①训练项目的确定

确定训练项目需要考虑的主要因素包括：该项目在学校的群众基础、学校的师资力量、学校的体育场地设备和生源状况。同时，教育部门会联合体育部门根据当地体育发展现状和国家在体育领域的政策导向来制定推广某些项目。通过案例背景了解到，七星小学组建课余体育训练队，前后尝试了多个体育项目，跳绳并非首选。了解得知，赖宣治刚开始计划在学校开展田径、篮球、足球、排球等项目，但是后来他发现，在这个条件比较落后的农村学校开展这些项目简直是异想天开：每年教育部门给学校下发的综合费用，根本没有多余的经费用来开展这些课外体育活动。两个学期过去了，只有跳绳这一运动项目得以发展维持下来，

---

① 学习啦. 感动中国 2019 年度十大人物赖宣治人物事迹介绍 [EB/OL].（2019-11-17）[2022-01-05]. https://www.xuexila.com/zixun/redian/c206151.html.

很大程度上也是由广州市教育局推广跳绳项目、项目与学校条件契合两方面的原因所造成。由此可见，一个课余训练队的项目确定需要有合适的发展契机和适宜的发展土壤。结合到七星小学，影响其项目选择的最大困难在于场地设备，而跳绳这一项目刚好对场地和设备要求不高，由此，七星小学开展跳绳是可行的。

②运动员选材

科学的运动员选材是竞技体育发展成功的关键。学校课余体育训练的一个重要的目的是为国家培养优秀体育后备人才，因此，在选材上一般都需要根据项目特点选拔身体素质更加适合的运动员。七星小学在最初组建跳绳队时，赖宣治在全校范围内选拔了五十多名学生成为队员。一段时间后，由于各种原因，队伍很快减少到只有二十几名，困难时甚至只剩五六名。后来在教练员的努力说服下，队伍人数才慢慢恢复，随着活动的逐步成功，主动报名参加训练队的学生日益增多，此时赖宣治依然需要在这些报名者中进行专项选材，选择身体素质较好和具有运动天赋的学生入队。由此可见，不管备选学生有多少，选择适合的运动员是学校课余体育训练队组建的必要条件，是课余体育训练取得优异成绩的关键。

③管理制度化

运动队的规范管理必须有相应的规章制度，主要内容包括训练制度、比赛制度、奖惩制度、教练员责任制度、学习检查制度等。这些规章制度关系到训练的时间安排、成绩的奖惩、训练和学习的兼顾以及教练员的责任等具体问题。七星小学跳绳队在具体的管理上，曾经出现一个令人头疼的困难。那就是：经过一年的训练，跳绳队的成绩依然很普通，没有较大的突破。赖宣治面对的挫折和考验连续不断。此外，诸多家长担心跳绳训练影响孩子的文化课成绩，多次要求自家孩子退出跳绳队。第一批跳绳队最初有50人，后来留队的只有不到5个人，队伍再次面临解散危机。此后，在赖宣治的不断劝说下，一些队员才继续坚持训练，说明学校课余体育训练与队员的学习成绩存在一定的矛盾，如果课余训练队在组建时，学校能够对学生训练、学习和生活相关问题制定周全的管理制度，才能保证课余体育训练的顺利开展。① 当时的七星小学尚未建立课余体育训练的管理制度，后来不断补充完善。

（2）运动训练

运动训练是学校课余体育训练的主体内容，包括训练计划的制定、训练内容的安排以及训练方法的运用。在具体实践中，还需要结合学校和学生实际情况，

---

① 南方号. 央视新闻频道《面对面》：赖宣治——跳绳改变命运 [EB/OL].（2019-07-13）[2022-01-05]. http://static.nfapp.southcn.com/content/201907/31/c2476775.html?group_id=1.

因地制宜进行调整与改良。

①制定训练计划

学校课余体育训练计划包括年度训练计划、阶段训练计划和周训练计划等。七星小学跳绳队的训练主要是在教练员赖宣治的严格要求下执行，每天早上从6点半训练到8点，下午从4点半训练到5点。不分四季，无论寒暑。一年365天，除了周末和假期，赖宣治和他的队员们几乎都在操场上训练。正是在他的坚持带领下，学生们在不耽误文化课的前提下，很好地完成了训练任务，最终取得了不俗的成绩。可以看出，训练计划的执行需要有一个成文或不成文的契约式约束，同时，教练员的严格执行也必不可少。

②探索训练方法

赖宣治在长期训练过程中探索了一套自己的跳绳训练方法。①

A. 先易后难。在日常训练中，赖宣治总结出，让大家自然接受所学内容十分重要。学游泳一般从较难的憋气开始，但跳绳则应先从脚步动作开始，这样学习起来比较简单，更容易让学生建立信心。

B. 触类旁通。赖宣治将其他体育项目的练习方法运用到跳绳教学当中——握绳和拿羽毛球拍很像，武术、舞蹈则和花式跳绳有几分相似。通过这种触类旁通的引导，学生很容易体会到技术动作的特点。他还将舞蹈、体操、武术等项目的独特元素融入跳绳训练中，让孩子们在练习跳绳的同时，还可以掌握其他运动技能，既培养了学生的运动兴趣，又强化了学生的运动技能。

C. 方法革新。方法的革新是七星小学取得成功的关键，得益于教练员赖宣治的不懈努力。赖宣治曾反复研究国内外大型跳绳比赛视频，仔细揣摩研究，终于探索出独门密功——"弓腰半蹲式跳法"。该跳法的特点在于弓着腰可以缩短绳子的长度，绳子越短，其运动的半径就越短，摇绳速度就会越快，摩擦力更小。从物理学的角度来说，摇绳速度越快，跳得就越快。

---

① 央广网."冠军教练"赖宣治：找到了"跳"进世界的办法 [EB/OL]. （2019-09-04）[2022-01-05]. https://baijiahao.baidu.com/s?id=1643733807438865087&wfr=spider&for=pc.

图 5-2-3 学生用"弓腰半蹲式跳法"训练

③改良训练器材

A. 绳子的改良。训练器材的改良也是赖宣治取得成功的关键。他尝试寻找可以让跳绳速度更快的绳子，废弃的电线、塑料绳等都试用过，但不尽如人意。一次偶然，赖宣治的摩托车坏了，在修车店修车时拆下的刹车线引起了他的注意，"摩托车的刹车线软硬和粗细程度适中，是做跳绳的最佳材料"。事实证明，用刹车线制作的跳绳果然比其他材料制作的跳绳摇得快，单摇以前30秒只能摇70多下，而用了特制的跳绳30秒能摇到100多下。可以看出，根据项目特征探索器材对提高成绩十分重要。

B. 手柄的制作。由于经费有限，在很长时间里，七星小学跳绳队的跳绳都是自己就地取材制作的。学校附近有一片竹林，赖宣治就用竹子制作跳绳的手柄，在削好的竹子上穿上绳子，就是一根方便训练的跳绳。这给经费短缺的学校提供了一种借鉴：可以尝试就地取材，制作简便实用的体育器材。①

（3）竞赛参与

课余体育竞赛是利用课余时间组织学生参加的各类体育竞赛活动，课余体育竞赛可分为校内竞赛和校外竞赛两种形式。七星小学参与的竞赛主要是校外比赛，且比赛规模和级别逐步提升：2014年广州市花都区跳绳比赛，2014年全国跳绳比赛安徽分站赛，2015年大连全国跳绳联赛总决赛，2015年马来西亚跳绳世锦赛，2015年阿联酋迪拜世界学生跳绳锦标赛，2016年瑞典世界跳绳锦标赛，2019年挪威跳绳世界杯。《关于深化体教融合 促进青少年健康发展的意见》指出："大中

---

① 搜狐网. 乡村小学体育老师赖宣治：跳绳很小世界很大 [EB/OL].（2019-08-07）[2022-01-05].https://www.sohu.com/a/332176318_503597.

小学校要在广泛开展校内竞赛活动基础上建设学校代表队,参加区域内乃至全国联赛。"组建学校体育代表队,参与课余体育竞赛,是推动学校体育发展的重要手段。七星小学通过参加各种高水平、高级别的比赛,不仅展示了自己的训练成果,提升自信,还为国家争得了荣誉,为培养竞技体育后备人才做出了贡献。

(4)育人实践

①以身示范,爱岗爱生

赖宣治是一个身体条件不适合跳绳且不会跳绳的教师,他通过自己的不懈努力,不仅自己学会了跳绳,而且还探索出训练学生跳绳的方法。他基于一种坚持不懈的精神,在跳绳队多次濒临解散的情况下,努力将其维持下来。他基于自己曾经的类似经历,以关爱之心帮助学生,通过体育让那些孤独自卑的留守儿童树立自信。他用责任心带动学生按时训练,养成坚持不懈的品格。赖宣治用自己的实际行动给学生树立了榜样,让学生受到人格、意志、信心等方面的锤炼。

②教育为体,竞赛为用

赖宣治多次欣慰地提到那些因竞赛成功而获得信心和希望的学生们,他认为这才是他坚持这项事业的最大意义,也是体育教育的意义。他曾明确表达过自己对跳绳队的价值定位——竞赛不是最终目的,育人才是根本目标。2014年之前,赖宣治的想法是通过训练,让孩子们在比赛中夺魁。但从2014年以后,赖宣治改变了最初的观点,他认为体育运动不只是锻炼身体、一举夺魁,还可以改变孩子的性格和命运。因此,学校课余体育训练和竞赛对学生的教育作用才是最重要的,这对教练员有了更加特殊的要求——要同时兼顾教师和教练员的双重身份和责任。无疑,赖宣治给我们提供了良好的借鉴和示范。

3.课余体育训练与竞赛的优化路径

(1)转变观念

由于中国教育环境长期以来形成的重文化、轻体育的氛围,一般性的学校教育都以文化课程的教学为主,学校的体育类课程设置和相关活动较少,家长和学生对于体育活动也不太重视,甚至很多学生将体育活动时间用来进行文化学习。赖宣治组队期间,也曾多次面临家长担心训练会影响学生文化课而让学生退队的窘境。对文化学习与体育锻炼之关系的认知偏差是当前学校体育开展过程中面临的最大羁绊。要从根本上改变这种观念,需要对家长、学生进行价值观的正确引导;在课余体育训练的组织管理上设定相应的制度保障,合理安排学生学习的时间,打消家长的顾虑,帮助学生掌握运动技能,增强身体素质,从制度上保证学校体育活动保质保量地开展。

（2）选择适宜的项目

目前很多学校开展课余体育训练，通常以教师选定并组织学生统一参加某个或某些项目的形式展开，很少在了解学生运动兴趣和爱好的基础上让学生自主选择训练项目。由于每个人的身体素质和技能表现存在差异，学校组织的项目不一定适合所有学生。这种情况日本的课余体育训练模式可以提供一种方法性的参考：采用必修俱乐部和自由俱乐部两种形式，其中自由俱乐部是让学生基于兴趣自由参加喜欢的活动。当然这种自由选择的模式，目前在我国大部分中小学校园内实施还存在很多困难。但是这给我们提供了一个思路，不一定要针对某个项目组织一个实体的课余体育训练队、俱乐部或体育课程，可以引导学生寻找一个自己喜欢的体育项目并参与其中，还可以延伸至学校之外和整个人生，实现快乐体育和终身体育。从某种意义上讲，学校体育有责任帮助学生探索他的运动兴趣，并引导他们养成终身体育的习惯。

（四）教学指导手册

1.适用范围

A.适用对象：体育硕士专业学位研究生。

B.适用课程：运动训练学、学校体育学等运动训练领域相关课程。

2.教学目的

本案例的教学目的是帮助硕士研究生掌握运动训练学和学校体育学的相关知识原理，运动训练学的具体教学目标：了解运动训练的基本原则，了解制定运动训练计划的主要依据和基本内容，掌握运动员科学选材的依据以及教练员的执教能力。学校体育学的具体教学目标：了解学校课余体育竞赛的组织形式，课余体育训练的原则，掌握学校课余体育训练的具体实施，了解学校课余体育训练与竞赛中的育人实践，了解国外课余体育训练与竞赛的经验。结合案例，对当前我国课余体育训练和竞赛活动的现状进行反思。

3.教学内容

A.了解当前关于学校体育发展的最新政策导向，学习2020年9月国家体育总局与教育部联合印发的《关于深化体教融合 促进青少年健康发展的意见》相关内容，领会国家大力提倡开展课余体育训练和竞赛活动的深层目的及其意义。

B.在熟悉案例背景的基础上，结合课余体育训练和竞赛的相关学科理论，阐释课余体育训练和竞赛的队伍组织、运动训练、竞赛参与等方面的具体知识。

C. 通过审视七星小学跳绳队在发展过程中面临的困难，对当前和今后体育教师开展课余体育训练和竞赛需要应对的普遍问题进行反思。

D. 讨论运动训练计划的基本内容，如何对运动员进行选材。

4. 要点提示

（1）运动训练的基本原则

A. 竞技需要与定向发展原则。

B. 系统训练与周期安排原则。

C. 集群组训与区别对待原则。

D. 适宜负荷与适时恢复原则。

E. 导向激励与有效控制原则。

（2）制定运动训练计划的主要依据

A. 运动训练的客观规律。

B. 运动员的起始状态。

C. 运动训练目标。

D. 运动训练活动的客观条件。

（3）运动训练计划的基本内容

不同阶段、不同类型的训练计划各有特定的目标与要求，在计划内容上也各有侧重。但是，运动训练过程的基本结构是相同的，对不同训练过程的组织设计也有基本的共同点。训练计划的基本内容主要包括以下几点：

A. 对运动员起始状态的诊断。

B. 确定训练的任务及指标。

C. 划分训练阶段并确定阶段训练任务。

D. 确定实现目标的基本对策。

E. 安排比赛序列。

F. 规划训练负荷的动态变化趋势。

G. 选择训练方法和手段。

H. 确定训练手段的负荷要求。

I. 制定训练恢复措施。

J. 规划检查评定训练效果的时间和准确度。

（4）运动员科学选材的步骤

第一，需要把握选材的时机；第二，需要对运动员的家族进行调查；第三，需要对运动员的体质进行检查；第四，需要对运动员的发育程度和所属类型进行鉴别，以及对选出的运动员进行测试；第五，需要对其进行综合评价和分析。

（5）明确教练员执教的相关能力

作为一名优秀的教练员，必须具有战略思维能力、练赛指导能力、赛场应变能力、环境塑造能力、社会交往能力和学习总结能力等方面的能力。具备这些能力可以更好地帮助训练队取得优异成绩。

（6）课余体育训练的原则

课余体育训练的原则是以课余体育训练规律为依据对课余体育训练提出的基本要求，主要有：一般训练与专项训练相结合原则、周期性原则、适宜运动负荷原则和区别对待原则等。它们是课余体育训练必须遵循的准则，对课余体育训练过程具有重要指导意义。

（7）学校课余体育训练的具体实施

学校课余体育训练的实施过程：首先，需要组建学校运动队；其次，应该制定周密的训练计划，安排合适的训练内容；最后，运用恰当的训练方法。

（8）学校课余体育竞赛的组织形式

课余体育竞赛根据竞赛进行的空间可分为校内竞赛和校外竞赛。校内竞赛根据比赛项目的多少又可分为综合性竞赛和单项竞赛。综合性竞赛最常见的即学校运动会，而单项竞赛根据其项目特点还可以分为单项运动竞赛、单项娱乐性竞赛和季节性单项竞赛。校外竞赛最常见的即校际交流竞赛。常见的学校课余体育竞赛的组织形式有学校运动会、单项运动竞赛、单项娱乐性（趣味性、健身性）竞赛、季节性单项竞赛、体育节或称体育周、体育文化节（健身周、健身节、健身文化节）、校际交流竞赛。

表 5-2-5　本案例涉及的关键知识点和关键能力点

	内容
关键知识点	运动训练的基本原则，运动训练计划及制定依据，运动员科学选材，教练员执教的相关能力，学校课余体育训练的原则、具体实施，学校课余体育竞赛的组织形式
关键能力点	沟通能力，表达能力，研读资料能力，专业实践能力，解决问题能力

（五）预期效果

通过本案例的学习，硕士研究生能够认识到当前我国学校开展课余体育训练和竞赛活动的必要性与紧迫性，对今后相关活动的开展有一个宏观的认识和把握。

在运动训练学课程方面，硕士研究生能够了解运动训练的基本原则；能够掌握制定运动训练计划的主要依据和基本内容；掌握运动员科学选材的步骤；明确教练员执教的相关能力。在学校体育学课程方面，硕士研究生能够了解课余体育训练的原则；掌握课余体育训练的实施，包括队伍组织、训练计划的制定、训练内容的安排、训练方法的运用等；了解课余体育竞赛的形式；掌握课余体育竞赛的管理；了解国外课余体育训练和竞赛的经验等。在掌握基础知识和原理的同时，在案例中还可以直观学习到应对各种困难的方法和途径，通过赖宣治老师坚持不懈、爱岗爱生的精神感染，帮助硕士研究生树立积极投身学校体育事业的价值信念，并在教学实践中不断探索，突破现状，勇往直前。

（六）教学计划

1. 时间安排

整个案例课分为两个阶段，时间 130 分钟（3 个课时，课间休息 10 分钟）。

第一阶段（60 分钟）：A. 学习 2020 年 8 月教育部和国家体育总局联合印发的《关于深化体教融合，促进青少年健康发展的意见》，引出课余体育训练和竞赛相关政策导向。（5 分钟）；B. 阅读案例（5 分钟）；C. 让硕士研究生分组讨论实施课余体育训练和竞赛活动需要涉及的工作内容，启发思路（15 分钟）；D. 各小组讨论（20 分钟）；E. 报告讨论结果，分享观点（15 分钟）。

第二阶段（60 分钟）：A. 分组讨论，让硕士研究生结合教材中的相关理论对案例中涉及的知识点进行梳理和总结（20 分钟）；B. 各小组发言，报告讨论结果，分享观点（20 分钟）；C. 最后的总结归纳（20 分钟）。

2. 环节安排

布置预习，对课程运动训练学和学校体育学相关知识原理的梳理与掌握——>小组讨论"七星奇迹是如何创造出来的"——>总结经验和收获——>小组汇报具体结果，共同讨论经验和收获——>选出代表讲述讨论结果——>教师点评。

3. 条件要求

A. 人数要求：40 人以下的班级教学。

B. 教学方法：参与式教学、小组合作等方式，以师生讨论为主，讲授为辅。

C. 工具选择：多媒体、案例打印资料。

D. 组织引导：教师任务布置清晰，预习要求明确；提供给硕士研究生必要的参考资料、案例；给予硕士研究生相关的技能训练，便于课堂实践的有序进行；

对硕士研究生的讨论给予必要的指导和建议。

（七）思考题

A. 如何科学制定训练计划？

B. 谈谈运动训练方法创新的途径。

C. 如何对运动员进行心理训练？

D. 谈谈如何在课外体育活动中组织跳绳训练。

E. 高水平运动队的训练管理内容。

三、案例："徐晓冬约架事件"引发的中国武术实战技击思考

（一）案例归类：案例适用于运动训练领域

1. 摘要

武术是由战场搏杀术演变而来的，是一种用来强身健体的体育运动项目。当今社会，武术屡屡受到现代搏击等对抗性项目的挑衅，武术是否还具有实战技击性、能否对抗现代搏击等项目的质疑时常出现。本案例以叙事为研究方法，通过对"徐晓冬约架事件"的探讨，从运动训练学项群训练理论、运动训练方法手段的视角，分析武术技法是否具有实战技击性、影响武术实战技击的原因，帮助体育硕士专业学位研究生学习运动训练领域的相关知识原理。

2. 关键词

中国武术　现代搏击　实战　项群训练

3. 教学目标

A. 理解项群运动训练理论。

B. 理解各项群训练方法和手段。

C. 掌握技能主导类、表现难美类项群的训练特征。

D. 学会项群训练理论的应用。

E. 了解项群训练理论的科学意义。

（二）案例引言

1. 武术的起源

武术诞生于中国。中国武术最早起源于原始社会。原始人生活条件艰苦，自

然环境恶劣，猛兽频出，饥不果腹，为了生存和发展，不得不经常与各种野兽打斗。在打斗过程中使出的拳打脚踢、翻滚及各种推劈等攻防技巧，并配合使用石头和木头制作的武器，所产生的防护技巧或搏杀技能等就是武术的萌芽形式。

武术作为中国传统文化，源自古代战争的搏杀术，经过几千年的传承与演变，不仅可以防御侵略者的进攻，还可强身健体、修身养性，为人类文明的进步和发展增光增彩。

2.武术的发展历程

A. 在原始社会末期，各部落之间经常为争抢领地发生战争，在交战时族人们使用石头、棍棒等器械提高自身的攻击性，大大促进了武术的发展。

B. 到了阶级社会，随着商朝青铜器的兴起，逐步产生了刀、剑、矛、斧等兵器。在战斗中使用兵器可以有效提高自身的攻击性和防守性。接之而来的比武分高下的赛事活动，使武术进入了一个崭新的发展时期。

C. 春秋战国时期，各国不断争抢领土，战火连连，此时武术的重要性进一步显现出来。人们开始不断练习各种攻防技术和团体战术，不断打造各种精良实用的器械，此时民间的武术比赛逐渐普及。

D. 到了秦、汉、三国时期，随着政治、经济、文化的快速发展，武术除了军事战争和武术决斗两种功能以外，还衍生出了武术表演这一新的发展方向。

E. 魏晋南北朝时期，武术与休闲养生元素紧密结合，由于当时人们痴迷于炼制丹药，严重阻碍了武术的正常发展。

F. 到了唐朝，通过设立科举制，选拔出武功高强的人才。这类选拔推动了武术的进一步发展。

G. 宋元时期，练武、习武等活动逐渐在民间兴起，出现了习武卖艺维持生活的现象，进一步增强了武术的表演性。

H. 明清时期，武术在原来的基础上进一步发展，开始出现武术门派，各门派更是人才辈出，例如，津门第一的黄飞鸿、以半步拳打遍天下的郭云深，以及八卦掌创始人董海川等。

I. 到了现代，中国武术的实战对抗性逐渐消失，被广泛用于修身养性、强身健体。2020年1月，武术成为第四届青年奥林匹克运动会的正式比赛项目。

随着世界的和平演进，战争逐渐淡化，武术也退出战场走入民间，成为一种锻炼身体的运动方式，且获得了极大的发展空间。目前，武术已经由单一的搏杀术、技击术，演变成为防身自卫、养生健体、磨炼意志品质等具有多种功能的体育项目。当今中国武术是否具有实战技击能力，能否与现代搏击进行实战对抗，如何训练才能将武术套路演练技法还原成能实战应用的搏杀术,这些问题越来越为大众所关注,也成了学者们感兴趣的研究热点。

本案例是典型的对中国武术实战技击性的质疑。具有几千年历史的中华武术是否具有技击性?中华武术是否可以进行实战搏击?中华武术能否与现代搏击进行实战对抗?这些问题值得我们深思。本案例通过讨论与分析"徐晓冬约架事件",帮助体育硕士专业学位运动训练方向的研究生掌握项群理论知识,为从事运动训练工作提供参考经验。

(三)案例正文

1.案例介绍

2017年4月的一天,号称国内综合格斗高手的徐晓冬和国内太极高手魏雷在成都某家格斗馆相约打擂,比赛开始不到20秒,太极高手魏雷就被格斗高手徐晓冬打倒。这段自由搏击在20秒内打倒"太极高手"的短视频迅速在互联网上转发传播,短短一天时间,视频的点击量就达到了1亿多次,并引发了各种争议。[①]

图 5-2-4　徐晓冬对战魏雷

曾经在中央电视台展示过"雀不飞"的太极高手魏雷在事后表明,自己被打倒是由于鞋子没穿好造成的,并称自己当时没使出全部功力,目的是在保留徐晓冬的脸面。与此同时,徐晓冬在《冬哥辣评》直播间表明,自己要拆穿中国传统武术存在的假象,并称太极高手魏雷等人都是骗子,所谓的民间传统武术都是假的。这段"打假"视频再次在网络中迅速传播,引起网友又一轮广泛热评。

2017年6月的一天,综合格斗高手徐晓冬又和太极拳后人马保国在上海某

---

① 喻振兴:《基于"后真相"理论对武术认知的反思——以"徐、雷约架"为例》,武汉体育学院2019年硕士学位论文。

格斗馆相约打擂。这是一场高级规格的比赛，但在比赛前一刻赛事却被取消，其原因是马保国一方报警，警方因赛事备案不全面、没有达到合格标准为由禁止比赛。这场无数人都在期待的赛事，最终没能如期举行。网络上迅速出现"太极骗子""武林败类""马保国抹黑"等充满斥责的评论，有网友还将比赛这天视为"武林的羞耻日"。

武术到底是不是花拳绣腿？武术到底能不能进行实战技击？有着几千年历史的中国武术能否与现代搏击进行对抗？诸如此类问题，成为网友们争论的焦点。

2.社会媒体广泛关注

徐晓冬跟太极高手"约架事件"引发了社会的广泛关注，电视体育频道、爱奇艺视频、凤凰体育、网易视频、腾讯视频、乐视视频等热门网络媒体纷纷对此事件进行了报道，短短几天内就在各大网络新闻头条迅速传播。① 随着网络的传播，"徐雷约架"事件也被人民日报、中国青年报、环球时报、南方都市报和参考消息等多家国内权威报纸媒体关注。《参考消息》于2017年5月5日刊登了英国BBC电视台对徐晓冬采访的具体内容：《BBC采访徐晓冬：我不是打击传统武术而是在"打假"》；《环球时报》也在当日发表评论文章《"约架"输赢不代表拳种的优劣》②。

随后，该事件的争论越来越激烈，部分权威电视媒体对此事件进行了报道和回应。2017年5月8日，中央电视台对此事件发表了看法，在《东方时空》节目花了整整20分钟对"约架事件"进行报道。

3.官方管理机构及时回应

当"约架事件"走向舆论的高潮时，中国武术协会于2017年5月在官方网站上发布了《中国武术协会关于坚决反对约架等违法违规行为的通知》，并且在当天将曾于久教授撰写的约架评述文章——《为武术正名》转载到官网上③。2017年10月25日，国家体育总局武术运动管理中心发布的《关于进一步加强武术赛事活动监督管理的意见》被国家体育总局官网转发，其目的是进一步整治武术界的各种混乱现象，对各种武术赛事活动进行统一规范，防止与"约架"类似的事

---

① 曹佳君：《基于"5W"模式的武术网络舆论传播研究——以徐晓冬约架事件为例》，河南师范大学2019年硕士学位论文。

② 千龙网·中国首都网."约架"输赢不代表拳种的优劣[EB/OL].（2017-05-03）[2022-01-06].http://beijing.qianlong.com/2017/0503/1654993.shtml

③ 曾于久：《为武术正名》，《武当》2017年第7期，第58—59页。

件发生，产生不良的影响。

中国武术协会表示要坚决抵制各种"约架"行为，表示这种"约架"行为，违反了武术的道德底线，涉嫌违法犯罪，对此必须坚决抵制。没有对中国武术能否进行实战技击做出说明，只是表示"武术属于中华民族的传统文化，是一种民族传统体育项目，在锻炼身体、修身养性、自卫防身方面具有重要价值，其中包括武术套路、推手、散打等多种运动形式"。

2017年8月，国家体育总局发布了《关于进一步加强武术赛事活动监督管理的意见》，意见中明确指出："武术作为中华传统文化和传统体育项目的重要组成部分，对推动全面建成小康社会、促进全民身体健康具有重要价值，此外，还对进一步打造体育强国具有至关重要的作用。"同时，国家体育总局发布的文件中明确规定："习武人员、武术从业人员以及其他武者必须树立正确的武术观念，必须严格遵守以下条例：第一，不得自创门派、恶意攻击、私下约架、歧视他人、相互诋毁；第二，不得自封'掌门''大师'、'嫡传''正宗'等称号，给群众带来误导；第三，不得借用'贺寿庆典''拜师收徒'等名义敛取钱财，以及做出各种违背公共秩序、破坏风俗的行为；第四，不得违背武术精神，利用虚假宣传、虚假广告和恶意炒作等手段发表不当言论，散布谣言、骗取钱财；第五，不得贩卖、伪造'假运动员等级证''假教练员证''假裁判员证'以及'假段位证'等各种相关资格证书；第六，不得通过举办武术活动、赛事等进行非法集资、聚众赌博以及诈骗等一系列违法行为；第七，不得通过武术活动场所或指使纵容他人从事宣传封建迷信和邪教等非法活动；第八，不得通过武术进行其他违法、违规行为。"[1]

2020年12月份上映的纪录片《藏着的武林》就中国传统武术的实战技击做了明确的回应。[2] 纪录片中清晰地指出："武术从战场搏杀进入民间后，虽然形式和功能发生了变化，中国武术的实战对抗能力在时代演变过程中的退化已经成为一种必然，但以技击为本质与核心的原则从未改变，习武人员对武术技击的追求始终孜孜不倦，持之以恒。"

---

[1] 中华人民共和国中央人民政府.体育总局关于印发《关于进一步加强武术赛事活动监督管理的意见》的通知[EB/OL].（2018-08-24）[2022-01-06].http://www.gov.cn/gongbao/content/2018/content_5271803.htm.
[2] 中国新闻网.专家研讨纪录片《藏着的武林》：呈现客观真实的武林[EB/OL].（2021-06-01）[2022-01-06]. https://baijiahao.baidu.com/s?id=1701358468702541600&wfr=spider&for=pc.

4.中国武术的实战技击再度成为焦点

2018年3月,号称"咏春拳高手"的丁浩再次被格斗高手徐晓冬"约架",此次打擂了结了双方的私人恩怨。对抗过程中,在丁浩第六次被击倒后,裁判不得不终止比赛。令人难以想象的是本次比赛的结果竟然是平局。

2018年8月,徐晓冬在郑州市某一搏击俱乐部总部,录制了《冬哥辣评 暗黑实验》节目,其主要内容是:徐晓冬与韩豪杰、赵春阳、周一、闫帅旗四人分别进行一回合的实战对抗,其中闫帅旗排在第四位。在实战对抗中,徐晓冬受到连续的膝盖攻击,随后徐晓冬的眉骨被闫帅旗击裂。比赛结束后,徐晓冬立刻前往医院接受治疗,由于伤势过重,最终被缝了26针。

2019年1月12日,现代自由搏击高手徐晓冬与"里合腿高手"田野"约架"。比赛期间,田野一开始就对徐晓冬发起了猛烈的攻击,但徐晓冬只是躲避,却没有还击,几分钟过后,徐晓东开始进攻,猛烈的组合拳将田野打得毫无还手之力,最后徐晓冬使出横肘攻击将田野的鼻梁打伤,裁判因此中止了比赛,对田野的伤口进行了包扎处理。在下一回合的比赛中,徐晓冬再次发出猛烈的进攻,最终打败了田野。此次"约架"的视频再次将传统武术与现代自由搏击推向了舆论的高潮。

图 5-2-5　徐晓冬对战丁浩

5.武术界内的观点

广大群众关注的中国武术是指非专业的民族民间传统武术,指的是各种拳理明晰、源流有序、自成体系、风格独特的拳种。周伟良教授表示,武术是为进一步提高技战能力而进行的一种体育活动，武术的技击性和健身性密切相连；此外，部分民间习武者也都认同"技击就是中华武术魂魄"的说法，"武术与体育不同，不属于自由体操，更不属于民间杂耍和唱戏"，而是"一种技术，更是一种科学，是阻止暴力的最佳手段"。

传统武术要想提高实战对抗能力，就必须严格贯彻"实践出真理"的理念，在日常训练过程中，要将练体与练用相结合，综合运用"以赛带练""以赛代练""以打练打"等方法进行训练。

6.从运动训练学角度分析中国武术实战技击

2020年12月底，国际安全防卫学院院长在CCTV上映的《藏着的武林》中就中国武术的实战技击能力是这样说的："我们的业务类别主要有军警的安全与反恐训练、各国政要来访中国的随身安全保护工作、培训海外的各使领馆中资机构的安保人员。我们是一个真正做到中国传统武术实战应用的单位，这些在教授的技战术中能清晰地体现出来。要想达到实战应用，必须达到实事求是的要求，有任何规则的状态下进行疯狂的砍杀、刺杀或者打击训练。这些我们所展示的都是来自传统武术的相关技法。教授的目标绝大多数是军警人员，刹那间有可能生死相隔的问题，所以我们教授的武艺还是以搏杀为主，每天训练时间6至10个小时，从饮食结构到训练内容，到其他的后勤保障，完全是规范合理、科学的统一模式，传统武术任何一个门派不可能做到每天训练6到10个小时，而且每天都有实战对抗，这样的结果是会完全不同的。所以，并不是我们传统武术，包括我们传统技术不行，而是我们运用的训练方式不同，因此它表现出来的结果就不同。"

上海体育学院副教授刘文武表示：传统武术的发展必须在实际行动中严格贯彻"实践出真理"的理念，在日常训练过程中必须将练体与练用相结合，综合运用"以打练打""以赛带练""以打代练"等方法进行训练，力争实现操作手段和训练目标相一致。让日常的训练内容可以直接运用到实际比赛中，将练习者对打的轨迹、虚实、力度等制胜要素进行全面优化。要想取得最后的胜利，必须要进行针对性训练，对"以打代练""以赛带练"给予足够的重视，并放在至关重要的位置上，在第一时间对练体过程中存在的错误和偏差进行纠正和调整，实现"打中求理"，为武术实战对抗能力的提高提供科学、全面的服务。

（四）教学指导手册

1.适用范围

A.适用对象：体育硕士专业学位研究生。

B.适用课程：运动训练学等运动训练领域相关课程。

2.教学目的

本案例的教学目的是帮助硕士研究生学会运动训练学相关的知识原理，主要内容包括理解竞技运动项目的分类，理解项群运动训练理论；学会项群训练理论的应用，掌握各项群训练的基本特征及训练方法和手段，掌握项群训练理论的科学意义等方面的知识。

3.教学内容

A.由于武术来自中国古代军用的搏杀术，在时代变化过程中，武术的形式和功能也发生了变化。中国武术属于一种体育项目，具有武术套路、散打、推手等多种形式，在项群训练理论中，武术属于技能主导类表现难美性项群，散打属于技能主导类格斗对抗性项群，两种武术形式所属的项群类型不同，发展道路也截然不同。因此，在案例分析过程中，让硕士研究生讨论竞技运动的分类，尝试交流什么是项群运动训练，讨论项群群体体系的构成。

B.技能主导类表现难美性项群与技能主导类格斗对抗性项群在训练方法、训练手段以及训练侧重点方面各不相同。武术套路的训练方法和训练手段侧重于动作的稳定性、动作的难易程度以及动作的完成情况等方面，如武术套路强调其实战技击能力，则在训练时就需要采用技能主导类格斗对抗性项群的训练方法和训练手段，进行专业、规范的训练，从而提升武术套路的实战对抗能力。因此，通过分析案例，让硕士研究生讨论如何运用项群训练理论，理解项群训练理论的科学意义。

C.案例中有几位武术大师均被格斗高手徐晓冬打败，其原因与训练方法、训练手段以及训练原则有一定关系。因此，在案例分析过程中，教师可以与硕士研究生交流各项群的训练手段、训练内容以及训练方法。

4.要点提示

（1）项群训练理论

运动训练理论的研究主要针对"练什么、怎么练、为何练、练多少"，即对训练的内容、训练的组织管理、训练的目标以及训练的负荷量度四个问题进行研究。不同层次的训练理论都担负着在各自层次上回答上述问题的任务。各项群的形成与发展也应作为项群训练理论研究的内容。因此，项群训练理论的基本内容概括为以下几点：各项群的形成与发展、各项群竞技能力决定因素的系统分析、各项群运动成绩决定因素的系统分析、各项群训练的基本特点（训练的组织与控制，负荷内容与量度）。

（2）项群训练理论的科学意义

项群训练理论的科学意义主要有以下几点：第一，能够鲜明地概括同一项群不同项目之间存在的共同规律。第二，能够加强运动训练理论与实践的联系。第三，能够进一步实现训练学理论原有两个层次之间的有机过渡。

（3）竞技运动项目的主要分类体系

以运动项目所需的运动竞技能力为分类依据，可以将运动项目分为技能主导类、体能主导类、技战能主导类以及技心能主导类四大类。

表 5-2-6　按竞技能力的主导因素对竞技项目分类

大类	亚类	项目
技能主导类	难美性	武术（套路）、体操、技巧、艺术体操、花样滑冰、跳水、花样游泳
体能主导类	快速力量性	举重、投掷、跳跃
	速度性	短距离跑（400米以内）、短游、短距离赛场自行车、短距离速度滑冰
体能主导类	耐力性	中长距离跑、走、滑冰、长距离自行车、越野滑雪、中长距离游泳、划船
技战能主导类	同场对抗性	篮球、足球、冰球、手球、曲棍球、水球
	隔网对抗性	排球、网球、乒乓球、羽毛球
	轮换攻防对抗性	棒球、垒球、板球
	格斗对抗性	武术、拳击、摔跤、柔道、击剑
技心能主导类	准确性	射箭、弓弩、射击

以运动项目的动作结构为分类依据，可以将所有运动竞技项目划分为多元动作结构、单一动作结构和多项组合结构三大类。

表 5-2-7　按动作项目的动作结构分类

大类	亚类	项目
单一动作结构	周期性	跑、游泳、竞走、自行车、划船、射击、长距离滑雪、速度滑冰
	非周期性	举重、铅球、链球、铁饼、跳跃滑雪
	混合性	跳远、跳高、三级跳远、撑竿跳高、标枪
多元动作结构	固定组合	武术单项、体操单项技巧、花样滑冰、艺术体操单项、马术、回旋滑雪、自由式滑雪
	变异组合	篮球、排球、足球、手球、羽毛球、乒乓球、冰球、曲棍球、网球、垒球、拳击、摔跤
多元组合结构	异属多项组合	现代五项、铁人三项、冬季两项
	同属多项组合	田径男十项和女七项全能、武术全能、艺术体操全能、速滑全能、体操全能

以运动成绩的评定方法为分类依据，可以将所有运动竞技项目划分为评分类、测量类、得分类、制胜类及命中类五大类。

表 5-2-8　按运动成绩评定方法对运动项目分类

类别	项目
评分类	武术、体操、技巧、跳水、花样游泳、艺术体操、马术、花样滑冰
测量类	田径、举重、游泳、射击、自行车、射箭、滑雪、划船、速度滑冰
得分类	排球、网球、羽毛球、乒乓球、垒球
制胜类	摔跤、柔道、拳击
命中类	篮球、足球、手球、击剑、冰球、水球、曲棍球

表 5-2-9　本案例涉及的关键知识点和关键能力点

	内容
关键知识点	项群运动训练理论概述、各项群训练的方法和手段、技能主导类表现难美性项群的训练特征、项群训练理论的应用、项群训练理论的科学意义
关键能力点	沟通能力、表达能力、研读资料能力、专业实践能力、解决问题能力

（五）预期效果

通过本案例的学习，硕士研究生能够理解项群训练理论，能够掌握各项群训练的方法和手段，掌握技能主导类表现难美性项群与技能主导类格斗对抗性项群的训练特征，掌握项群训练理论的应用，了解项群训练理论的科学意义。此外，通过分析实际案例，硕士研究生能够理解同一运动项目所处项群不同、练习的目的不同、采用的运动训练方法与手段不同，最终的训练结果也截然不同。

（六）教学计划

1.时间安排

本次案例教学在一次讨论课中进行，分两个阶段，时间控制在70分钟。

第一阶段（35分钟）：A.阅读案例，分组讨论，启发思考问题（20分钟）；B.各小组发言，报告讨论结果，分享观点（15分钟）。

第二阶段（35分钟）：A.分组讨论，对案例中涉及的相关知识点进行梳理和总结（15分钟）；B.各小组发言，报告讨论结果，分享观点（10分钟）；C.最后总结归纳（10分钟）。

2.环节安排

布置预习，对运动训练学课程相关知识原理的梳理与掌握──→小组讨论"武术能否进行实战技击"──→总结结果──→小组汇报具体结果，共同讨论结果和收获──→选出代表讲述讨论结果──→教师点评。

3.条件要求

A.人数要求：40人以下的班级教学。

B.教学方法：参与式教学、小组合作等方式，以师生的讨论为主，讲授为辅。

C.工具选择：多媒体、案例打印资料。

D.组织引导：教师任务布置清晰，预习要求明确；提供给硕士研究生必要的参考资料、案例；给予硕士研究生相关的技能训练，便于课堂实践的有序进行；对硕士研究生的讨论给予必要的指导和建议。

（七）思考题

A.针对案例中的问题，讨论现实生活中还有哪些项目存在类似的问题。

B.要解决案例中的问题，需要从哪些方面入手改进训练，才能达到武术实战技击的训练效果？

C.项群训练的应用价值。

D.举出几个可以提高武术实战对抗能力的训练方法。

E.谈谈你最熟悉的项群的训练学特征。

第三节 竞赛组织管理领域教学案例库

一、案例：县级小城市成功举办大型洲际运动会的启示

（一）案例归类：案例适用于竞赛组织管理领域

1. 摘要

体育赛事属于具有竞争和拼搏性质的体育产业。大型体育赛事的举办可以推进举办城市国民经济的发展。2006年，山东海阳市作为一个县级城市获得了第三届亚洲沙滩运动会的举办权。一个县级城市举办大型洲际运动会，这在世界体育史上是史无前例的。2012年6月16—22日，海阳市成功举办第三届亚沙会，填补了县级城市举办大型洲际体育赛事的空白。本案例以叙事为研究方法，梳理海阳市第三届亚洲沙滩运动会成功举办的经验，分析亚沙会对海阳市社会现代化的贡献、对全民健身计划的推动、对居民生活方式的改善以及为海阳市带来的社会效益等，帮助体育硕士专业学位研究生理解大型体育赛事对城市发展的作用，提高体育赛事组织与管理的能力。

2. 关键词

大型体育赛事　县级小城市　亚沙会　城市发展　体育赛事组织与管理

3. 教学目标

A. 了解体育赛事的效益。
B. 了解体育赛事运作效益评估的过程和原则。
C. 掌握提高体育赛事效益的方法以及注意事项。
D. 了解我国体育现代化的标准。
E. 了解体育运动对社会现代化的贡献。
F. 了解体育运动与生活方式的关系。
G. 了解体育运动对生活方式的改善。

（二）案例引言

体育赛事作为一种存在竞争性和拼搏性的特殊行业，不仅能够带动周边城市的经济发展，而且还能普及、推动全民健身计划。由于大型体育赛事的申办难度

较大，对人力、物力、财力等方面的要求较高，因此，大型体育赛事通常都是在经济相对发达的大中型城市举办。海阳市作为山东省的一个县级城市，抓住了机会，利用自身优势成功地举办第三届亚洲沙滩运动会（下文简称亚沙会），打破了县级市从未举办过大型洲际运动会的先例。亚沙会的成功举办不仅为县级城市举办大型运动会提供了宝贵经验，而且还为探索体育赛事带动城市经济发展的新模式提供了重要参考。

本案例是县级城市举办洲际运动会的成功范例。申办亚沙会前，海阳亚沙会组委会所在地周围还是一片滩涂。筹备和举办亚沙会的几年之间，昔日荒滩变身新城，一座座高楼拔地而起，鲜花与绿树掩映，公路四通八达，一座滨海新城逐渐崛起。亚沙会的举办，让海阳在拥有自己城市名片的同时，也给城市的经济社会发展注入了新的活力。用原海阳市副市长高京涛的话来说："亚沙会将成为海阳经济社会发展的一个转折点。"海阳亚沙会的举办无论是在社会现代化建设方面，还是在赛事效益方面，均取得了显著成效。因此，进行案例分析和探讨，有助于体育赛事组织与管理专业的硕士研究生了解体育运动对社会现代化的贡献、体育运动对生活方式的改善以及提高体育赛事效益的方法等知识。

（三）案例正文

1.海阳亚洲沙滩运动会

海阳市位于山东省烟台市南部，处于烟台、威海、青岛三市的中心地带，是一个地理位置优越的海滨城市，虽然在文化程度、社会环境、经济条件及饮食、交通、服务等方面与北京、上海、天津等大城市有着一定差距，但海阳却具有自身的特殊优势。①

A.地理位置优越。海阳市具有长达230公里的海岸线，万米黄金沙滩，海水优质，为亚洲沙滩运动会创造了良好的比赛场地和比赛环境，这是其他大城市无法企及的优越条件。

B.体育环境优良。在亚沙会之前，海阳市曾多次举办过全国大型比赛和大型体育活动，例如，全国沙滩排球赛、龙舟赛、体育沙滩艺术节等，还获得过"中国最佳生态旅游城市""中国优秀旅游城市"等称号。海阳市还是中国武术螳螂拳的起源地，有"中国民间艺术之乡"称号，深厚的城市底蕴以及热情好客的当地居民，更为亚沙会的举办奠定了基础，提供了动力。

---

① 海阳（山东省海阳市）_百度百科 https://baike.baidu.com/item/海阳/69764.

C.经济条件较好。海阳市作为烟、威、青三市的中心地区，可以称为胶东半岛的节点城市。在亚沙会筹备期间，海阳市花费巨资修建了高速公路和跨海大桥，将烟台、威海、青岛以及其他城市紧密连接起来，海阳市临近烟台港、青岛港、威海港三个国际海港及烟台蓬莱机场、青岛胶州机场和威海大水泊机场三个国际机场，发达的海陆空交通网络为海阳市居民出行提供了极大的便利，同时这些优越条件也为亚沙会的举办提供了保障。

亚洲沙滩运动会的创办是2004年在南亚海啸后的城市重建工作中，由亚洲体育之王艾哈迈德·法赫德·萨巴赫在广州亚奥理事会上提出来的。与其他类型的运动会相比，亚沙会更具有观赏性、娱乐性和参与性，更突出人与自然的和谐相处。比赛无需雄伟壮观的体育场馆，只需在蓝天碧海之间的沙滩上进行即可，比赛项目都与水和沙滩有关。亚沙会共有45个国家参赛，规定每两年举行一次，分为水上和沙滩两大类运动，共计十多个小项，例如，沙滩排球、沙滩足球、帆船帆板、马拉松游泳，以及铁人三项等。亚沙会属于亚洲五大综合性体育赛事之一，第一届于2008年在印尼巴厘岛举办，第二届于2010年在阿曼马斯喀特举办，而第三届于2012年在中国山东海阳举办。亚沙会的成功举办，不仅推动了海阳市经济的高速发展，而且加快了海阳城市现代化建设的步伐，开创了大型体育赛事在县级城市成功举办的先例。

2.亚洲沙滩运动会带动海阳市经济增长

城市的发展要以经济增长为基础，一些大型体育赛事可以为城市的经济增长提供有利条件。亚洲沙滩运动会的成功举办是海阳市经济快速发展的关键机遇，不仅推动了海阳市经济的高速发展，而且还改写了大型体育赛事举办地均在大中城市的历史。[①] 海阳市自2006年成功申办亚洲沙滩运动会以后，就着手为亚洲沙滩运动会做准备，到2012年举办亚洲沙滩运动会时，海阳市GDP达到了277.4亿元，比2006年增加了164.4亿元。在亚洲沙滩运动会筹备期间，海阳市的经济水平持续增长，产业结构发生了显著变化，期间还被评为"转型·2010中国经济十大领军县级城市"。

（1）场馆设施建设对海阳经济发展的推动作用

亚洲沙滩运动会的场馆设施建设不仅对城市有一定的改造，而且还带动了城市的直接投资，对海阳市经济的增长有显著作用。体育场馆是举办大型体育赛事

---

① 刘天宇、于军、吴然丰：《大型体育赛事对中小城市经济的影响——以海阳市第三届亚洲沙滩运动会为例》，《南京体育学院学报》（社会科学版）2014年第28卷第2期，第59—63页。

的基础,在体育赛事准备期间,通常会新建、改建部分体育场馆,以此确保有充足的场馆供比赛使用。为进一步确保体育赛事的正常举办,在赛事筹备期间还需要对城市的交通、通讯、住宿等基础设施进行建设和完善。海阳市为筹办亚洲沙滩运动会,规划了沙滩比赛区、综合体育馆、静水比赛区、帆船比赛区等280平方公里的比赛区域,以及亚沙村、各种指挥中心、各种会议中心和各种公园等33.8万平方米的赛事设施的建设,共投资接近61亿元。此外,跨海大桥、高速公路网络、核电站、港口等重点建设项目均在亚洲沙滩运动会筹备期间完成,污水处理厂、垃圾处理厂等一些城市服务项目也紧跟完成,共投资200多亿元。综上所述,海阳市在筹备亚洲沙滩运动会期间,比赛场馆、专用设施以及城市服务项目的建设均得到了全方位的发展。此外,海阳市的城市功能也得到了较好的完善,为经济发展提供了源源不断的动力。

表 5-3-1 场馆及设施建设项目

建设类别	建设项目	投资额度
场馆及配套设施建设	280平方公里的比赛区、33.8万平方米的赛事设施	60.8亿元
城市服务项目建设	污水处理厂、热电厂、海阳核电站、垃圾处理厂	
通信设施建设	中国联通、移动、电信共同修建83处基站	200亿元
市外交通网建设	海阳至青岛跨海大桥、海阳至烟台的高速公路以及海阳港的建设	
市内交通网建设	新建30多条城市公路,总长度达到160多公里	
城市特色标志性建筑	河清岛体育场、奥林匹克公园、鉴湖湿地公园等建筑	
城市环境项目建设	新建主题公园146处,全市绿化面积达到1500平方米	

(2)外来投资和游客消费对海阳经济发展的推动作用

运动员、裁判员、赛事工作者和游客的消费,以及其他项目的外来投资均可以带动海阳市的消费,推动经济的发展。在宣传和筹备亚洲沙滩运动会期间,海阳市的旅游业迅速发展,接待游客数量逐年增长。据统计,仅在亚洲沙滩运动会期间接待游客数量累计163万人次,比往年增长了1.24倍,旅游带来的收入达到8.75亿元,比往年增长了0.8倍。此外,外来资金的注入对海阳市经济发展也有巨大拉动作用,例如赞助商对赛事的赞助、媒体对赛事的转播费以及其他公司企业带来的资金。海阳亚洲沙滩运动会的成功举办让诸多投资者看到了机遇,凭借交通优势、环境优势、服务优势以及亚洲沙滩运动会的各种赛事效应,海阳市成功吸引了一大批优质项目。在亚洲沙滩运动会的筹备和比赛期间,海阳市依托亚洲沙滩运动会的口号、吉祥物、理念等，多次举办城市形象推介和招商引资活动，期间共引进 110 个上亿元的投资项目。

3. 亚洲沙滩运动会促进城市产业结构的转型

（1）亚洲沙滩运动会对海阳第三产业的优化

举办赛事可以促进当地的交通运输、网络通信、餐饮服务等第三产业的发展。海阳市的第三产业在筹备亚洲沙滩运动会期间快速发展，打造了多个旅游板块，修建了高达 242 平方公里的旅游产业区。同时，海阳还将海洋科技、休闲度假、文化娱乐、体育旅游等产业确定为重点发展项目，全面提高海阳市的产业结构水平。有数据显示，亚洲沙滩运动会举办年海阳市旅游收入达到了 34.6 亿元，是亚洲沙滩运动会申办年的 5.2 倍。在如此有力的背景下，海阳市的交通、餐饮、旅游等服务功能和服务水平实现了较大程度的提高，同时也拉动了海阳市第三产业的持续优化升级。

（2）亚洲沙滩运动会对城市产业结构的转换升级

亚洲沙滩运动会肯定会带动海阳市第二产业和第三产业的发展，同时劳动力也会朝这两种产业靠拢。这在前两届亚洲沙滩运动会中已经得到了证实，前两届亚洲沙滩运动会的举办地目前已经成为世界著名的旅游胜地。以此来看，海阳市依托亚洲沙滩运动会稀有资源，将自身打造成亚洲级海滨旅游城市的目标指日可待。此外，海阳市借此机遇在招商引资领域取得了显著效果，生物科技、海洋工程、新能源等多个新兴产业蓬勃发展，已经投产和建造的过亿元项目有 180 多个。

4. 亚洲沙滩运动会提高了劳动力水平

（1）亚洲沙滩运动会对劳动力健康水平的提高

有研究证明，缺乏体育锻炼是影响居民身体健康的重要原因之一。[①] 毛泽东曾在《新体育》中讲道："健康的劳动力是社会发展的重要动力。"亚洲沙滩运动会的举办，强化了体育氛围，增强了民众的体育意识，激励和带动了海阳市民的体育锻炼行为，使广大民众养成了良好的体育运动习惯，增进了当地居民的身体健康。此外，海阳市在筹办亚洲沙滩运动会期间，对市区内的体育休闲场地设施进行了全面修缮，为广大居民的健身运动带来了极大便利，同时也解决了体育场地设施不能满足居民日常生活需要的问题，进一步推动了海阳市体育事业的发展，为居民的身体健康提供了设施保障。

---

① 栗霞、梁立启：《滨海体育休闲的文化特性与社会功能》，《南京体育学院学报》（自然科学版）2013 年第 12 期第 2 版，第 112—115 页。

（2）亚洲沙滩运动会对劳动力素质水平的提高

在亚洲沙滩运动会筹办期间，有语言、行为等方面大量的学习机会供居民使用，对提高居民自身素质具有重要价值。同时，为进一步确保亚洲沙滩运动会的顺利举行，海阳市在亚洲沙滩运动会筹备期间多次举办了"携手办亚沙，文明伴我行"的主体教育宣传活动，引导海阳市居民从身边小事做起，提高自身素质，树立文明新风，为圆满举办亚洲沙滩运动会提供了精神动力。此外，海阳市政府在筹备亚洲沙滩运动会期间，举办了各种各样的文明实践活动，例如文明行车创建、市民文明排队日等。这些关系到市民生活和工作的实践活动，对提高市民自身素质具有重要作用。

（3）亚洲沙滩运动会对劳动力精神面貌的提高

奥林匹克精神的核心是"更高、更快、更强"，而新时代海阳市居民的精神内涵是"协作、奉献、创新、拼搏、进取"。亚洲沙滩运动会成功举办所留下的各种精神，为海阳市居民提供了强大的精神动力。这种潜在影响比表面影响更有价值。亚洲沙滩运动会的举办不仅给海阳市的发展注入了新生力量，而且将亚沙精神的崭新一面带给了海阳市民，让海阳市民众的精神面貌得到了进一步升华。

5.亚洲沙滩运动会推动全民健身运动

（1）亚洲沙滩运动会推动了全民健身运动

①亚洲沙滩运动会提高了海阳民众对体育的认识

亚洲沙滩运动会的开幕式和闭幕式具有浓厚的文化价值，进一步体现了沙滩运动的文化特征。将体育运动与文化相结合，既巧妙地将沙滩运动与海阳当地文化艺术相结合，也推动了海阳市文化艺术的发展，展现了沙滩运动的独特价值。亚洲沙滩运动会口号"快乐在一起"，体现了天人合一的和谐理念，表达了人与人、人与自然和谐相处的美好愿望。此外，亚洲沙滩运动会"快乐在一起"口号还使得海阳市民受到了良好的文化教育，而且各种沙滩运动也在海阳民间得到广泛传播和普及。海阳市广大民众对于沙滩体育运动的认知有了更深层的理解，更利于培养广大民众的体育文化精神，以及提高广大民众对体育文化的认识。

②亚洲沙滩运动会为民众树立了科学锻炼的思想

从某个角度讲，体育既需要利用科学技术来促进自身发展，又可以推动科学技术的进步。本次亚洲沙滩运动会，各项比赛均采用了最先进的科技设备，通过科学理念推动了海阳市科技产业的快速发展。家家户户不仅看到了亚洲沙滩运动会的直播，很多市民还亲临赛场近距离体验高科技下的体育比赛，这无疑是对科学健身活动的最好宣传。据了解，在备赛期间，各参赛队均采用最先进的设备和方法进行训练，比赛中高科技的运用随处可见。亚洲沙滩运动会处处体现出"生命在于运动，运动讲科学"的观念，这对海阳市民众健身观念的转变、健身知识的增长具有重要作用。亚洲沙滩运动会比赛期间高科技的运用，对提升全民健身运动的科技含量有着巨大价值。

③亚洲沙滩运动会为海阳民众提供了良好的健身环境

保护环境是人与自然和谐发展的基础，"绿色比赛"的理念在本次亚洲沙滩运动会得到了淋漓尽致的体现。亚洲沙滩运动会期间，海阳市加大了对城市环保设施的建设，新建的奥林匹克公园、鉴湖湿地公园等，扩大了海阳市的人均绿地面积，提高了市民的环境保护意识，为市民提供了良好的环境。此外，为全面宣传亚洲沙滩运动会，海阳市还对全市的健身路径进行修建和扩建，为市民健身锻炼提供了方便，也进一步推动了全面健身计划的具体实施。

（2）亚洲沙滩运动会增强了民众的健身意识

在我国经济快速发展的同时，大众的生活质量也在不断提高。运动健身是提高大众生活质量的重要手段，而亚洲沙滩运动会对沙滩运动的大力宣传，让海阳民众对沙滩运动有了新的认识。亚洲沙滩运动会不仅改变了海阳民众的物质生活，而且对民众的运动健身意识也有着重要影响，越来越多的海阳市民为提高生活质量积极地参加体育运动，运动健身逐渐成为海阳市民日常生活的一部分，所以说亚洲沙滩运动会对全民健身计划的实施具有重要做作用。

（3）亚洲沙滩运动会促进了全民健身运动的广泛开展[①]

①亚洲沙滩运动会对全民健身运动的激励作用

亚洲沙滩运动会各种沙滩、水上比赛除了具有激烈的竞争性，还具有较高的观赏价值、享受价值，加之竞技体育比赛结果的不可预测性，成功地吸引了海阳民众对沙滩运动的兴趣，体验到了沙滩运动的魅力，唤醒了民众内心对体育运动的欲望，激励了民众参加体育运动的积极性，强化了民众的健身意识。本届亚洲沙滩运动会我国运动健儿多次获得冠军，中国第一次位居亚洲沙滩运动会金牌榜首位，全国人民为此兴奋，为此自豪，大大提高了人民群众的爱国情怀。民众对亚洲沙滩运动会的关注度不断上升，运动参与意识不断增强。亚洲沙滩运动会的举办对海阳市全民健身运动有着显著的示范作用，产生了极大的激励效应，推动了全面健身运动的蓬勃发展。

---

① 姜丽：《大型体育赛事与农村体育发展——2012年亚洲沙滩运动会举办地海阳市农民体育实证研究》，《山西农业大学学报》（社会科学版）2011年第10卷第11期，第6页。

②亚洲沙滩运动会对全民健身条件的改善作用

依托亚洲沙滩运动会这一品牌优势，本着确保场馆赛后充分利用的原则，不断完善沙滩体育运动设施，大力发展全民健身运动，并提出了"打造国际沙滩体育健身之都，建设全民健身休闲乐园"的目标。2006年以前，海阳市的体育场馆屈指可数，全市各镇的全民健身工程和健身路径更是没有达到规定要求。2006至2012年亚洲沙滩运动会筹备期间，海阳市政府和相关部门加大了对体育场馆和设施的投资，到2012年亚洲沙滩运动会举办时，海阳市修建了河清岛体育场、沙滩排球场等运动场馆，且各镇、各村基本实现健身路径的100%覆盖。这些公共体育场馆、设施以及健身路径，为海阳市民提供了舒适的、先进的健身条件，为群众的运动健身提供了便利，使海阳树立起具有沙滩体育健身特色的文化、休闲、运动品牌，形成可持续的、独特的旅游文化项目吸引力。

③亚洲沙滩运动会促进了体育资源的开发利用

当前，全民健身场馆设施不足和大众日益增长的健身需求之间的矛盾依旧是全民健身的一大难题，开发利用体育资源是解决这一难题的重要途径。有统计表明，我国体育场地中学校体育场地面积占比最大，而学校通常靠近居民区，是民众进行体育活动的最佳场所，学校体育场地如能对外开放将大大缓解全民健身场地不足的难题。在亚洲沙滩运动会期间，海阳市政府采取一系列政策，鼓励学校对外开放运动场地，政府的这一举措，既缓解了体育场地不足的情况，为群众健身锻炼提供了方便，也对现有体育资源进行了充分的挖掘和利用，推动了全民健身运动。亚洲沙滩运动会促进了海阳市体育资源的开发利用。

6.亚洲沙滩运动会改变了民众的生活方式

（1）亚洲沙滩运动会带动了民众的体育消费

体育消费是指人们用于体育活动及相关方面的消费，主要包括用于购买体育服装以及运动器材，购买体育期刊、书报等实物型支出，用于观看各种体育比赛、表演、展览等所进行的观赏型的消费以及用于参加各种各样的体育活动、健身训练、体育健康医疗等参与型消费。体育消费是现代生活消费的一部分，是人们在体育活动方面的个人劳务消费支出。亚洲沙滩运动会作为洲际大型体育比赛影响力巨大，在巨大的市场机会驱动下，体育竞技、体育健身、体育娱乐、体育用品、体育设施、体育传播、体育广告等若干行业的体育产业迅速形成，诸多运动品牌商家赞助和投资，大众在欣赏精彩比赛的同时，可以根据自身的需求，购买体育产品，从而带动市民的体育消费。亚洲沙滩运动会掀起全民健身热潮的同时产生的各种体育培训费、场馆使用费，均属于体育消费。亚洲沙滩运动会对大众的体育消费具有明显的带动作用。

（2）亚洲沙滩运动会充实了民众的生活时间

亚洲沙滩运动会之前，海阳当地大众生活方式比较单调。自从亚洲沙滩运动会刷新了海阳民众对体育的认识之后，体育运动就成了人们日常生活的主要方式之一。体育锻炼让大众的闲暇生活发生了变化，越来越多的人愿意在空闲时间进行体育锻炼。所以说，亚洲沙滩运动会在促进大众健身的同时，还丰富了人们的生活方式，充实了民众的闲暇时间。

（3）亚洲沙滩运动会调节了民众的生活节奏

当今社会，快节奏的生活给人们带来了诸多不良心理反应，而进行体育运动是一种充满感情色彩的时尚活动，对人们调节生活节奏十分有利。体育运动是人们调节生活节奏的重要手段。亚洲沙滩运动会带来的各种效应极大地促进了民众参加体育活动的积极性，亚运会过后进行体育锻炼的民众明显增多，而民众在体育活动中所掌握的各种运动技能和活动方式，对其准确、灵敏地进行各种生产、生活活动十分有利。体育活动可以对人们的心血管系统和神经系统产生影响，提高人们对生活节奏的应变能力。此外，人们在体育锻炼过程中收获的愉悦感、充实感、成就感、自信心，有利于克服各种生活节奏带来的烦恼、焦虑和恐惧等不良心理反应。

（4）亚洲沙滩运动会扩展了民众的生活空间

人类现实生活中没有一项其他活动能比得上体育运动给人以那么大的活动空间，只有在体育运动中人们才能最大限度地激发出自己的潜能。亚洲沙滩运动会的各种比赛让民众深刻认识了沙滩运动，各种精彩比赛激发了民众体育运动的欲望。亚洲沙滩运动会掀起的沙滩运动热潮，让民众走出家门，到户外与大自然亲密接触，与绿草、沙滩、海洋结为朋友，扩展了民众的生活方式，充实了生活内容，大大开阔了民众户外运动的空间。滑水、游泳、横渡、攀岩、帆船帆板等沙滩运动、水上运动，可以亲身感受到各种复杂多变的时空。

7.亚洲沙滩运动会后效益显著

（1）一座国际化优秀滨海旅游城市

举办大型体育赛事，对城市形象提升的影响力是巨大的。举办亚洲沙滩运动会，海阳的目标是要打造"亚洲级的滨海旅游目的地城市"和"亚洲沙滩运动之城"。随着亚洲沙滩运动会的成功举办，这一目标迅速变为现实。作为亚洲最高级别的体育赛事，亚洲沙滩运动会的强大舆论影响力，使海阳成为亚洲甚至世界范围内被关注的焦点城市。海阳在短时间内声名远播世界各地，海阳良好的滨海自然风光、丰厚的历史文化底蕴和强劲的发展动力被更多的人所认知和接受。科学合理的市场开发，使海阳成为国内外旅客青睐的旅游目的地，海阳万米金滩成为半岛最具特色的旅游胜地。经过亚洲沙滩运动会的洗礼，海阳的城市交通、公共设施、旅游产业、酒店餐饮等各种城市服务功能全面实现与国际接轨，形成了一套科学完备的旅游服务体系，全面提升了海阳旅游产业的档次和水平。

（2）一座活力四射的科学发展之城

推动城市经济科学发展，是举办亚洲沙滩运动会的根本目的所在。通过举办亚洲沙滩运动会，海阳迅速成长为半岛地区最具活力的发展板块。城市形象的提升，使海阳实现了聚集资金流、人才流、商业流的"谷地效应"，为海阳经济社会的发展带来了前所未有的机遇。通过亚洲沙滩运动会的强大整合力，亚洲沙滩运动会之后，海阳经济结构将更加合理，城市服务功能全面提升，经济发展环境更加优越。通过亚洲沙滩运动会筹办，海阳全面完成了海、陆、空"三位一体"并经受重大赛事检验的优质畅通交通网络，海阳一跃成为半岛的公路交通枢纽和节点城市，政府服务能力和服务水平不断增强，工作效率全面提高，形成畅通无阻、优质高效的经济"软环境"。

（3）一座魅力无限的文明和谐之城

海阳历史悠久，文化灿烂。亚洲沙滩运动会的成功举办使海阳文化与亚洲文化实现更广泛的交流，形成文明和谐的先进城市文化。亚洲沙滩运动会推动市民文明素质的全面提高，形成了一种文明的氛围；亚洲沙滩运动会推动海阳社会事业的全面发展，完善的体育休闲设施，为体育事业的发展提供了良好条件，以沙滩文化、体育文化等为主题的城市文化将更加繁荣，传统优秀民间文化为更多的人所接受和认可，安全保卫、治安防范能力全面提高，人民安居乐业，社会和谐发展；亚洲沙滩运动会加快推动城市精神的塑造，"协作、奉献、创新、拼搏、进取"是新时期海阳精神的核心和内涵。亚洲沙滩运动会给新一轮城市发展注入了新鲜血液，使新时期海阳精神在新的拼搏和奋斗中实现了升华。

（4）一座史无前例的奥林匹克之城

海阳是第一个直接传承奥林匹克精神的县级城市。海阳第三届亚洲沙滩运动会具有任何一届体育赛事都无法比拟的独特历史和现代意义。通过亚洲沙滩运动会，海阳将永载世界体育史册。亚洲沙滩运动会之后，奥林匹克的印记将遍及海阳城乡，海阳将成为世界范围内独具特色的奥林匹克之城。亚洲沙滩运动会场馆建设为海阳留下了永久的奥林匹克标记，亚洲沙滩运动会纪念林建设为海阳留下了绿色的奥林匹克记忆，亚洲沙滩运动会博物馆为海阳留下了丰富的奥林匹克宝藏。海阳的奥林匹克精神世代相传，永放光芒！

图 5-3-1　海阳亚洲沙滩运动会展览馆（左）和海阳奥林匹克公园（右）

（四）教学指导手册

1. 适用范围

A. 适用对象：体育硕士专业学位研究生。

B. 适用课程：体育社会学、体育赛事运作等竞赛组织管理领域相关课程。

2. 教学目的

本案例的教学目标是帮助硕士研究生学会体育竞赛组织与管理领域的相关知识，让硕士研究生了解体育赛事运作效益评估的过程和原则，了解体育赛事的效益，了解我国体育现代化的标准，了解体育与生活方式的关系；掌握提高体育赛事效益的方法以及注意事项，掌握体育运动对社会现代化的贡献，学会体育对生活方式的改善等多方面的知识。

3. 教学内容

A. 从体育竞赛组织与管理的角度，分析亚洲沙滩运动会对海阳民众生活方式的改变，讨论体育运动与居民生活方式的关系。

B. 分析亚洲沙滩运动会对全民健身的推动作用，讨论如何利用大型运动会契机开展全民健身运动。

C. 从体育社会学角度，讨论我国体育现代化的标准，分析海阳市为亚洲沙滩运动会建设的各种体育场馆、体育设施以及其他项目对当地社会现代化的贡献。

D. 围绕亚洲沙滩运动会为海阳市带来的效益，讨论体育赛事运作效益的过程、体育赛事效益评估应遵循的原则、大型体育赛事给举办地带来的社会效益。

E. 以硕士研究生小组为单位，讨论提高体育赛事效益的方法和注意事项。

4.要点提示

现将本案例涉及的关键知识点和关键能力点归纳如下（表 5-3-2）。

表 5-3-2　本案例涉及的关键知识点和关键能力点

	内容
关键知识点	体育赛事运作效益评估的过程和原则，体育赛事的效益、提高方法及注意事项，我国体育现代化的标准，体育运动对社会现代化的贡献，体育运动与生活方式的关系，体育运动对生活方式的改善
关键能力点	沟通能力，表达能力，研读资料能力，专业实践能力，解决实际问题能力

（五）预期效果

通过本案例的分析讨论，硕士研究生能够掌握体育赛事组织与管理的相关知识。掌握提高体育赛事效益的方法，如推动体育竞赛的社会化、提高赛事质量、营造竞赛氛围、重视竞赛的总体效益、减少赛事期间的负效益等；掌握体育运动对社会现代化的贡献，如维护社会健康、推动科技发展、推动城市建设等；掌握体育运动对生活方式的改善，如提高体育消费品位、充实生活时间、调节生活节奏等；了解体育赛事运作效益评估的过程和原则，掌握我国体育现代化的标准，理解体育活动与生活方式的关系，学会通过体育竞赛带动旅游业发展的途径和手段。

（六）教学计划

1.时间安排

整个案例课分为两个阶段，时间 130 分钟（2 个课时，课间休息 10 分钟）。

第一阶段（60 分钟）：A.阅读案例（5 分钟）；B.分组讨论启发思路（20 分钟）；C.各小组发言（20 分钟）；D.报告讨论结果，分享观点（15 分钟）。

第二阶段（60 分钟）：A.分组讨论，对案例中涉及的相关知识点进行梳理和总结（20 分钟）；B.各小组发言，报告讨论结果，分享观点（20 分钟）；C.对案例进行总结归纳（20 分钟）。

2.环节安排

布置预习，对体育竞赛组织管理相关知识原理的梳理与掌握→小组讨论"海阳亚洲沙滩运动会成功举办的原因"──→总结经验和收获──→小组汇报具体结果，共同讨论经验和收获──→选出代表讲述讨论结果──→教师点评。

3.条件要求

A. 人数要求：40人以下的班级教学。
B. 教学方法：参与式教学、小组合作等方式，以师生的讨论为主，讲授为辅。
C. 工具选择：多媒体、案例打印资料。
D. 组织引导：教师任务布置清晰，预习要求明确；提供给硕士研究生必要的参考资料、案例；给予硕士研究生相关的技能训练，便于课堂实践的有序进行；对硕士研究生的讨论给予必要的指导和建议。

（七）思考题

A. 体育竞赛如何能为社会现代化做出贡献？
B. 体育消费对社会现代化有何价值？
C. 谈谈体育竞赛如何缓解生活压力。
D. 谈谈体育赛事运作效益评估的流程。
E. 谈谈体育消费与体育赛事的关系。

二、案例：如何做好大型体育赛事活动的预案

（一）案例归类：案例适用于竞赛组织管理领域

1.摘要

随着大众生活质量的不断提高，人们对体育运动的需求也在逐渐增强。马拉松比赛形式多样，对参赛者的要求较低，参赛时选手可以相互交流，具有较强的健身性，因此近年来马拉松比赛逐渐成为大众健身的热门项目，参赛人数越来越多，广受人们的追捧。与此同时，在国内举办的无数场马拉松比赛中，或多或少会发生一些突发事故，每年的马拉松比赛由于主办方在组织与管理工作上的疏忽而引起参赛选手受伤的人数也逐年增多。本案例对"甘肃白银马拉松事件"进行分析，从体育竞赛组织与管理角度，帮助体育硕士专业学位研究生理解如何避免竞赛中发生安全事故，如何让广大参赛者能够安全地参加比赛，提高体育赛事组织与管理方面的能力。

2.关键词

马拉松　体育赛事组织与管理　竞赛预案　突发事故

3.教学目标

A.了解体育竞赛组织管理的基本内容。

B.了解体育竞赛组织与管理的作用。

C.掌握体育竞赛的组织形式。

D.学会对体育竞赛工作进行管理。

E.学会制定大型体育赛事的预案。

F.了解社会体育赛事现场突发风险的防控知识。

G.知晓大型体育赛事风险管理的基本流程。

（二）案例引言

2021年5月22日，第四届黄河石林山地马拉松百公里越野赛暨乡村振兴健康跑在甘肃省白银市景泰县黄河石林大景区内如期举行。随着近年来的马拉松热持续升温，本次比赛吸引了大量跑步爱好者的参与，参赛氛围热烈。此次百公里马拉松越野赛赛道，被国内不少人称为史上最简单的越野赛道，主要体现在以下两个方面：爬升落差较小，总体爬升距离不到3000米，相比于其他越野赛，整体落差较小；赛道难度不大，非爬升阶段均可以高速跑动，因此，本场马拉松比赛有诸多越野高手参加。但是赛中出现了突发状况，加之主办方在赛事组织和管理上的失误，最终导致21名选手遇难、8名选手受伤。[①]

本案例是竞赛组织与管理方面失误的典型事件。甘肃白银马拉松在赛事活动的预案以及赛事组织与管理方面未进行全面考虑，导致赛事突发事故。因此，通过分析探讨本案例，帮助竞赛组织与管理专业的硕士研究生学会如何根据实际情况，制定大型体育赛事活动的预案，同时也为体育硕士专业学位研究生学习该领域的相关知识打下基础。

1.关于马拉松

马拉松运动最早诞生于希腊，比赛全程共42.195公里。此比赛项目的历史要从公元前490年9月的一场战役说起。该战役就是雅典人和希腊人为争取民族主权的希波战争，它发生在马拉松海边，最终由反侵略战争的雅典人取得了最后的

---

① 第四届黄河石林山地马拉松百公里越野赛_百度百科 https://baike.baidu.com/item/第四届黄河石林山地马拉松百公里越野赛．

胜利。为了让雅典的广大百姓在第一时间获得战争胜利的消息，雅典军队统帅米勒狄让士兵中具有"飞毛腿"称号的裴里庇第斯，以最快的速度回城报信。据传言裴里庇第斯跑步极快，可以日行八百里。由于当时没有交通工具，裴里庇第斯马不停蹄地向着雅典的方向跑。傍晚时，他终于到达雅典，他气喘吁吁、激动地喊着"雅典人！欢——呼——吧，我们——胜——利了"。话音刚落，他就倒在地上死了。此后，人们为了纪念此事件，在1896年举办的首届奥林匹克运动会上，增加了马拉松长跑项目，将当年裴里庇第斯跑回雅典报喜的总里程——42.195公里作为马拉松比赛的距离。①

　　除了奥运会马拉松比赛之外，马拉松也是国际上非常普及的长跑比赛项目，分全程马拉松、半程马拉松和四分马拉松三种。马拉松还是普及性较强的大众休闲运动项目，马拉松比赛场地开放，多从城市道路选取，对参赛者来说，每跑一步、每过一段都是不同的风景；马拉松对参赛者极大包容，其他体育项目，只有同等选手才能同场竞技，业余爱好者几乎不可能与专业运动员比赛，而马拉松则不同，无论专业运动员还是业余爱好者，大家都可以挤在一起比赛。马拉松这些特有的魅力，给人们带来了诸多欢乐，吸引了大众积极参与，其中年轻选手居多。马拉松还具有较强的健身功能，参加比赛可以磨炼意志、挑战极限，在北美、东欧等国家的普及程度非常高，有时参赛人员可达近万人。随着体育事业的蓬勃发展、马拉松的广泛传播、大众健身意识的不断提高，马拉松无论是在健身功能上，还是对参赛者的要求上，都适合大众对体育运动的要求，马拉松在我国逐步成为一项全民参与的流行体育项目。在快速普及过程中，人们还将马拉松和越野赛结合起来，形成马拉松越野赛，进一步增加了比赛的难度和挑战性，同时也对参赛人员提出了更高要求。

　　马拉松运动作为一项超长距离的跑步项目，赛中选手不仅在速度和耐力上进行比拼，而且在技能和毅力上也进行较量，是一项综合类比赛。奥运会第一个马拉松纪录是由美国人约翰·约琴海斯在第四届伦敦奥运会中创造的2小时55分。

　　目前，世界马拉松纪录是由肯尼亚选手埃鲁德·基普乔格在2018年柏林马拉松赛上创造的2小时01分39秒。近几年，国内举办马拉松赛事的频次逐渐增多，参赛人数也在不断增加。

2.马拉松向大众健身方向发展

　　国内首次举办马拉松比赛是在改革开放之后的1981年，北京举办了我国第

---

① 马拉松（长跑比赛项目）百度百科 https://baike.baidu.com/item/ 马拉松 /18579.

一届城市马拉松比赛。由于赛事刚刚兴起,参赛人数只有 82 名,而且还未设置女子比赛项目。[①] 首届北京马拉松比赛的成功举办,推动了马拉松赛事在我国的快速兴起和普及。随后几年,全国各地纷纷开始举办大大小小的马拉松比赛,均以竞技性为主,参赛人员多数是专业或退役运动员,几乎没有普通群众的身影。

随着国民经济的快速发展,人民群众对运动健身的需求也在与日俱增。1995 年颁布的《全民健身计划纲要》更是起到了强大的推动作用,马拉松逐渐成为大众健身运动。继北京城市马拉松后,又设立了上海国际马拉松比赛,1996 年北京马拉松比赛又新设立了 10 公里比赛项目。此后两年,北京马拉松又进行了全面改革,设立了迷你马拉松、半程马拉松,比赛规定完成的时间也由原来的 3 小时变为 5 小时,参赛选手中出现了业余跑者的身影,比赛不再只是专业选手竞争的舞台,而是面向广大群众开放。新增项目和比赛规则的改变,推动了马拉松由竞技性向大众性、健身性转变,大大提高了大众参与马拉松的积极性。参赛人数不断增加,由刚开始的几十人扩增到几万人,既有世界级马拉松高手,又有业余的跑步爱好者;既有五六岁的小孩,又有年迈的老人。总之,马拉松比赛的参与者来自世界各地,来自不同民族、不同年龄段、不同职位。马拉松是公平、民主、自由的比赛。近几年国内掀起了"马拉松热",目前已有 19 次国际马拉松邀请赛在北京成功举行,参赛人员来自全球 30 多个国家,人数高达 20 多万。

虽然马拉松在我国起步较晚,但发展速度快,参与人数多。马拉松比赛是业余选手和专业选手同场竞技的比赛,在长距离的跑步过程中,选手们可以相互交流、广交朋友,真正体现了"友谊第一,比赛第二"的特点。马拉松比赛未规定所有人必须完成比赛,如有选手在比赛途中有身体不适的情况,可以随时终止比赛。马拉松比赛与其他体育比赛相比,比赛环境相对放松,参赛选手关注更多的是比赛的健身性、娱乐性。这些特点大大推动了马拉松在国内快速发展和普及。马拉松还是一项具有挑战性的大众竞技项目,对磨炼参赛选手的意志品质、艰苦奋斗精神具有重要作用。

3.马拉松比赛中的事故

近年来,国内举办的一系列马拉松比赛,或多或少发生过一些突发事故。例如南宁国际马拉松、香港马拉松、上海马拉松等都发生过一些组织和管理事故。每年的马拉松比赛中,由于赛事预案不全面导致参赛选手错失奖牌、受伤甚至是死亡的情况时有发生。除了马拉松的举办宣传新闻,马拉松事故也频频登上新闻

---

① 1981 北京马拉松赛 _ 百度百科 https://baike.baidu.com/item/1981 北京马拉松赛.

热播榜。2018年的南宁马拉松，埃塞俄比亚选手顺利冲线夺冠后，被终点一名志愿者紧急拽停，当时这位选手瞬间坐在地上，随后被拉到宣传栏前拍照留念。[①]赛后，这段志愿者的行为在网上引起热议，多数人指出他的行为十分危险，在高速跑动过后紧急停止，极可能发生脑死亡。2013年香港马拉松比赛，比赛起跑时，有多名选手摔倒；冲线后又有多名选手因体力不支集体晕倒在终点，场面一度混乱。据统计这次香港马拉松比赛共有570人受伤，其中有17人伤势严重，被送往医院治疗。[②]埃塞俄比亚选手被紧急拽停、冲线后选手集体摔倒等事故，为何在马拉松比赛中出现，事故的发生与赛事委员会的组织与管理工作是否有关，这些问题值得我们深思。

（三）案例正文

1.甘肃白银马拉松事件[③]

（1）事件介绍

2021年5月22日，黄河石林百公里越野赛，简称"甘肃白银马拉松"比赛如期在甘肃省白银市景泰县黄河石林风景区举行。

本赛场马拉松赛事已经多次举办，路线相对固定，爬升落差较小，总体爬升距离不到3000米，相比于其他越野赛整体落差较小，难度系数并不大；同时本场赛事属于一种赏金比赛，前三名可分别获得15000元、12000元、9000元的奖金，即使没有进入前三名，只要顺利完成整个比赛，也能获得1600元的完赛补助，扣除1000元的报名费，仍然可以获得600元的奖励，因此吸引了诸多跑步爱好者和有经验的马拉松选手参加。

比赛当日早上阳光明媚。在鸣枪前，天气逐渐转阴，开始刮起了风，但这些困难都没有阻挡选手参赛。选手们穿着短衣、短裤，轻装上阵，带着饱满的激情出发。

5月份的白银已经进入初夏，作为保暖装备的冲锋衣并没有强行列入必备装备，而是被当成建议装备写入竞赛手册。因此，所有选手的冲锋衣都装进了转运

[①] 央视网.马拉松选手冲线被拽停或导致猝死 专家解读：一点不夸张[EB/OL].（2018-12-04）[2021-12-21]. https://baijiahao.baidu.com/s?id=1618886351480200695&wfr=spider&for=pc.
[②] 海口网.香港马拉松赛事发生事故有570人受伤17人送院[EB/OL].（2013-02-24）[2021-12-21].http:// www.hkwb.net/news/content/2013-02/24/content_1086599.htm.
[③] 新华网.一场越野赛为何成为"夺命跑"？——还原甘肃景泰山地马拉松越野赛惨剧经过[EB/OL].（2021-05-23）[2021-12-21].http://www.xinhuanet.com/local/2021-05/23/c_1127482244.htm.

包,并让工作人员带到距起点62公里的CP6转换点存放起来,为预防天黑后的降温做准备。

鸣枪后是一段曲折的下坡路,在跑动过程中选手逐渐感到寒冷,大家都存在"跑起来就热了"的想法,因此都没有在意。

从起点到CP1转换点之间的路程,被诸多高大的石柱遮挡,所以在此阶段并没有感到有太大的风。但在经过CP2转换点后,就是一望无际的戈壁,没有了石柱的遮挡,途中的风越来越大,在经过CP2转换点几公里后,有不少选手的帽子都被吹掉了。

图5-3-2 鸣枪之后选手们正全力起跑

更艰难的是风力越来越大,天空突然开始下起了雨,雨点滴在人脸上,汗水和雨滴让选手的视线更加模糊,选手们只能眯着眼睛,艰难地睁开一条缝隙,继续坚持进行。糟糕的是此时选手们的身体因雨水的淋湿,开始出现冰冷的情况。但这些选手们依然再坚持,有种"挑战自我、挑战自然"的精神。

从CP2转换点到CP3转换点是一段8公里的爬坡路程,垂直爬升距离达到了1000多米,此阶段全程爬坡,没有下坡,而且山石路部分陡峭光滑,危险系数高,是整个马拉松赛道中最艰难的路程。这里连越野摩托车都很难爬上去,所以在CP3转换点没有任何补给,即使选手通过此段坡路,到了山顶,也没有食物和水源用来补充体力,更没有停下歇息的地方。可以说选手们只要越过山顶,经过CP3转换点后,就没有退出比赛的余地,只能坚持到CP4转换点才行。

马拉松越野赛本来就是充满艰难和危险的比赛,当时甘肃白银一系列的恶劣天气,并没有引起赛事主办方和参赛选手们的警惕。随着时间的推移,风雨交加的程度越来越厉害,气温还在降低。CP2到CP3这一艰难的路程,再加上持续恶劣的天气，终于开始有选手选择原路返回，退出比赛，这种行为对于每位信心满满前来参赛的选手而言，无疑是一种沉重的打击。但后面发生的事情，足以证明他们提前放弃的选择是非常明智的。

选手身上单薄的运动装持续被雨水淋着，紧紧与肌肤贴在一起，即使到一个避风的地方也没有多大效果。一段时间后，选手们开始出现身体发抖的情况，渐渐地开始全身麻木，失去感觉。

对于参赛的运动员而言最害怕的就是赛中出现身体失温现象。身体失温意味着人体消耗的能量大于补充的能量，导致人体核心区温度降低，并发生一系列的寒战、头晕，甚至是心肺功能衰竭等症状，最终极可能造成死亡。人体的核心区通常指心肺、肝脏以及大脑能维持生命活动的主要器官，核心区一旦发生失温就可能在毫无防备的情况下摔倒，如果摔倒后头晕、迷糊，就极可能死亡。

选手们在风吹雨淋、温度极低的环境下艰难地前行着。在此过程中一些选手开始出现头晕目眩、神志不清的状况，连自己什么时候受的伤都记不清了。此时原路返回选择退赛的人越来越多，从山上往下走的人数逐渐增多，面带痛苦的表情告诉上山的选手，不要再往上跑了。

有的选手遇到了放羊的避难屋，就像遇到了救命稻草。他们纷纷躲进了四面透风的小屋，都想着可以得到一点温暖。这些选手们都是幸运的，比他们更糟糕的是还有一部分人已经失去知觉躺在山石上，有的已经口吐白沫，四肢发抖，还有的在地上无助地等待着救援。

从山上下来的人，随处可以看到路两边躺着力不从心的选手，大家都想赶紧下山得到救援，毕竟活着才是最重要的。本次赛事大部分选手都选择了退赛，在这种相对简单的越野赛中退赛还是首次。

在极端天气发生不久后，救援队陆陆续续开始进行救援，但在爬升阶段路途艰难险要，刚上来的救援队员，能为选手提供的帮助十分有限，也只能告诉选手下面有个放羊的避难屋，再坚持一会，到了那里可以避避雨。组委会的技术组发现，许多选手GPS（全球定位系统）的位置已经持续好几个小时没有移动了，可能有些选手已经无法移动了。不活动更难维持体温，危险性越来越大。

所有工作人员希望能在天黑之前将选手们都接回来，但现实往往比想象中的更残酷。到了22日晚上九十点钟，依然有大批的消防员、武警进入黄河石林山地进行救援工作。

糟糕的是比赛路段地形崎岖、地貌复杂，加上深夜气温的再次降低，无疑增加了救援队的搜救难度。对于参赛选手而言，这段令人痛苦的经历却并没有结束。

（2）救援记录

在鸣枪起跑3小时后，求救信息在赛事微信群里爆炸，一个接一个，"有人已经口吐白沫，失去意识了""我们在CP2山顶赶紧来救援"……

9月22日13时30分，白银市景泰县胡麻水村书记王钦林和常生村书记接到黄河石林景区发生险情信息后，火速组织村民前往石林区进行救援。村民在救援途中发现3人已经失去脉搏，冻死在路边。身穿棉衣棉裤的村民，在登向CP2山顶的过程中已经感觉到十分寒冷，此时，山上的温度应该在0℃左右。

14时前后，已经距离选手们发出求救信息2小时，赛事组委会在委托黄河石林景区的应急救援队到达CP2山顶后，调取所有参赛人员的GPS位置分布进行研究判断后，这才发布了停赛的命令。

事故发生后，甘肃省政府高度重视，启动紧急预案，成立现场指挥所及7个救援工作组，省委主要负责的同志亲自带队前往黄河石林景区，在事故发生现场迅速组织救援工作。

18时，救援队和前来支援的村民已经接回参赛选手139名，但仍然有33名选手处于失联状态。22时，确认遇难的选手有10人。23日1时，确认151名参赛人员安全，仍有21名选手失联。3时，确定16人遇难，其余5人仍处于失联状态。随后，遇难选手增加到20人。23日上午9时，最后一名参赛选手的遗体被找到，指挥所最终确认，有21名选手遇难。

（3）参赛人员回忆惊魂时刻

①参赛选手李鹏程回忆

"砰"，22日上午9点发令员鸣枪后，李鹏程和队友满怀激情从黄河石林景区起点出发了，却不知这场看似简单的马拉松比赛最终竟无人完成。

开赛前一天，白银市阴风阵阵，有三次参赛经验的李鹏程想起了东北老家阴风过后定有暴雨的谚语。但是看着本次比赛的路线图和补给转换点的位置，在向裁判和当地居民咨询过后，他没有将天气当回事。李鹏程说："调整呼吸节奏，按照自己的节奏跑，完成比赛应该没问题。心里想着难得这么简单的比赛，一定要拿个名次回来。"

22日下午1点左右，李鹏程刚穿过CP2转换补给点，突然间大风和雨水迎面而来。李鹏程不得不踩稳地面，手扶巨石，此时心中已经有了少许的担忧。风雨交加的寒冷，他深深地感知着。路途中多数选手已经披上了保温毯，还有人已经蜷缩在山坡下躲避风雨，但一张厚度有限的保温毯怎能抵挡得住狂风暴雨，稍不留神，就会被大风刮跑。

眼看着 CP3 转换补给点越来越近，但此时的求生欲望已经战胜了完赛的决心，李鹏程最终决定原路返回退赛。这个决定拯救了他的生命。当时李鹏程和一名穿着白色衣服的选手相互拥抱取暖。不知搀扶着行走了多久，寒冷的天气已经让他们身体出现失温的情况，渐渐地开始意识模糊，最终李鹏程和队友晕倒在返回的途中。

不知过了多久李鹏程睁开眼睛后，发现自己已经躺在某个医院的病床上，打开手机微信后，才发现有几位跑友再也回不来了。①

②参赛选手李健回忆

跑友李健向记者透露，在 CP2 至 CP3 刚上山的时候，就出现了天气恶劣的情况，大风伴随着冰雹，天气异常，令人害怕，当时气温最多三四度。李健说："当时很多选手被吹得在地上打滚，已经有选手选择返回退赛。"最终，李健也做出了下山退赛的选择。在下山途中，李健的手机没电了，全身湿透加上疲惫不堪的身体，此时他已经处于半昏迷的状态，本能意识支撑着他继续前行。这期间，李健狠狠地咬住自己的腮帮子，摇摇晃晃没走几步，再次摔倒了。这次把头摔破了，一股热血流进李健嘴里，血腥味让他清醒了一下。正在此时，他碰到了上山的救援队。

"当时头晕脑涨，下山的路已经看不清了，许多参赛选手躺在道路两边，有的可能已经失去了心跳"李健说。等到下山后，他才渐渐地恢复意识，缓过神来，在赛事微信群中得知，已经有诸多选手失联。

白银市消防救援队队长李渊慧说道："这次救援最大的困难是被困选手相距较远，小汽车只能在途中部分平路行驶，只能采用步行的方式抵达转折补给点。整个搜救过程几乎全靠步行完成，且山地部分地形险要，十分复杂，夜间行走非常危险，在山上许多地方没有信号，只能通过卫星电话进行联系。"

③参赛选手张小涛回忆

跑友张小涛对记者说，枪响之后大概一个多小时，参赛选手们在距起点 20 公里处开始了 CP2 至 CP3 的爬坡赛段。

张小涛说："在爬坡过程中遇到一位姓黄的选手，他用手指了下自己的耳朵，又摆了摆手，大概是听不见的意思，赛后我了解到他是一位聋哑人。在风雨交加的情况下，他已经出现东倒西歪的状况了。还有一位选手从枪响之后我们就在一起跑着，到达爬坡阶段的半山腰处，他开始出现说话哆嗦、全身发抖的情况，我

---

① 新浪网. 甘肃白银马拉松 21 人遇难事件调查结果公布 [EB/OL]．（2021-06-11）2-1-21https:/nance.sina.com.cn/tech/2021-06-11/doc-ikqciyzi9103236.shtml.

见他状态非常不好，就用胳膊搀扶着他，我俩一起走。不知过了多久。可能风太大了，再加上路太滑了，我们无法相互搀扶，因为搀扶着可能两人都要摔倒，于是我俩慢慢地分开了。在我俩前面还有三名选手，事后才得知他们都遇难了。前六名只剩下我一个幸存者了。"

张小涛告诉记者，在比赛之前，当地就开始了刮风的情况，当时气温已经很低了。"九点枪响之后，仍然刮着大风，许多选手的帽子都被吹掉了。""在下山过程中已经刮风下雨了，到了爬坡阶段风雨逐渐变大，到了爬升阶段的半山腰时，开始下起了冰雹，冰雹掉落在脸上，眼睛都睁不开，路都难以看清了。"

"由于风力太大，地面较滑，我在上坡过程中已经摔倒了至少十次。当时身体被冻得僵硬，四肢麻木，慢慢地身体开始不受意识控制了，最后一次摔倒之后我就起不来了。"

当时张小涛趁着自己意识清醒，赶紧披上保温毯，打开了GPS定位器上的SOS，摔倒之后便失去了意识。事后张小涛从记录仪里得知，当时自己昏迷了2个多小时。

说起事故的起因，张小涛告诉记者："天气突然变化带来的风雨交加、气温骤降是主要原因。赛事组委会只让参赛选手必须带上保温毯、GPS和救生哨，但这些均是最基础的参赛装备。"①

（4）四大待解疑问

虽然搜救任务已经结束，但此次事故并没有画上圆满的句号。从目前已掌握的信息来看，大家仍有部分疑问需要进一步解决。

疑问之一：天气预报为何没有发挥预警作用？

据参赛选手说，比赛前一天，天气阴风沉沉，向当地人咨询后得知，该地区大风过后就是天晴气朗，因此就没在意天气的变化。景泰县气象局负责人介绍，曾为此次比赛提供过天气信息专报，也有"蓝色大风预警"的提示。

白银市一户外俱乐部经理说道，预测极端天气是大型体育赛事必须应对的突发状况，本次马拉松事件最大的失误是赛事组委会没有对气象预警做出正确的判断。

疑问之二：赛道保障是否全面？转折补给点设置是否合理？

据参赛选手回忆，在过了CP2转折补给点后，狂风越来越大，大得人无法站住，只能依靠巨石，且气温骤降，冻得选手瑟瑟发抖，就算披上保温毯也没有多

---

① 新浪网. 甘肃白银马拉松21人遇难事件调查结果公布[EB/OL].（2021-06-11）2-1-21https://nance.sina.com.cn/tech/2021-06-11/doc-ikqciyzi9103236.shtml.

大用处，选手渐渐地晕厥，直至失去意识。

此次马拉松越野比赛给参赛选手制定了装备清单，作为保暖装备的冲锋衣只被列入建议选项中，而没有列入必须装备中。根据比赛预定计划，选手们到晚上才会抵达赛道的补给站，而最险要的 CP2 至 CP3 阶段并没有补给站。这种设置是非常不合理的。

疑问之三：组委会是否在第一时间叫停比赛？

记者在采访时，几乎所有参赛人员均表示，在出现恶劣天气直至选手们被冻得浑身发抖、失去意识之前，并没有收到组委会的停赛通知。22 日中午 12 时，参赛选手由于难以忍受恶劣天气在赛事活动群里发出求救信息，而赛事组委会到下午 2 时才决定停止比赛，发出停赛通知。

中国应急管理学会体育活动与安全工作委员会负责人李圣鑫对此次事故说道："本次比赛与其他马拉松赛事的不同点是，本次马拉松越野比赛偏向极限运动。而此类比赛对天气有着一定的要求，当出现特殊天气时，应该提前制定好暂停或终止比赛的预案"。

疑问之四：是否做足紧急救援预案？是否有足够的救援能力？

李圣鑫对记者说："赛事安全管理和紧急救援是极限运动比赛的重中之重，赛事组委会、主办方必须做好充足的赛事紧急救援预案，相关部门要加强对赛事紧急救援预案的审查力度。"宋明认为："从救援的情况看，此次马拉松事故的发生与未在第一时间采取救援措施有很大关系，也是本次事故的关键原因。"[1]

（5）酿成事故的原因

相关负责人介绍，本次事故属于一起公共安全事件，此事件由于在马拉松越野赛爬坡难度最大的路段遭到狂风、降水、降温的极恶劣天气，再加上赛事组委会对竞赛组织与管理的不规范、各部门实施计划的不专业，最终导致大量参赛人员受伤遇难。[2]

①直接原因

在天气方面的直接原因主要有：参赛人员在马拉松越野赛难度最大、体力消耗最多的爬坡阶段，遇到风雨交加、气温骤降的恶劣天气，造成选手们难以维持体温平衡，最终导致部分参赛人员失去意识、摔倒乃至死亡。

在赛事工作上的直接原因主要有：赛事组委会没有提高风险防范意识。赛前

---

[1] 新浪网. 甘肃白银马拉松 21 人遇难事件调查结果公布 [EB/OL].（2021-06-11）2-1-21https://nance.sina.com.cn/tech/2021-06-11/doc-ikqciyzi9103236.shtml.
[2] 新浪网. 白银马拉松事故通报：16 家单位及 27 人被追责 [EB/OL].（2021-06-15）[2021-12-21].

白银市气象局曾为此次比赛提供过天气信息专报，也有蓝色大风预警的提示，而赛事组委会并没有根据天气专报和大风预警采取应对措施，并没有按照高海拔的越野比赛要求将冲锋衣及其他防风保暖装备加入必须装备清单中。本次马拉松越野赛赛道转折补给点设置非常不合理，在比赛爬坡难度最大、危险系数最高的CP2 至 CP3 阶段未设置装备能量补给站和医疗救助站。赛事组委会和主办方在石林密布区未对通信条件进行加强和完善，导致在求救和救援的关键时刻通讯联络失败。赛事主办单位和赛事运行部门的竞赛组织、管理水平较低，没有根据相关规定制定符合赛事特点的紧急救援预案以及安保措施，紧急救援资源严重匮乏。赛事组委会在收到救援求助和大规模的集体退赛信息后才组织救援，救援的及时性和统筹性不够全面。

②间接原因

A.赛事的组织管理不标准。白银市和景泰县对本次重大马拉松越野活动没有进行专题研究，没有根据相关要求合理安排部署，匆忙制定、下发竞赛方案，导致赛事有关部门前期准备不到位，没有对赛事活动采取有针对性的安全保护方案。赛事主办单位没有制定竞赛紧急预案和安全保障措施，赛事具体执行部门严重缺少专业操作人员。

B.赛事的安全监管措施未落实。白银市和景泰县的体育主管部门没有详细落实赛事安全监管责任。白银市相关单位没有按照大型群体活动的要求，对赛事主办方制定的安全保护方案和采取的安全保障措施进行全面有效的监控管理。

C.赛事的紧急救援力量不充足。本次马拉松越野赛制定的紧急预案和相关工作方案中，没有安排针对赛事的紧急救援资源，紧急救援物资、装备以及救援人员准备严重不足。

D.安全保障条件不充足。赛事负责部门没有做好通讯保障工作，在比赛区域内通信信号不全面的情况下，没有设立相应的信号中转站，信息无法顺畅转达，最终导致救援前期指挥通讯出现问题，严重影响救援效率和质量。在 CP2 至 CP4 转换补给点之间的赛道内没有安排充足的医疗救援和安全保障人员。

2.如何做好大型体育赛事活动预案

（1）大型体育赛事活动预案程序的设计

活动预案程序的设计非常重要，它能够确保制度设计的客观性、科学性和公平性，没有科学合理的程序设计，很难有公正的程序结果。[1]对于大型体育赛事

---

[1] 汪全胜：《立法公正的实现与保障机制》，《政法论坛》2005 年第 1 期，第 72—77 页。

活动而言，应急预案的程序设计应具备以下几个特点：应急预案的实体操作性，即预案具备的可操作性，如果发生突发事件，它可以直接拿过来使用；应急预案的科学合理性，应急预案不仅要适用，而且要对突发事件具有较强的合理性、针对性；应急预案的开放性，即预案不是固定不变的，而是随着事故发展及时做出调整，让应急预案更具有实用性和针对性。在做好大型体育赛事活动应急预案方面，应根据我国相关突发事件应急预案的制定程序，设计科学合理的大型体育赛事活动预案制定程序。

①组建应急预案的编制小组

制定大型体育赛事活动应急预案的主体是国务院、省政府和各市区人民政府。具体的预案编制任务需要有相关部门带头，组织相关部门和有关专家共同制定。我国大型体育赛事突发事件应急预案编制小组主要由体育行政部门带头，联合政府管理部门、公安、消防、医疗、交通等单位人员，包括赛事主办方、相关专家、学者等，协调各部门在突发事件中的职责；让专家学者参加是为了听取专业的建议；由体育行政部门的负责人担任组长，负责组织、协调、细化大型体育赛事活动应急预案的编制工作。

②识别、评估突发事件的风险

制定科学合理的大型体育赛事活动突发应急预案，需要对可能发生的风险作出科学的识别和评估。识别风险是指对可能发生的风险进行认识和分类，做出定性估计和经验判断。[①] 风险评估是指在识别风险以后，通过相应的方法对风险发生的概率和可能造成的损失做出评估。[②] 针对不同类型和级别的突发事件，应在科学的风险识别和评估的基础上设计与之相对应的应急预案。

表 5-3-3 我国突发公共事件的分类和等级划分

我国突发公共事件的分类	类型	我国突发公共事件的划分等级	等级
	突发自然灾害		特别重大（Ⅰ）
	突发事故灾害		重大（Ⅱ）
	突发公共卫生事件		较大（Ⅲ）
	突发社会安全事件		一般（Ⅳ）

[①] 庞业涛、何培斌：《建筑工程项目管理》，北京理工大学出版社2018年版。
[②] 李积万：《我国政府部门间协调机制的探讨》，《汕头大学学报》（人文社会科学版）2008年第24卷第6期，第62—66页。

③应急资源的调查

大型体育赛事活动应急预案的制定要以调查应急资料为前提。《突发事件应急预案管理办法》明确指出，应急预案的制定要在调查应急资源之后开展，全面调查开展活动地区和活动单位在第一时间可以调用的应急队伍、物质、装备、场地等应急资源的情况，为制定科学全面的应急措施提供保障。应急资源的调查主要涉及开展活动地区的人力、物力、财力等，必要时还要进行专项应急资源调查。

④广泛征集预案意见

预案编制小组在识别、评估风险和调查应急资源的基础上，应根据相关要求，起草应急预案草案。应急预案除了编写、修改以外，还需要广泛收集预案意见，不断完善编制的应急预案。征集预案意见主要从以下两个方面开展，一是征求相关部门的意见，二是征求与赛事相关的社会组织、社会公众以及专家学者的意见。

⑤预案的报请、审查、批准和公布

担任预案起草任务的通常是预案编制领导小组，将编制好的应急预案草案报请相关人民政府进行审查、批准。大型体育赛事活动应急预案的审查主要有以下内容：审查是否符合相关法规和法律的规定；审查是否与相应应急预案全面衔接；审查各部门意见是否一致；审查应急预案的主体内容是否完备，责任是否明确，安排是否合理，措施是否具体可行等。经过一系列的审查过后，认为没有问题，再依据《突发事件应急预案管理办法》第十九条规定，由相应的政府部门在职权范围内批准、公布相应的大型体育赛事活动应急预案。

⑥预案的演练与评估

通常情况下，获得批准、公布后的预案就可以生效，但是预案具有一定的特殊性，需要进行一定的验证和修改。《突发事件应急预案管理办法》专门制定了应急预案的演练与评估制度。大型体育赛事活动应急预案是否可行，需要进行实践检验，而在真实情景无法再现的情况下，唯有通过模拟现实的应急演练，才能对应急预案做出判断。经过演练和检验的预案才具有一定的有效性和可操作性。最后还需要对应急预案的演练做出评估，评判预案的演练情况、预案的有效性和可操作性、指挥协调和应急联动的情况、应急人员的处置情况等等。只有通过演练和评估的预案才可能有备无患，确保突发事件应急处理的及时有序启动，在第一时间预防、控制突发事件的发生或发展，降低、减少各种损失。

（2）大型体育赛事活动预案制定内容的规范

大型体育赛事应急预案属于专项应急预案，其内容包括明确活动安全风险及防范措施、监测预案、信息上报、应急处理、人员撤离疏散路线和组织等。《国家突发公共事件总体应急预案》明确了预案制定内容的规范。

①确定应急指挥机构和责任

体育赛事应急指挥是指通过各级政府和相关部门在突发事件发生期间，通过组建应急指挥部现场指挥中心、指挥所等临时机构，按照应急管理办法和应急预案的要求，使用一定的指挥手段处理突发事件的一系列活动。应急指挥中心是体育赛事应急管理的核心，既要具有协调、领导各方的能力，又要有调度应急资源的能力，因此，应急管理指挥机构的负责人通常由各级人民政府的最高领导担任。除了应急管理指挥机构以外，还设立四个密切相关的工作组，如综合评估组、救援组、资源保障组、财务控制组，分别行使不同的应急救援职能。[①]

②预警机制

大型体育赛事突发事件的预警是指在风险潜伏阶段进行的一切有效的预防和警示工作。大型体育赛事活动的风险具有不确定性，由于突发体育赛事事件的信息相对分散，在如此大量的信息中探索有用的信息十分困难。因此，预警机制中要建立全面的信息收集、分析制度，做到早发现、早报告、早处理，不断完善赛事管理中与预警有关的机制，构建一套全面的大型体育赛事预警机制。[②]

③应急处置机制

《国家突发事件总体应急预案》规定应急处置机制有四个环节：信息报告、前期处理、应急响应、应急结束。目前我国没有制定大型体育赛事突发事件应急预案，因此我们需要根据其他方面的应急处置经验，对大型体育赛事应急处置机制进行构建或改进。首先，改进信息上报方式，尽量采用网络上报，减少上报延误时间；其次，应提高应急决策能力，避免延误时机；再次，应该明确各部门的职责，在突发事件发生后，各部门要各司其职协调合作；最后，应该提高各方面的动员能力，做到争分夺秒。

④应急保障机制

《国家突发公共事件总体应急预案》中的应急保障机制包含人力、物力、财力、基本生活保障、交通运输保障、医疗卫生保障等。在大型体育赛事突发事件中，如果有一项应急保障措施跟不上，就可能影响整个应急处置的进度。三大主要保障分别是人力、财力、物力。人力就是参与应急救援的人力，包括公安消防队伍、医疗救援队伍、治安管理人员、紧急通讯人员等；财力是指应急救援的资

---

① 郑琛、佘廉：《我国突发事件现场应急指挥组织体系构建探析》，《华南理工大学学报》（社会科学版）2016年第1期，第46—51页。

② 祝小宁、袁何俊：《突发公共事件预警机制探索》，《管理观察》2014年第30期，第9—13页。

金保障，是保障救援的关键；物力是指救援所需的各种物质设施和设备等，如交通设施、消防设置、医疗设施等。另外，在整个紧急救援过程中，信息发布也十分重要。①

（四）教学指导手册

1. 适用范围

A. 适用对象：体育硕士专业学位研究生。

B. 适用课程：体育赛事运作等竞赛组织管理领域相关课程。

2. 教学目标

本案例的教学目标是帮助硕士研究生学会体育竞赛组织与管理领域的相关原理，理解体育竞赛活动组织与管理的基本内容、体育竞赛组织与管理的作用，了解体育竞赛的组织形式，掌握体育赛事常用机构设置及其职能，知晓如何对体育赛事现场突发风险进行管理，懂得如何制定全面的大型体育赛事活动应急预案。

3. 教学内容

A. 从体育竞赛组织与管理的角度，对导致案例中 21 位参赛选手遇难的原因进行分析，交流体育竞赛组织管理的基本内容，了解制定体育赛事预案与赛事主办方、参赛选手和赛事工作人员的关系。

B. 从体育赛事组织与管理角度，分析本案例中选手们遭遇极端天气时没有应对装备的原因，讨论制定大型体育赛事活动紧急预案的必要性和重要性，学会如何对大型体育赛事进行组织和管理，并学会制定体育赛事活动应急预案，如医疗、补给、通讯、救援等。

C. 通过分析案例中没有及时进行救援的原因，讨论体育竞赛的组织形式，以及如何管理体育竞赛。

D. 以硕士研究生小组为单位，从体育赛事负责人的角度出发，尝试制定一份体育赛事活动预案，并讨论如何实施体育赛事预案。

E. 组织硕士研究生讨论从哪几个方面现场处理社会体育赛事突发事件。

4. 要点提示

现将本案涉及的关键知识点和关键能力点归纳如下（表 5-3-4）。

---

① 陆卫平、柴建设、孟繁林：《北京大型体育赛事突发事件应急处理》，《首都体育学院学报》2006 年第 1 期，第 32—34 页。

表 5-3-4　本案例涉及的关键知识点和关键能力点

	内容
关键知识点	体育竞赛组织与管理的作用、基本内容、组织形式，体育竞赛管理，大型体育赛事预案的制定，社会体育赛事现场突发风险的管理，大型体育赛事风险管理的基本流程
关键能力点	沟通能力，表达能力，研读资料能力，专业实践能力，解决问题能力

（五）预期效果

通过本案例的学习，硕士研究生能够了解体育赛事组织与管理的内容、方法以及重要性，能够理清21位参赛选手遇难的原因，掌握怎样更好地对体育赛事进行组织和管理，避免出现案例中的情况；能够掌握体育竞赛管理及体育赛事应急预案制定的方法，为参赛选手提供安全保障；能够掌握如何采取赛事紧急救援措施。能够学会分析体育赛事致险因素、评估体育赛事风险强度、选择体育赛事风险对策、实施体育赛事风险方案等知识。由于案例中"转折补给点设置不合理"与赛事管理人员专业能力不足有着密切联系，因此，通过案例分析，硕士研究生还应该学会怎样安排设置马拉松越野赛的转折补给点。

（六）教学计划

1.时间安排

整个案例课分为两个阶段，时间130分钟（3个课时，课间休息10分钟）。

第一阶段（60分钟）：A.阅读案例（5分钟）；B.分组讨论，启发思路（20分钟）；C.各小组发言（20分钟）；D.报告讨论结果，分享观点（15分钟）。

第二阶段（60分钟）：A.分组制定大型体育赛事活动预案（10分钟）；B.分组讨论，对案例中涉及的相关知识点进行梳理和总结（15分钟）；C.各小组发言，报告讨论结果，分享观点（15分钟）；D.对案例进行总结归纳（20分钟）。

2.环节安排

布置预习，对体育竞赛组织管理相关知识原理的梳理与掌握→小组讨论"甘肃白银马拉松事件发生的原因"→总结收获，提出解决措施→小组汇报具体方案，共同讨论最优解决措施→选出代表讲述最优方案→教师点评。

3.条件要求

A.人数要求：40人以下的班级教学。

B.教学方法：参与式教学、小组合作等方式，以师生的讨论为主，讲授为辅。

C. 工具选择：多媒体、案例打印资料。

D. 组织引导：教师任务布置清晰，预习要求明确；提供给硕士研究生必要的参考资料、案例；给予硕士研究生相关的技能训练，便于课堂实践的有序进行；对硕士研究生的讨论给予必要的指导和建议。

（七）思考题

A. 从参赛者的角度，谈谈如何避免与应对大型体育赛事中出现的极端天气。
B. 以体育赛事负责人为视角，分析体育赛事活动预案的价值。
C. 怎样做大型体育赛事活动预案？
D. 谈谈大型体育赛事购买体育保险的价值。
E. 谈谈如何强化马拉松越野赛中的通信信号。

第四节　社会体育指导领域教学案例库

一、案例：学校体育场馆能否对外开放

（一）案例归类：案例适用于社会体育指导领域

1. 摘要

随着大众生活质量的不断提高，人们对体育活动的需求也越来越大，但是社区有限的公共体育场馆已经无法满足人们进行体育活动的需求。学校体育场馆在晚上、周末、寒暑假期间利用率极低，将其对外开放，让大众在学校体育场馆进行体育活动，有利于缓解社会体育场馆不足带来的压力。学校体育场馆对外开放的口号喊了很多年，但收效甚微，原因是开放的学校体育场馆屡屡出现场馆器材破损严重、影响学生上课、与学生发生冲突，甚至是受伤后要求学校赔偿高昂的医疗费等情况。本案例对一系列学校体育场馆对外开放出现的问题进行分析，运用社会体育学、体育场馆经营管理相关原理探讨如何解决体育社会问题，如何对开放的学校体育场馆进行管理，让大众能利用学校体育场馆设施进行锻炼，提高体育活动质量，同时也帮助社会体育指导领域研究生掌握体育社会学、体育场馆经营管理等方面的学科知识。

2.关键词

学校体育场馆　对外开放　体育场馆管理　体育社会问题

3.教学目标

A. 掌握学校体育场馆对外开放的要求。

B. 学会如何解决学校体育场馆对外开放期间发生的问题。

C. 了解学校体育场馆和设施管理的方法。

D. 了解社会体育参与的制约因素。

E. 学会如何解决体育社会问题。

（二）案例引言

1995年，国家体委下发了《关于公共体育场馆向群众开放的通知》。2006年7月，教育部和国家体育总局决定将逐步在全国推动学校体育场馆向社会公众开放的政策，学校可在保证有效完成体育教学任务、顺利进行体育训练和竞赛、全面进行课外体育活动的基础上，高效利用学校现有的体育场馆和器材为社会服务。为进一步贯彻落实学校体育场馆服务社会精神，2017年2月，教育部和国家体育总局共同下发《关于推进学校体育场馆向社会开放的实施意见》，为推动学校体育场馆全面对外开放和进一步落实全民健身计划提供了条件。与此同时，诸多社会体育专家对我国学校体育场馆对外开放问题进行了理论研究，并得到了丰硕的成果，为进一步实现学校体育场馆对外开放提供了理论支持。

《第六次全国体育场馆普查数据公报》表明，到2014年年底，我国大中小学共有66.05万个体育场馆，占地总面积达到了10.56亿平方米，占全国体育馆总数量和总面积的比例分别是38.98%、53.01%，学校体育场馆无论在数量上还是面积上都有着非常大的优势。①但是，数量众多、面积庞大的学校体育场馆对外开放、服务大众的程度却不尽如人意。有资料显示，我国只有30%的学校体育场馆对外开放，诸多学校体育场馆在课后、周末、节假日只能空闲着，利用价值大打折扣。2011年，我国只有29.22%的学校体育场馆对外开放，而与我国隔海相望的日本已有81.21%的学校体育场馆对外开放，其中公立中小学体育场馆的对外开放率更高，达到了98%以上。随着生活质量的不断提高，大众对健身场馆设施的需求量也日益加大，学校体育场馆对外开放的呼声也越来越高。

---

① 国家体育总局.第六次全国体育场地普查数据公报[EB/OL].（2012-12-26）[2021-12-21].https://www.sport.gov.cn/n4/n210/n218/c328625/content.html.

从2006年国家体育总局和教育部决定逐步在全国推行学校体育场馆向社会开放之后，诸多大、中、小学的体育场馆也尝试对外开放，服务社会，扩大大众体育活动的场馆面积，解决社会公共体育场馆设施不足的问题。但是学校场馆设施对外开放过程中频频出现场馆器材磨损严重无人维护、社会公众干扰学生上课、社会人员运动时与师生发生冲突等问题，甚至有人在学校场馆运动时受伤，要求学校赔偿几十万的高额医疗费用。因此，近些年大部分学校运动场馆设施并不对外开放。

本案例是典型的学校体育场馆对外开放管理不当、体育场馆设施制约社会体育参与的事件。学校体育场馆对外开放有利于缓解大众健身场馆不足的压力，但公众的一些不道德行为以及学校体育场馆管理存在的缺陷，导致目前多数学校体育场馆不对社会开放，社会体育场馆设施不足严重制约大众的体育参与。通过分析探讨本案例，帮助体育硕士专业学位研究生了解社会体育参与的制约因素，解决一系列体育社会问题，更好地服务社会体育工作。

（三）案例正文

1. 案例介绍

（1）学校体育场馆对外开放惹出一堆麻烦[①]

杨老师是北京一所大学的篮球老师，所在学校为积极响应全民健身计划，学校室外篮球场在每天下午的4点30分定时对外开放。自从学校的室外篮球场对外开放之后，虽然给广大居民体育活动带来了方便，但是他的篮球课却陷入没有场地上课的尴尬，因为杨老师带的篮球选修课恰巧在下午的这个开放时间上课。只要打球的人稍微增多，他的篮球课就很难有容身之地，甚至有时还需要跟社会人员争抢场地。有一次，因为场地原因，校外人员还和他们起了冲突，导致那节篮球课延长十几分钟。

记者走访了北京市几所体育场馆质量较好的学校，发现许多学校的体育老师都有着和杨老师一样的烦恼，自从学校体育场馆对外开放之后，学校遇到的"麻烦事"是多种多样、一个接一个。某学校体育场馆负责人告诉记者，学校体育场馆没有明文规定必须向社会开放，为了减少不必要的麻烦，他们索性关闭了体育场馆的大门，不让校外人员进入。

---

① 中国青年报. 学校体育场对外开放惹出麻烦一堆 [EB/OL].（2007-05-21）[2021-12-21]. http://zqb.cyol.com/content/2007-05/21/content_1765866.htm.

（2）屡成被告让学校心有余悸

学校体育场馆对外开放之后，校方最担心的是校外人员在进行体育活动时受伤，目前已有多个学校因有人受伤赔偿了高额的费用。

一位篮球老师所在的学校就遇到了麻烦。说起这个麻烦，这位篮球老师总感觉有些蹊跷："那是在一个风雪交加的冬天，学校由于天气原因锁上了室外篮球场的大门，但有一位社会篮球爱好者和他的球友们跳过学校围墙来到球场打球。这位篮球爱好者人高马大，跳起来轻轻松松双手抓筐，当天就在他双手抓筐时，篮球架却突然被拽倒并砸在他身上，他因此受了重伤，并导致终身残疾。事后，他起诉学校对体育场馆设施监管不规范导致他受伤，要求赔偿医疗费用。最终学校败诉，赔偿他几十万的医疗费。"学校当时已经关闭了篮球场，社会人员自愿翻墙进来打球，就这种情况下学校仍然被判赔偿医疗费。可以想象，如果在学校体育场馆开放期间发生类似的伤害事故，学校的责任岂不是更严重？这位篮球老师对记者说："这种情况不仅发生在我们学校，还有一所高校也发生过类似的情况。在这所高校体育场馆对外开放期间，一位社会人员在篮球场抓筐时，篮球架子也被拽倒砸到身上，造成他上肢受伤，事后他将学校告上法庭，最终的审判结果依然是学校赔偿医疗费用。"

另一位姓于的体育老师说："这种伤害事件在体育课上通常不会发生。在体育课上，学生们都会有组织、有纪律地进行体育活动，体育教师根本不会让学生进行难度较大的练习，更不可能让学生做一些存在危险的动作。但是社会人员就不同了，他们不受我们管理，经常做一些有难度的动作，在完成动作过程中，只要由于学校体育设施问题造成伤害，他们通常会将学校告上法庭，而最终的审判结果一般是学校败诉。"

杨老师上课的高校，免费对外开放的场地只有田径场和篮球场，而网球场和足球场在使用时需支付一定的场地费，获取的场地费仅够用来维护和管理球场。田径场和篮球场出现"麻烦"的次数最多，田径场安装有各种健身器材。对大众健身者的吸引力较大。杨老师十分担心社会人员在使用器械时受伤。他在开放时间去田径场看过几次，发现许多锻炼者使用器械的方法都是错误的，极容易发生危险，一旦出现事故，学校肯定要赔偿医疗费。这所高校游泳馆对外开放后为防止意外发生，在原来的基础上又增加了数名救生员，如果社会人员在游泳馆发生了安全事故，学校肯定面临着承担责任的风险。

（3）频生事端让学校怨声连连

"除了器械引发的事故以外，还有部分社会人员隔三岔五就会找学校场馆的麻烦，让老师们十分烦恼。在学校篮球场上，社会人员与学生打球时发生冲突的情况经常发生，有时甚至出现打架事件，为此学校拨打了好几次110，但似乎没有作用。几天之后，那几个喜欢惹是生非的人还会来球场打球。我就惹上了一次麻烦。有一次，那几个经常惹事的社会人员与场地管理员发生了争执，他们先动手打了管理员，后来我们看不过，前去帮忙，因此发生了打架事件，但对方的医疗费却由学校赔偿。"杨老师说："学生们学习了一天，都想在晚上出来活动一下，但现在却要和社会人争抢有限的运动场地，学生经常向学校反映，他们已经没有可以安全打球、锻炼的场地了。"

一位姓高的老师对记者说："现在我们学校操场的磨损情况非常严重。正常使用场地根本不会造成现在的磨损。例如，在上田径课时，学生都会穿运动鞋进入场地，从而减少不必要的磨损。但是，社会人员却不会这么做，晚上会有很多人到操场跑步遛弯，经常有人穿皮鞋，还有一些女士穿高跟鞋。我们的场地管理员也曾多次劝阻，但他们根本不听，还经常跟管理人员发生口角。与此同时，操场上的健身器械也磨损厉害，这是由于社会人员使用方法不正确造成的。"

北京市一所中学的体育场馆始终没有对外开放，这个学校的王老师对记者说："中学和大学存在一定的差异。每天放学后，学生离校、教师下班，如果体育场馆对外开放，就应该有教师对场馆进行管理。如果安排教师进行管理，那加班费该由谁出？再加上学校的教育经费本来就不充足，新建的篮球场都是塑胶场地，如果社会人员使用不当，对场地造成不必要的磨损，谁来出这个维修费用？当然了，我们最担心的还是社会人员在运动时受伤，万一真的受伤，学校根本赔不起那高额的医疗费。"王老师说："目前并没有法规条文要求必须将学校体育场馆对外开放，更没有专门人员进行监督，既然如此，开放体育场馆存在这么多责任隐患，我们还是选择不对外开放比较稳妥。"

（4）场馆开放后的不文明行为①

2019年9月，北京市某城区十几所中小学的田径场、篮球场、足球场和羽毛球馆等室内外体育场馆纷纷向社会公众免费开放，只要是课余时间、周末、节假日、寒暑假，广大市民可无须预约就能前去锻炼。此消息一公布，就得到了广大市民的关注。网友们称赞，所有开放体育场馆的硬件设施都非常好，全塑胶场地，器材设施齐全，周边增加了围墙，安装了照明灯，将教学区与运动区分开，还加派了校园保安数量。但开放不久就有市民反映，有些人在运动场馆的不文明行为

---

① 北京日报客户端.学校体育场向社会开放后，让人担心的问题出现了[EB/OL].(2019-10-23)[2021-12-21]. https://baijiahao.baidu.com/s?id=1648150158521124805.

令人羞愧。

记者来到某一小学田径场探访，由于学校规模有限，这所小学的田径场较其他学校小，但学校处在人员密集的居民区，前来锻炼的人却很多。场地安保人员说，周一到周五晚上7点到9点开放，开放时间段内，小小的田径场最多的时候有160多人同时活动。

除了运动之外，田径场还成了不少家长遛娃的主阵地。出于安全考虑，教学区并不对外开放，因为田径场上没有厕所，一些家长就让孩子在田径场边大小便；还有人将电动车骑到场地上，在健身器材上晾被褥。田径场上时不时会出现丢弃的纸巾、食品包装袋，开放时间结束，田径场垃圾遍地，一片狼藉。

图 5-4-1　市民在学校运动场丢垃圾（左）、停放电动车（右）

图 5-4-2　市民在学校运动场遛娃（左）、晒被子（右）

一位场馆管理人员对记者说，田径场对外开放大大增加了学校的管理成本。开放期间，每天晚上都安排了校领导、体育教师和数名保安值班；为了解决开放后的环境卫生问题，学校雇用了两位专业保洁人员，负责开放期间田径场的保洁。

2.学校体育场馆不对外开放的原因[①]

"每天锻炼一小时，健康工作50年，快乐生活一辈子。"社会体育不仅是提高国民身体素质的基础，还是民族体质发展的基本保障。

---

① 许贵福：《我国城市学校体育场地开放现状与发展对策研究》，《体育与科学》2011年第32卷第6期，第110—114页。

公共体育场馆设施不足和不合理使用是当前我国主要的体育社会问题之一，更是制约社会体育参与的关键因素，多年来一直困扰着大众健身活动的开展。如，多个社区周边连一个运动场都没有，闲暇时间只能驾车去几十公里外进行锻炼；篮球场上跳广场舞、社区健身场地停车、晒粮食，而符合运动标准的学校体育场馆周末假日宁肯闲着也不对社会开放。究其原因，主要有以下几个方面。

A. 场馆产权、运营模式不明确。场馆的产权问题来自建设时期，学校体育场馆建设的费用通常不是一方可以承担的。产权问题通常会关系到学校对外开放的运营模式。目前国内学校体育场馆对外开放主要有两种模式：一种是学校单方自主运营，另一种是学校和社会体育组织双方共同运营。这两种模式由于场馆产权问题一直存在权责和分工不明确的弊端，往往出现逃避责任的情况。

B. 场馆维护、管理任务重。学校体育场馆存在质量不高、功能单一、规模有限的问题，由于受人力、物力、财力以及管理经验方面的影响，学校体育场馆的新建、改建、维护、管理等难以开展；在场馆维护方面由于没有专业的维护人员和维护工具，场馆设施的维修保养依然存在多处问题。同时学校体育场馆在对外开放过程中，由于使用人数的增多，场地磨损严重、环保任务重等问题逐渐浮出水面。这将增加学校对场馆的维护、管理费用。再加上学校以教学为主，在场馆维护和管理上的经费本来就少，这无疑进一步加重了学校的负担，所以一些学校不愿意在空闲时间对外开放体育场馆。

C. 安全事故频频发生。安全一直是个令人头疼的问题，锻炼者在体育活动中难免会出现一些磕碰，严重时会发生一些意外受伤事故。社会公众在进行体育锻炼时，由于使用器械的方法不正确，存在一定的危险性，也极可能导致使用者受伤。社会公众在学校体育场馆进行体育活动期间出现类似问题，通常要求赔偿，严重时可能引起法律纠纷。学校对外开放体育场馆给广大群众带来便利的同时，还存在承担责任的风险，给学校带来不小的麻烦，因此，许多学校体育场馆不对外开放。

D. 影响教学秩序。学校的主要任务是教书育人，学校体育场馆在对外开放期间，由于没有制度的约束，难免出现破坏校园设施、随意丢垃圾、大声喧哗以及霸占场地等不文明行为，严重干扰了学校正常的教学秩序。因此，学校为保证教育教学的顺利进行，不得不关闭对外开放的大门。

3.如何解决学校体育场馆对外开放问题

学校体育场馆在课余时间对社会开放得到了广大群众的支持和肯定，这种做法切实可行,不仅可以充分利用空闲场馆设施,还可以更好地为大众体育活动提供服务。学校体育场馆应该而且有必要对外开放。但这并非一件简单的事情,建立科学、全面的运行机制非常重要。

(1) 明确责任方,选择运营模式

学校体育场馆的建设通常由多方负责,场馆对外开放时通常出现产权不明确的情况。产权是归学校还是归政府?这些问题一直困扰着体育场馆的对外开放。因此在场馆开放前必须明确责任方,避免相互推责的情况,必要时可以签订责任协议。

学校体育场馆的运营模式也会影响对外开放。目前国内学校体育场馆主要有自主运营和共同运营两种模式,但这两种运营模式都存在专业服务不到位、责权划分不清晰、逃避责任等问题。近几年国内出现了第三方委托运营模式,该模式是当地政府或学校委托第三方管理机构运营场馆,该模式有全面的运营计划,能有效解决学校体育场馆开放期间出现的问题,让学校体育场馆得到有效利用。无论学校体育场馆是公益性的免费开放,还是收费性的开放,都必须选择一个科学合理的运营模式,这是学校体育场馆持续对外开放的前提。[①]

(2) 扩大场馆经费来源

场馆经费是对场馆进行更新、维护、修建、管理的保障,经费支持是学校体育场馆对外开放的基础。学校、政府或第三方管理部门可以适当采取收费开放的方式,获取的场馆经费缓解学校体育场馆经费不足的压力。有人提出在场馆举办活动时,当地政府应该给予适当的资金支持。在体育场馆设施维护所需的经费方面,可以引入企业赞助,如商业广告、商业宣传等方式。还可以从体育彩票的收入抽成,将抽取的收入分配给开放的学校充当场馆经费,实现学校体育场馆更好地为社会体育服务。

(3) 建立全面的维护、管理机制

为避免学校体育场馆对外开放期间发生安全事故,建立全面的维护、管理机制十分重要。在场馆维护方面,适当增加维护人员,采用配套的维护工具,增加维护经费,如定期打扫卫生、定期检查损坏情况等,减少场馆设施存在的安全隐患,给大众营造一个健康、安全的体育活动场所。在场馆设施管理方面,通过计算机网络制作运动卡,刷卡入场,对居民使用场馆、出入场馆时间以及运动项目等进行记录,实现全程管理,消除安全隐患。建立微信公众号、官方抖音账号,

---

① 张生开、程文广:《委托代理理论下我国学校体育场地对外开放策略》,《河北体育学院学报》2019年第33卷第6期,第26—29页、第34页。

定时向大众推送场馆设施使用方法、管理规定以及注意事项，加强场馆的宣传工作，全面监控，保证场馆和器材的正确使用。对于违规使用者要进行警告、处罚甚至将其纳入场馆黑名单，减轻学校体育场馆的管理压力。对场馆进行物理隔离，比如铁丝网、围墙等，保证在场馆对外开放期间维持正常的教学秩序。计划好场馆的开放时间，做到不与上课时间冲突，保证学生们有一个安全的课堂环境。划分学校体育场馆的功能区，让健身人员自动分流，避免使用者过于集中而引发安全事故。通过建立场馆的维护、管理机制，避免开放期间发生各种事故，减少不必要的麻烦，更有利于解决体育社会问题。

（4）加强文明锻炼的宣传力度

文明锻炼是学校体育场馆对外开放的基础。大众在学校体育场馆文明锻炼，能促进学校开放场馆的积极性。政府、学校有责任开展文明锻炼方面的宣传。定期进社区开展文明锻炼讲座，发放文明锻炼海报和宣传单，通过微信公众号、抖音小视频等，向大众传递文明锻炼知识；学校体育场馆可以安装播放器，向大众播放文明锻炼视频、须知，帮助锻炼者树立文明锻炼的意识和观念。大众在进行锻炼时应当自觉遵守学校体育场馆的规章制度，主动配合学校体育场馆的管理，自觉爱护体育场馆设施和器材，争做文明锻炼者。此外，学校还可与锻炼者签订安全文明公约，提高文明锻炼意识。

（5）制定场馆设施使用法规条例

学校向社会开放体育场馆，为广大居民提供体育活动场所，相当于社会公益活动，不仅没有盈利，而且还要投入大量的人力、财力、物力。故意闹事、违规使用、随意丢垃圾等不文明现象，不仅给学校体育场馆和正常教学秩序带来影响，而且还会降低学校继续开放体育场馆的积极性。因此，学校在开放体育场馆时十分必要制定详细的场馆使用规则、惩罚制度以及责任声明等法规条例。

在制定场馆设施使用规则时，应将各种场馆和器材的使用方法、使用范围及注意事项等详细地写进规则里。如，自觉维护体育场馆卫生，禁止将自行车、电动车等交通工具停在体育场，禁止携带宠物进入场馆，禁止使用大功率音箱等，通过规范广大居民的体育行为，为学校体育场馆营造一个文明的环境。

在制定场馆惩罚制度时，应根据场馆损坏程度和恶劣行为的影响程度，制定处罚条例。如果没有对场馆设施造成破损，可对违规者进行警告和口头教育；如果对场馆设施造成一定的损坏或严重影响他人活动，应根据场馆的损坏程度和影响程度，对破坏者适当进行处罚；对故意破坏和不听劝阻者应纳入黑名单，保证学校体育场馆有序开放。

在制定场馆责任声明时，应同步制定法律配套措施，如，明确告知社会公众在学校场馆进行体育活动受伤责任自负，与学校无关，学校无须承担医疗费用。在居民受伤的医疗费用方面，可在居民使用学校体育场馆时，提醒居民购买意外伤害保险，让保险公司承担意外受伤、意外事故和意外医疗责任等费用，既全面保护各方利益，又为学校减少顾虑，从而减轻学校开放体育场馆的压力。

（四）教学指导手册

1.适用范围

A.适用对象：体育硕士专业学位研究生。

B.适用课程：体育社会学、体育场馆经营管理等社会体育指导领域相关课程。

2.教学目的

本案例的教学目标是帮助硕士研究生掌握如何管理学校体育场馆和设施，了解社会体育参与的制约因素，掌握学校体育场馆对外开放的要求，学会解决学校体育场馆对外开放期间发生的一系列问题以及如何制定场馆使用的法规条例等多方面的知识，学会如何解决体育社会问题。

3.教学内容

A.从社会体育指导的角度，对案例中学校屡成被告的原因进行探讨，讨论学校体育场馆设施的管理方法，交流学校体育场馆对外开放与学校、社会公众以及全民健身计划的关系。

B.从体育社会问题视角，分析本案例中学校体育场馆对外开放存在的问题，了解体育社会问题的种类和特点，掌握解决体育社会问题的方法和手段，如建立社会公平机制、保障大众参与体育活动的平等权利、加强体育场馆管理等。

C.以硕士研究生小组为单位，交流学校体育场馆对外开放的要求，并从学校体育场馆负责人的角度出发，尝试从使用规则、处罚标准、责任声明等方面，制定一个体育场馆规章制度，并讨论大众在使用学校体育场馆时的违规行为。

D.小组讨论分析制约社会体育参与的因素。

F.分析案例，讨论如何处理学校体育场馆开放期间发生的安全事故。

4.要点提示

现将本案涉及的关键知识点和关键能力点归纳如下（表5-4-1）。

表 5-4-1　本案例涉及的关键知识点和关键能力点

	内容
关键知识点	学校体育场馆设施的管理，社会体育参与的制约因素，学校体育场馆对外开放的要求，体育社会问题的解决方法
关键能力点	沟通能力，表达能力，研读资料能力，专业实践能力，解决实际问题的能力

（五）预期效果

通过本案例的学习，硕士研究生能够掌握社会体育指导领域的相关知识，如体育场馆设施的管理方法、手段等；能够理清多数学校体育场馆不对外开放的原因，掌握如何对学校开放的体育场馆进行管理；掌握学校体育场馆对外开放的要求，掌握体育社会问题的解决方法，了解社会体育参与的制约因素，为全民健身计划提供保障。由于案例中学校体育场馆不对外开放与场馆的维护经费不足有很大关系，因此，通过案例分析，硕士研究生还应该掌握学校体育场馆经费的解决途径。

（六）教学计划

1. 时间安排

整个案例课分为两个阶段，时间130分钟（2个课时，课间休息10分钟）。

第一阶段（60分钟）：A.阅读案例（5分钟）；B.分组讨论，启发思路（20分钟）C.各小组发言（20分钟）；D.报告讨论结果，分享观点（15分钟）。

第二阶段（60分钟）：A.分组制定学校体育场馆使用规则（15分钟）；B.分组讨论，对案例中涉及的相关知识点进行梳理和总结（15分钟）；C.各小组发言，报告讨论结果，分享观点（15分钟）；D.对案例进行总结归纳（15分钟）。

2. 环节安排

布置预习，对社会体育指导领域相关知识原理的梳理与掌握──小组讨论学校体育场馆不对外开放的原因──总结收获，提出解决措施──小组汇报具体方案，共同讨论最优解决措施──选出代表讲述最优方案──教师点评。

3. 条件要求

A.人数要求：40人以下的班级教学。

B.教学方法：参与式教学、小组合作等方式，以师生的讨论为主，讲授为辅。

C.工具选择：多媒体、案例打印资料。

D. 组织引导：教师任务布置清晰，预习要求明确；提供给硕士研究生必要的参考资料、案例；给予硕士研究生相关的技能训练，便于课堂实践的有序进行；对硕士研究生的讨论给予必要的指导和建议。

（七）思考题

A. 从场馆管理员角度谈谈如何应对社会人员在学校场馆运动时受伤的问题。
B. 如何避免社会公众在学校场馆的不文明行为？
C. 从学校体育场馆负责人视角，分析制定体育场馆规章制度的价值。
D. 谈谈学校体育场馆与社会体育的关系。
E. 谈谈学校体育场馆对外开放对全民健身计划的作用。
F. 谈谈体育社会问题的危害。

二、案例：如何解决广场舞扰民问题

（一）案例归类：案例适用于社会体育指导领域

1. 摘要

广场舞属于一种特殊的社会文化，它诞生于大众的日常生活，对大众的休闲娱乐具有重要价值。参与广场舞不需要任何舞蹈基础，不需要任何技术能力，更没有什么制约条件，无论男女老少均可参加，对大众有着较强的吸引力，逐渐成为社区居民普遍参与的健身活动。近几年，伴随着广场舞规模不断扩大，多地出现了广场舞扰民现象。广场舞扰民现象主要表现在噪声污染、侵占场地等方面。本案例以叙事为研究方法，通过对广场舞的特点、价值、扰民的原因以及一系列广场舞扰民事件进行分析，运用社会体育学、社会体育等领域的基本原理，帮助社会体育指导领域研究生掌握社会体育管理、公共利益等社会体育领域的相关知识，使广场舞在不干扰其他市民正常生活的基础上，实现健康、良好、可持续发展。

2. 关键词

广场舞　社会冲突　社会体育学　社会体育　公共利益

3. 教学目标

A. 了解社会体育的概念及特征。
B. 理解社会体育管理的重要性、原则、基本环节和内容。

C. 学会制定社会体育管理办法。
D. 学会对社会体育组织进行管理。
E. 了解什么是公共利益。

（二）案例引言

随着全民健身计划的推广以及2008年北京奥运会的成功举办，大众健身意识逐渐增强，健身热潮高涨。广场舞不受场地、设施、人数的限制，简单易学，且具有广泛的娱乐、休闲、健身、艺术、交友等特点，符合大众的健身需求。广场舞的出现，极大地带动了大众参与社会体育的积极性和自觉性，有效地普及了全民健身意识和终身体育理念。在享受广场舞带来快乐的同时，走出家门，感受社会与自然的美好，实现国民体质健康水平的提高，对实现全民健身计划具有重要作用。伴随广场舞兴起的同时，也出现了影响他人休息、学习等扰民现象，更有甚者甚至发生冲突，严重影响社会公共利益和社会秩序。

广场舞属于社会体育的重要组成部分，广场舞扰民事件暴露出了社会体育管理存在的一系列问题。通过案例分析与探讨，帮助社会体育指导领域研究生了解社会体育管理的重要性以及如何管理社会体育等知识，提高实践管理能力。

1. 广场舞的特点

（1）参与广泛

广场舞属于一种特殊的社会文化，它诞生于大众的日常生活，具有愉悦精神、身体健康、社会交往等功能，对大众休闲娱乐具有重要价值。参与广场舞不需要任何舞蹈基础，不需要任何技术能力，无论男女老少均可参加。一个广场舞站点通常会有上百人的规模，生活中处处可见男女老少参加的广场舞。

（2）形式多样

广场舞在全国范围内流行，各地区的地域条件、民俗风格、文化背景等不尽相同，因此国内不同地区广场舞的风格和表现形式也存在较大差异，舞曲、服装、动作更是各具特色。广场舞的表现形式和风格与当地的民俗民风密切联系，体现了当地的地域特征。全国各地区的广场舞多种多样、精彩万分。

（3）灵活开放

广场舞对时间、场地、人数、天气等要求较低，热爱广场舞的男女老少均可参与其中。目前来看，广场舞通常选在公园、社区广场等大众休闲娱乐场所，人口密集，人流量较大，爱好者随时可以参与其中，感兴趣的随时可以加入尝试。

广场舞具有显著的自发性，参与者大多由社区居民组成，通常由观赏者转变而来。观赏过程中产生兴趣后可以随时加入广场舞队伍中,活动感到劳累后,就地休息就可成为观赏者。热爱广场舞的居民通常在茶余饭后自觉地到指定地点参与舞蹈活动,充分体现了广场舞的自发性。①

2.广场舞的价值

(1)健康价值

①塑形健身价值

形体可以作为评价生活质量的重要指标,可以将自身的生活态度和状态表达给外界。广场舞动作舒展大方,可以使全身肌肉得到锻炼,纠正错误身姿,使参与者具有健康、匀称的形体,促进良好气质的形成。此外,广场舞观赏者较多,可以展示参与者自身的表演能力,增强自信心。

②提高心肺功能,增强体质

广场舞属于大众型有氧运动,长期坚持锻炼能有效改善参与者的心肺功能。每周三次以上广场舞活动,能增加机体血红蛋白的数量,提高心率储备,为大强度运动提供气体交换基础。广场舞还能提升心血管系统的工作能力,提高关节灵活性、韧带伸展性,增强骨密度和全身肌肉力量,有效增强体质。

③愉悦心情

广场舞能释放生活、学习、工作中的压力,能有效缓解紧张情绪。悠扬的舞曲、优美的舞步,参与者能放下生活中的烦恼,达到愉悦心情的效果。

(2)社会价值

①构建和谐社会

广场舞可增加参与者之间的沟通交流,利于构建和谐美好的社会关系。随着各种网络交流软件和平台的出现,人们沉浸于虚拟的网络世界,现实生活中的沟通交流变少了,人与人之间的关系疏远了。广场舞需要走出家门,脱离虚拟世界,再次回到现实生活中,与身边的人近距离接触,拉近了人与人的关系。目前社会上流行的广场舞多种多样,如健身舞、扭秧歌、交谊舞等。一些社区还会举办以社区为单位的广场舞比赛。这些集体活动中的和谐氛围非常利于个体之间以及个体和集体之间的合作交流,更有利于建立和谐的人际关系。在这种环境中,不仅可以感受参与集体合作的快乐,更可以广交益友、和谐社会关系。

②提升城市文化格调

广场舞可以帮助人们树立正确的人生观、价值观、世界观,养成健康的生活

---

① 广场舞_百度百科 https://baike.baidu.com/item/广场舞/1445106?fr=aladdin.

方式。如果说公园是一座城市的眼睛，则通过这双美丽的眼睛能看到这所城市的灵魂，发现城市中存在的文化气息。公园里健康活泼的广场舞，为城市文化建设指明了发展方向，提升了城市文化格调。广场舞的开放性能为大众提供良好的社交平台，进一步推动城市文化建设的脚步。①

（三）案例正文

1.案例介绍

（1）高楼泼粪事件

①露天舞场遭到高楼泼粪

该事件发生在汉口市某一小区。当天，记者来到事发小区采访时发现，几名社区保洁员正在清理2号和3号楼之间广场上的污垢。

55岁的熊女士已在该小区居住了十几年，她作为该社区广场舞的领头人，每天晚上都是定时和20多位年龄相似的老姐妹在广场上跳舞。就在某天晚上，熊阿姨等人和往常一样在7点30分到广场跳舞，还没过上半个小时，大家就感觉有东西从2号楼上撒落下来，瞬间撒落在众人身上。等众人反应过来才发现，撒下来的竟然是大粪！②

"真是气死个人，谁还有心情跳舞啊！"事情发生后，这些被泼上大粪的阿姨们只能回家洗澡、换洗衣服。还有几个脾气大的阿姨，直接对着2号楼破口大骂，其中一个阿姨直接将音响音量调到最大，对准2号楼放起了舞曲。当天在小区物业人员的协调下，直到晚上9点多人们才渐渐散去。第二天上午，熊阿姨要求小区物业管理人员找出昨晚的"肇事者"，给自己一个说法。

②双方矛盾早已存在

熊阿姨告诉记者，跳广场舞的阿姨们之前就和2号楼的户主们有过矛盾，且矛盾一直持续到现在。户主们由于广场舞的舞曲声音太大，影响他们学习和休息，曾经在楼上抛过碎石和杂物，为此双方还发生过几次口头争执，但是像昨晚这种将大粪作为"武器"的情况还是头一回。

2号楼的户主们说，楼下广场舞放出的"噪音"不仅影响了孩子们的学习，

---

① 安徽频道_凤凰网.浅谈广场舞的价值[EB/OL].（2015-07-24）[2021-12-21].http://ah.ifeng.com/human/detail_2015_07/24/4147305_0.shtml.

② 新浪新闻.大妈跳广场舞被"泼粪"，肇事者回应：嫌吵装隔音玻璃[EB/OL].（2018-03-10）[2021-12-21].http://k.sina.com.cn/article_6432391777_17f668261001004b9j.html?cre=tianyi&mod=pcpager_society&loc=21&r=9&doct=0&rfunc=100&tj=none&tr=9.

而且还严重干扰了居民们正常休息,户主们曾提出希望阿姨们到小区外的空地上去跳,或者将舞蹈的音乐关掉。

对于此等要求,熊阿姨的团队并不接受。"我们老年人就是图个乐趣,想着人多在一块热闹一下,同时还能锻炼身体。如果不放音乐跳舞还有什么意思?"再说起转移广场舞位置时,熊阿姨更是摇头拒绝:"小区外场地人杂车多,哪里比得上小区好?再说了,我们同样也是业主,为什么不能在小区里活动?"同时熊阿姨也表示,她们之前的舞曲音量的确有点大,后来在物业管理人员的劝说下已经将音量调小了。"我们就是活动一下,又不会跳到很晚。如果确实嫌吵,为什么不给孩子换个比较安静的房间学习,或者自己装上隔音玻璃不就好了?"

③物业公司两头为难

提起此事,小区物业负责人孙经理更是头疼。他对记者说,自从他到这个小区工作以来,2号楼业主已经多次向他投诉广场舞噪音问题。收到投诉后,他们物业也在不断进行调解,期间还在小区广场各处张贴过"温馨提示",但效果微乎其微。孙经理表示,2号楼共有72户业主,投诉噪音问题的业主主要在中低层。孙经理曾经在跳舞期间进行过实地调查,12楼以下的住户都能听见舞曲带来的噪音。"如果用仪器来测量,舞曲音量未必达到噪音的级别,但对部分户主有干扰那是肯定的。"孙经理还说,有两户业主由于受不了噪音的影响,在前不久已经搬走了。一个住户有孕妇,另一个住户有老人。小区物业是一种服务单位,没有执法的权力。由于物业管理人员对熊阿姨的劝阻无效,他们只能在广场安排保安人员值班,在提醒熊阿姨注意音量的同时,也可以避免矛盾的进一步恶化。"两边都是业主,我们在中间很是为难。"孙经理低声叹气地说道。目前小区物业已经上报社区,让社区有关部门参与协调此事。

(2)鸣枪放狗事件①

①小区广场鸣枪放狗

56岁的施某平时比较喜欢清静,且睡眠质量总是不好,为此,他特意到昌平区老水泥厂周边租了一块地,盖了一个小院,从北京市五环搬到这里享清静。"五环路边车辆较多,很吵。没想到搬到这里更吵了。"施某说。他的小院旁边有个篮球场,每天早晚两个时间段会准时有一群中年妇女在球场跳广场舞,特别是晚上7点半以后,广场舞的阿姨们会将舞曲声音调得很大,严重影响了施某休息。施某曾多次与广场舞阿姨进行协商,但是始终没有得到理想的结果。

---

① 观察者.北京昌平男子嫌广场舞大妈太吵朝天鸣枪并放狗获刑6个月此后大妈再没来过[EB/OL].(2018-03-10)[2021-12-21].https://www.guancha.cn/society/2014_04_27_224904.shtml.

2013年8月的一天晚上，施某外出喝多了酒，回来的时候听见舞队又开始播放音乐，他气冲冲回家拿出收藏的双管猎枪来到了篮球场，先是用猎枪吓唬跳广场舞的阿姨。随后大妈们和施某便发生了口角，施某怒气冲天将手中的"家伙"朝天放了几枪。鸣枪之后，施某又将自己家中的三只藏獒放出来，将跳舞的阿姨们吓得四处躲避。

②鸣枪放狗，依法判刑6个月

事后，阿姨们立马报警。紧接着施某就在家中被警方抓捕，同时还在他家中搜出了非法枪支和未使用的子弹。当晚由于施某喝得不省人事、神志不清，第二天警方对他进行了审讯。"她们放的音乐声音太大了，吵得我头疼，根本睡不着。"施某说，因为多次协调都没有解决噪音问题，心中的积怨越来越多，再加上没有合适的发泄方式，所以才朝天开枪，"就跟人急了摔锅砸碗一样，想找个东西发泄一下出出气"。经过法院审理，施某已经构成持有非法枪支罪，由于在对其审判期间能如实交代自己的罪行，法院对其从轻判刑。最终施某因非法持有枪支罪，判处有期徒刑6个月。

③刑满后回家再没被"打扰"过

记者来到当时鸣枪的篮球场发现，相距施某的小院不到10米距离的球场只剩下几个破旧不堪的篮球架和地上的字符标记，已是白发苍苍的施某正在小院中打理鱼池，记者向他提起广场舞时，施某愣了一下，说："这都是以前的事情了，现在安静多了。"他刑满回家后，跳广场舞的阿姨们再也没有来过，打篮球的人也少了。周围的居民向记者介绍，在鸣枪放狗的第二天，篮球场上再也没人跳舞，只有几个人偶尔过来打打球，后来篮球架也被拆掉了，就再也没有人来活动过。

（3）车位地锁事件①

①车锁只为撵走"广场舞"

2014年10月，长春市某小区门口的广场上突然多了几十个车位地锁。据了解，装车位地锁的目的是为了"撵走"广场舞者。

记者来到该小区发现，小区门前是一个空旷的场地，场地两侧是小区的门市房，小区内最前边的两栋楼离这个场地的距离较近。一位大爷对记者说出了心里话："小区每天晚上会有许多人到这块场地跳广场舞，经常跳到晚上九十点钟，甚至更晚。"大爷说："非得跳到九十点钟，为什么不能考虑一下其他业主的感受呢？甚至六月份高考期间，有家长出来劝阻，也根本不管用，后来物业、街道办事处、

---

① 李定霞，陈冬冬. 广场舞社会冲突典型案例分析 [EB/OL].（2018-09-28）[2021-12-21].https://www.fx361.com/page/2018/0928/4298403.shtml.

公安民警都来了，这些跳广场舞的大妈们还是无动于衷。"大爷指着场地上的车位地锁，摇了摇头说："还是物业钉的这些地锁管用，实在是想不出办法了呀！"

图 5-4-3　小区广场被装上车位地锁

小区居民张阿姨说，之前她也特别喜欢运动，但现在一提起广场舞就有点胆战心惊，因为"广场舞"这三个字已成为小区的敏感词，其原因是广场舞给小区惹了不少麻烦，甚至出现家庭、邻居不和睦的情况。

②报警都没用才想出这招

物业管理员小张说："没办法，实在是没办法，小区里的老人、孩子、孕妇，以及在旁边企业三班倒的工人们都需要休息，可是这些跳广场舞的阿姨们，越跳越有劲、越跳越精神。当时有很长一段时间，广场舞就是办公室每天必聊的话题，这件事情并不复杂，道理也说得过去，但是跟这些跳舞的阿姨们讲道理，她们根本不听啊。"小区安保潘队长也很无助，说："晚上出来跳跳舞、健健身本来是好事，可是哪有到了晚上九十点钟还在跳舞的？为了这件事民警都来了好几次也没解决。"小区物业负责人张经理表示："我的年龄虽然没有那些跳舞的阿姨们大，但是非常理解这些阿姨对广场舞的热爱。刚开始是非常支持的，还帮忙给音响接线，但后来这些阿姨们跳到晚上九十点，确实是太扰民了，一些居民开始以此为理由拒绝缴纳物业费了。唉，这块场地给我们惹出了很多麻烦，这不实在没辙了，才想出钉这些玩意儿……"

居民们对记者说，前不久刚钉上地锁，广场舞就没地跳了，虽然打电话给物业投诉的情况少了，但是物业工作人员碰到个别跳舞的阿姨也会挨骂。

（4）噪音对决事件[①]

①"以噪制噪"

温州市某一广场附近小区的业主们几乎每天都被广场舞的舞曲音乐吵得头昏

---

① 人民网. 钱江晚报：噪音对决，不能止于劝架 [EB/OL].（2018-09-28）[2021-12-21].http://opinion.people.com.cn/n/2014/0107/c1003-24042928.html.

脑涨。业主们找到跳舞的大妈们协调，大妈们却说，没有舞曲的伴奏，她们就没法跳了。舞曲噪音让业主非常头疼。有些业主把物业、街道办事处、城管、派出所，只要能搭边的管理机构都找遍了，也跟广场舞的大妈们说尽了好话，但耳边仍然没有得到一天清静。于是广场对面某大厦的业主们合计好了，计划花个十几万买个音响设备治治这个噪音，来个"以噪制噪"。

一天下午，广场对面某大厦的业主们实在受不了广场舞的噪音，于是他们将购买的音响设备搬了出来，六个大喇叭对着跳广场舞的大妈们喊道"请遵守中华人民共和国环境噪声污染防治法，立即停止违法行为……"一段强音的警告声过后，喊出的这句话就一直用高音量循环播放着。巨大的声音不得不让路过的市民堵住耳朵。广场高歌对决高音喇叭，这种"以噪制噪"的做法，让周边的居民们更加头疼。广场对面某大厦的业主委员会负责人表示："这都是不得已而为之，广场舞实在是太吵了，要不然我们也不会这么做的。"

据了解，这套设备叫作远程定向强音扩音系统。那天下午是业主们第一次使用，目的是"还击"广场舞的噪音。一位姓吴的业主表示，这样做就是让广场周围有个安静的环境。"以后她们放，我们就放。她们不放，我们也不放。"业主们说："这都是不得已而为之，希望能引起有关部门的重视。"

广场对面共有6栋楼，600多户居民。有户主反应，与小区仅有一路之隔的广场近几年兴起了各种广场舞。刚开始，唱歌跳舞的人较少，业主们没有在意。如今，从早上6点到晚上10点，广场上都播放着各种音乐，有时还会有上百人用低音炮在广场上跳舞，对面的业主们甚是烦恼。有业主表示，只要大妈们开始唱歌跳舞，他们就搬出高音武器。"他们放我们就放，而且声音还会超过她们。"一位受影响的户主对记者说，他们家在这里已经居住了两年了，广场上的噪音严重影响午休。另一位户主说，他的儿子今年要高考了，广场舞严重干扰孩子的学习，去年12月份只能把孩子送到姐姐家，让孩子好好复习功课。

②新式武器噪音更加强烈

广场对面业主们用来"制噪"的设备明显制造了更严重的噪音。当地的环保部门对高音设备的分贝进行检测，结果为92.5分贝。超过90分贝的噪音，会对人的听力产生不良影响，而超过100分贝就可能导致耳聋。这场高音对决让周边的居民苦不堪言。经过广场的市民抱怨，跳舞和循环播放的声音都非常大，吵得人头疼。广场周边不少业主都表示抗议。

2. 广场舞扰民事件产生的原因

(1) 社会体育管理失责

广场舞属于社会体育,大众要求对广场舞进行管理,实际上是一种社会体育管理。社会体育管理体系通常由领导、协调、实施三大体系共同组成,其又分为居委会、街道办事处、区和市四个层次。每个体系、每个层次都有各自的职责,在管理社会体育时都发挥着各自的作用。其中街道办事处或街道社会体育协会是目前社会体育的主要管理机构,主要负责活动地点、活动设备的管理。导致本案例中的四个广场舞事件发生的原因都是舞曲音量太大,形成的噪音影响了周围居民的休息,这属于社区对舞曲音量的管控不当。四个事件中广场舞的活动位置与居民区相隔较近也是产生冲突的重要原因,活动位置与居民区距离过近加重了噪音的影响程度,选择活动地点也是社会体育管理部门的职责。广场舞的音量管控不当、活动位置选择不合理,表明社会体育管理存在缺陷。因此,社会体育管理工作上的失责是导致一系列广场舞冲突问题发生的重要原因。

(2) 影响他人权利和公共利益

大众参与广场舞活动是行使自身体育权利的一种方式,受到广场舞噪音影响的居民们试图阻止广场舞,是在行使自身的休息、学习等日常生活权利。如果强制阻止大妈们跳广场舞,就是妨碍他人行使体育权利;而对舞者放纵,任其产生的噪音继续影响周围居民休息,就是妨碍他人行使日常生活权利。跳广场舞和日常休息都是公共利益的重要组成部分,都关系到大众的生活质量。广场舞大妈们为了自己群体的利益产生的噪音影响了居民们的群体利益,这个看似简单的问题,如果社会公众的合法权利和利益长时间被侵犯、忽视,则后果可能十分严重。像文中高楼泼粪、鸣枪放狗、车位地锁、噪音对决事件的发生,无疑是长期影响他人权利和公共利益产生的后果。

(3) 场地设置不合理

广场舞的活动场地通常是小区广场,而广场建立的初衷是为大众的娱乐活动提供方便,更何况广场属于开放性、多功能的场地,再加上场地并没有禁止跳广场舞的标志,因此大妈们在小区广场跳舞属于正常活动。之所以产生扰民现象,是因为场地离居民区过近,修建位置不合理,跳舞播放的舞曲音量过高而干扰周围居民。所以说,场地设置不合理是造成广场舞扰民的关键原因。

3. 广场舞扰民事件的应对策略

纵观一系列的广场舞扰民事件,可以发现它们都有着共同的特征。首先,这些事件都是由广场舞产生的噪音引起的。高楼泼粪、鸣枪放狗、车位地锁、噪音对决事件都具有不理性、不文明的特征，但事件发生的根源都是维护自身生活的权利。其次，广场舞引发的一系列事件都是在理性解决办法行不通的前提下才发生的。对立双方形成了某种冲突底线原则，在原则之内，冲突并没有上升到刑事犯罪的地步，但在原则之外，就会通过强制性办法进行制止。最后，一些指导性规定还需因时、因地、因人制宜地制定详细措施。广场舞扰民事件引发的社会冲突，已经踏入难以治理和非常规行为的窘境。跳舞者有自身的体育权利，而被影响者也有维护自身生活的权利，因行使的权利不同，才导致一系列冲突。广场舞冲突问题，与社会体育管理中的城市社区晨晚练活动的组织管理密切相关。

（1）修建专业舞蹈场地

广场舞的活动场地通常在小区的广场，与居民楼相距较近，播放舞曲产生的噪音极容易影响周边业主的日常生活。有业主曾提出到小区外边跳舞，而广场舞大妈表示，外边车多人杂不安全，因此应选择合适的位置修建专业的广场舞场地，既能方便舞者们跳舞，还不影响其他居民的正常生活。广场舞对场地的大小有一定要求，修建时要根据舞队的规模进行设计，避免出现人多场地少的情况。修建过程中可以增建一些隔音设施，减少噪音的传播，降低广场舞对其他居民的影响。

（2）制定管理制度

广场舞虽然属于小区居民的正常活动，但是难免会对周边业主的日常生活产生影响，因而需要制定相应的管理制度加以规范，对于不服从管理的广场舞团队要强制实行退出机制。为进一步维护公众利益，需要根据《中华人民共和国环境噪声污染防治法》《城市市容和环境卫生管理条例》《大型群众性活动安全管理条例》等法律法规制定一系列管理制度，如《××市城区广场舞噪声污染防治管理暂行办法》《××社区舞蹈队告知书》等。没有规矩不成方圆，只有出台了硬性规定，才能顺理成章地管理广场舞团队。此外，社区还可以与广场舞团队签订相关协议，制定适当的处罚条例，在文明城市与和谐社会背景下，一旦发生影响公共利益的情况，必须进行相应的处罚。

（3）尝试无线耳机

噪音对决事件在网上传开后，不到半天的时间就有1000多条评论。其中一名读者评论说："既要跳舞，又想不干扰他人，为何不试试无线耳机？"这条评论引来上百人点赞。无线耳机是一种利用蓝牙技术免除电线牵绊的耳机，具有小巧、无线、方便携带等特点。让跳舞的阿姨、大妈们带上无线耳机，在避免电线影响舞蹈动作的基础上，既能跟着舞曲完成优美的动作，又能防止产生噪音影响周围居民日常生活，可以称得上两全其美。

（四）教学指导手册

1. 适用范围

A. 适用对象：体育硕士专业学位研究生。

B. 适用课程：社会体育学、社会体育等社会体育指导领域相关课程。

2. 教学目的

本案例的教学目标是帮助硕士研究生理解社会体育的概念及其特征，掌握社会体育管理的重要性，了解社会体育的基本环节和内容，明确社会体育管理的原则，懂得什么是公共利益，学会如何对社会体育组织进行管理以及如何制定社会体育管理办法等多方面的知识。

3. 教学内容

A. 从社会体育角度对文中高楼泼粪、鸣枪放狗、车位地锁、噪音对决事件发生的原因进行探讨，交流社会体育管理与社会体育参与者及居民的关系。

B. 从社会体育管理视角，分析车位地锁事件中相关部门与广场舞团体沟通时存在的不足，掌握社会体育管理原则；讨论社会体育管理的基本环节和内容，如政府部门的宏观控制、社区街道的微观管理等。

C. 通过教师引导和小组讨论，探讨如何对社会体育组织进行管理。

D. 通过案例分析，让硕士研究生以小组为单位，从社会体育管理者的角度出发，尝试围绕场地使用时间、噪声污染、环境污染、处罚等问题，制定一套社会体育管理办法，并讨论大众参与广场舞活动时的哪些行为应予处罚。

E. 讨论什么是公共利益，并分析在面对公共利益、群体利益、个人利益时应该如何选择。

4. 要点提示

现将本案涉及的关键知识点和关键能力点归纳如下（5-4-2）。

表 5-4-2　本案例涉及的关键知识点和关键能力点

	内容
关键知识点	社会体育的概念及特征，社会体育管理的重要性、原则、基本环节和内容，社会体育组织管理及管理办法的制定，公共利益
关键能力点	沟通能力，表达能力，研读资料能力，专业实践能力，解决实际问题的能力

（五）预期效果

通过案例分析，能够理清高楼泼粪、鸣枪放狗、车位地锁、噪音对决事件发生的原因，掌握社会体育的概念及其特征，社会体育管理的重要性；社会体育管理的原则，如区域性、兼顾性、因地制宜性等；能够学会如何对社会体育组织进行管理，学会制定社会体育管理办法；由于案例中事件的发生与社会公共利益有关，通过案例讨论，硕士研究生还应该掌握什么是社会公共利益、怎样解决社会公共利益问题。

（六）教学计划

1. 时间安排

整个案例课分为两个阶段，时间130分钟（2个课时，课间休息10分钟）。

第一阶段（60分钟）：A. 阅读案例（5分钟）；B. 分组讨论，启发思路（20分钟）；C. 各小组发言（20分钟）；D. 报告讨论结果，分享观点（15分钟）。

第二阶段（60分钟）：A. 分组制定社会体育管理办法（15分钟）；B. 分组讨论，对案例中涉及的相关知识点进行梳理和总结（15分钟）；C. 各小组发言，报告讨论结果，分享观点（15分钟）；D. 对案例进行总结归纳（15分钟）。

2. 环节安排

布置预习，对社会体育指导领域相关知识原理的梳理与掌握──→小组讨论广场舞扰民的原因──→总结收获，提出解决措施──→小组汇报具体方案，共同讨论最优解决措施──→选出代表讲述最优方案──→教师点评。

3. 条件要求

A. 人数要求：40人以下的班级教学。

B. 教学方法：参与式教学、小组合作等方式，以师生的讨论为主，讲授为辅。

C. 工具选择：多媒体、案例打印资料。

D. 组织引导：教师任务布置清晰，预习要求明确；提供给硕士研究生必要的参考资料、案例；给予硕士研究生相关的技能训练，便于课堂实践的有序进行；对硕士研究生的讨论给予必要的指导和建议。

（七）思考题

A. 我国社会体育的特点有哪些？

B. 谈谈如何解决广场舞队侵占篮球场的问题。
C. 从社会体育管理员的角度，分析制定社会体育管理办法的必要性。
D. 从广场舞负责人的角度，谈谈如何组织大型广场舞活动。
E. 广场舞对全面健身计划的作用。
F. 社会体育管理应注意的问题。

三、案例：如何防止"男性青少年女性化"

（一）案例归类：案例适用于社会体育指导领域

1. 摘要

"少年强则国强。"青少年不仅是新一代社会主义接班人，更是未来的国之栋梁，因此青少年的健康成长与国家的未来有着密切联系。近几年，社会上有些男明星、男网红、男博主以及中小学男生出现女性化倾向，严重影响了男性青少年的阳刚之气，长此以往甚至会危害中华民族的生存发展。本案例以叙事为研究方法，对男性青少年女性化的原因和专家看法进行分析，帮助体育硕士专业学位研究生掌握社会体育指导和体育教学领域的相关专业知识，改变男性青少年女性化的现象，增强男性青少年的阳刚之气。

2. 关键词

女性化　阳刚之气　大众传播媒介　体育教师　学校体育制度

3. 教学目标

体育社会学方面：A. 掌握大众传播媒介的功能。B. 掌握大众传播媒介的分类。C. 了解大众传播媒介对体育的正面影响。D. 了解大众传播媒介对体育的负面作用。

体育心理学方面：A. 了解体育活动对认知功能的影响。B. 了解心理健康的含义。C. 了解体育活动对人格的影响。

学校体育学方面：A. 掌握体育教师的基本职责。B. 掌握体育教师的专业素养要求。

体育管理学方面：A. 了解学校体育管理的目标、特点、原则和方法。B. 掌握学校体育管理体制的职能。C. 懂得如何完善学校体育管理体制。

（二）案例引言

当代社会男性青少年女性化或者说青少年的柔弱化是一个不争的事实。身为男性青少年却没有了阳刚之气，手无缚鸡之力，这种男性青少年女性化趋势必将给社会带来负面影响，甚至可能对中华民族的生存发展产生危害。因此，如何防止男性青少年女性化倾向已经成为当今全社会不得不面临的一个热点话题。

本案例是男性青少年女性化倾向产生、存在及不良影响的典型事件。男性青少年女性化趋势，轻则影响孩子的成长发育和社会秩序，重则关系到民族的生死存亡。通过探讨本案例，帮助体育硕士专业学位研究生学会体育与大众传播媒介、体育活动与心理健康、学校体育管理体制以及体育教师专业能力发展等方面的相关知识与原理，提高其专业能力。

（三）案例正文

1.案例介绍

该事件发生在一位初中教师和他的学生身上。在这位老师向我们介绍时，这名存在女性化倾向的男学生已经成长为心理健康、积极向上、青春阳光的少年。

三年前，杨老师（化名）是某中学初二年级的一名任课教师，刚刚踏上教育事业岗位不久的他，将自身所有的精力和热情都奉献给了他的学生们，因此很快与班里的同学建立了良好的师生关系，学生们都喜欢对他讲心里话。

一天中午，杨老师正在办公室批改卷子，有位男生找到他，很腼腆地说想跟他聊聊……这位男生白白净净、个子高高、身材偏瘦、十分讲究卫生。在接下来长达50多分钟的谈话中，杨老师了解到这名男生对自己的女性化倾向有着极大的焦虑与困惑。

杨老师也曾观察到在平时的教学活动中，这名男同学说话时会不由自主地翘起兰花指，语音语调总是有撒娇发嗲的倾向，平时特别喜欢和女生一起学习、一起玩、一起说笑。正是这些原因，班里的男孩子们都不愿意和他在一起，他也不愿意融入男生的群体中。这位男同学说他在小时候就有这种倾向了，现在上了初中，这种情况更加严重了。这位男同学在家甚至会偷偷用妈妈的化妆品，如眼线、口红、眼影等，他自己也很想改变，在学校他努力控制自己不使用这些东西，但是他控制不住自己的行为。杨老师倾听了他的诉求，表示了尊重和理解。接下来的一段时间，对与他相关的一些情况进行了调查了解。

杨老师通过其他教师得知，这位男同学的家庭长期处于"女尊男卑"的状态，他的父亲是上门女婿,在家中的地位不高,且身体患有慢性疾病,偶尔出去打个轻松的零工,赚点零花钱。家庭的经济重担一直落在他母亲身上,家里的财政大权更是被母亲掌握着,他的母亲也拥有绝对的话语权,性格比较强势,全家的衣、食、住、行等都要经过她的同意或安排。他的外公外婆家里也是这种情况。从小父爱在他这里缺失严重,家庭更是缺少阳刚之气,缺少男性对他的陪伴和教育。他已12岁了,依然没有跟父母分房睡觉。这些应该是他女性化倾向的源头。

面对这样的情况,首先,杨老师联系了他的父母。他父母对于他这种情况也表示很焦虑、担忧。谈话之后,他的父母均表示支持帮助他改正,他们也愿意为此做出改变。回家第一件事就是和他分房睡觉,让他有自己独立的空间,在以后的生活中培养他的独立性,自己能力范围内的事情让他自己做,也允许他表达自己的看法和意见,父母会耐心倾听、平等沟通。其次,杨老师对这位同学提出了几点建议:让他在课外活动或体育课中尽可能加入男生队伍,减少和女孩子们的打打闹闹。杨老师私底下也跟班级里的学生们沟通过,大家都同意一起帮助他,平等对待他。课外活动他尽力参加男生队伍,和男生们一起打球、踢球、玩游戏等。

在大家的共同努力下,一段时间后,这位同学女性化倾向有了一定程度的改变,也变得自信了很多。

接着,杨老师又在合适的机会鼓励他报名参加学校的国旗队。他通过面试之后被录用,开心地将这个消息分享给杨老师。之后杨老师好几次经过旗台前时,都能看到他和一群男孩子在认真地练习升国旗。杨老师看到他们青春洋溢、热血沸腾的模样,感到十分开心与骄傲。

图 5-4-4　杨老师辅导的这位男同学正在完成升旗任务

转眼间三年过去了，这位男生改变了很多，皮肤晒黑了，个子长高了，自信了很多，阳光了很多，身上多了阳刚之气。在家人、老师、同学以及他自己的不懈努力下，最终成长为了一个心理健康、积极向上、青春阳光的少年。初中毕业前，他还特意找到杨老师，跟他表达了谢意！

杨老师说："当时我感到了无比的欣慰，看到学生能够有好的改变，这是我们作为教育工作者最大的幸福。"

2.专家分析

2021年1月28日，教育部官网上一则"教育部关于政协十三届全国委员会第三次会议第4404号（教育类410号）提案答复的函"，引起了广泛关注。针对全国政协委员提出的《关于防止男性青少年女性化的提案》，教育部在答复函中表示，通过加强体育教师配备、加强学校体育顶层制度设计、深入开展健康教育、加大相关问题的研究等方式，防止男性青少年女性化。虽然答复函中男性青少年女性化的表述引发了一些争议，但业内专家表示，我国男性青少年的柔弱化确实是不争的事实。[1]

（1）青少年柔弱化体现在身体素质上

2020年12月国家卫健委下发《中国居民营养与慢性病状况报告》表明，国内6岁以下儿童的超重率达到了10.4%，而6岁到17岁之间的儿童青少年的肥胖率达到了19%。此外，我国儿童青少年的近视率更是位居全球首位，2019年12月国家卫健委统计数据表明，我国6岁儿童的近视率为14.5%，小学生的近视率为36%，初中生的近视率为71.6%，而高中生的近视率竟然达到了81%。[2] 在儿童青少年肥胖率和近视率不断升高的同时，其体质健康水平出现了持续下降。到2018年年底，我国部分青少年体质健康指标有所提升，但总体状况仍然令人担忧。某报纸曾经报道过，上海某高中的男生体质测试时，有一半学生连一个引体向上都做不了，能拉上10个的极为罕见，有接近三分之二的男生体测总成绩在60分以下。当今社会，软弱无力的男生普遍存在，在参加拉练、长跑等强度较大的体育运动时经常出现晕倒、呕吐等不适现象，长跑猝死事件也时有发生。

云南大学体育学院院长王宗平教授表示，现在国内的学校体育课程和体育活动有严重的温柔化倾向，且几乎看不到带有冒险性质和身体对抗性质的体育项目。

---

[1] 慈鑫：《改变男孩柔弱化，从抓好体育课开始》，《中国青年报》2021年2月2日第3版。
[2] 中华人民共和国国务院新闻办公室.《中国居民营养与慢性病状况报告（2020年）》发布会图文实录 [EB/OL].（2020-12-08）[2022-01-01].http://www.scio.gov.cn/xwfbh/xwbfbh/wqfbh/42311/44583/wz44585/Document/1695276/1695276.htm.

王宗平表示："当今的学校体育虽然符合了家长心中安全、不出事故的要求，但那些存在身体对抗性质和冒险性质的体育项目在开展时却受到了极大的挤压。"完善学校体育课程和体育活动是解决目前青少年柔弱化现象的第一要务。

中国教育科学研究院体育卫生艺术教育研究所所长吴键说："无论是女生的优美身姿，还是男生的阳刚体魄，都要根基于全面适合的体育教学和体育活动。每个人都希望青少年身体健康、积极乐观、意志坚强。因此，学校和体育教师在开展体育教学和体育活动时应避免一边倒，要积极开展和推行各种形式、各种内容的体育活动。"吴键对《你笑起来真好看》这套非常受欢迎的自编广播体操存在质疑。"体育活动在开展时应根据学生的性别、年龄、体质等差异进行设计和调整。"吴键说："用《你笑起来真好看》做背景音乐的广播体操，的确适合小学生使用，但是否适合初中高年级以上的男生使用，这值得我们认真商榷。"这个问题普遍存在于诸多学校开展的体育教学和课外活动中。比如，瑜伽、健美操、啦啦操等非常适合于女生，但对多数男生来讲却毫无兴趣；同样，大多数女同学可能对足球不感兴趣。因此，开展各种形式和各种内容的体育课非常利于满足不同学生参与体育运动的需求。吴键表示："其他学科的走班制可以充分运用到体育教学中，这样可以减少体育教学内容一刀切的现象。"此前有关机构曾报道，北京某小学实行的"男子汉培养计划"内容，就是通过各种各样充满娱乐、强身健体的体育活动增加男孩子们的阳刚之气。

（2）全社会应持续加强对体育运动的重视

南京体育学院的王教授说："我们必须承认，在体育教师中，女性教师的各方面能力不吝于男性教师。但男性教师和女性教师在身体、个性等方面均存在差异，这些差异可以在体育教学中表现出来，这也是需要我们承认的。虽然女性体育教师在部分灵活性、柔韧性较强的运动项目教学中具有优势，但男性体育教师同样在一些需要较大力量、身体对抗性强的运动项目教学中具有优势。因此，对中小学的体育教学而言，男性体育教师具有独特价值和不可替代性，各学校必须具有一定数量的男性体育教师。"但目前的情况是，男性体育教师占比在逐渐下降。王教授回忆："在一九八几年时，大学中约有 75% 的体育教师是男性，女性体育教师约占 25% 左右，而现在几乎是男女各占一半。"王教授认为："男性体育教师的数量不断减少，与高考形式、就业环境、社会趋势等方面均有关系。"总体而言，提高对体育的重视程度是我们必须要做的。

某学院赵老师告诉记者："我以前是一名篮球运动员，但由于当时社会上不看重体育，认为学体育前途不大，因此本科时期放弃了自己的篮球特长，虽然我知道自己更喜欢篮球，但为了前途不得不改学管理学。"很多和赵老师一样的体育生，为了自己将来的工作和收入，不得不放弃体育，而这些体育生中一大部分是男生。

在提升体育地位的同时，我们还需要消除所谓体育风险。南京体院的王教授说："大部分体育项目均存在危险性，比如体操项目单双杠、水中项目游泳，以及具有较强身体对抗性的篮球、散打和拳击等。当今我们高度重视安全第一，这些具有一定危险性和身体对抗性的运动项目要么不在学校开展，要么就战战兢兢地开展。"王教授表示："为什么不看看与我们隔海相望的日本，和我们有着一样的东方文化和高考制度，但人家的学校体育教学却是贯穿以体育人的理念，一些对学生来说具有冒险性质和吃苦要求的运动项目，至今依然存在于体育课中。这是值得我们借鉴的。"由于运动的风险性，当前体育课中禁止一切具有危险性的活动，孩子们只能参加一些温柔化的体育项目。吴键表示："我们没有考虑孩子对体育运动的需求，从某种角度上讲，是我们阻碍了孩子的个性发展。"①

3. "男性青少年女性化"倾向的原因

（1）父母过度溺爱，学生缺乏自主锻炼机会

独生子女家庭中，家长们将孩子视为掌上明珠，限制了孩子的一些行为，导致难以满足孩子的部分基础需要。如，多数家长认为孩子出门和同伴玩耍不安全，容易发生意外，即使孩子完成了所有功课也关在家里，不许出门玩耍。还有一些家长过分疼爱孩子，孩子应该独立完成的事情也被包办了，长此以往，本应该熟能生巧的事情却出现了淡化现象，导致孩子缺乏自强自立能力。②此外，具有危险性的项目会出现过度保护的现象，严重抑制了男子汉性格的发展，最终出现男性青少年女性化的现象。

（2）父亲角色的缺失

传统家庭中父权对孩子有示范权威的作用，"养不教，父之过"的观念让父亲承担教育孩子的责任。现代社会中，由于父亲"缺位"，父亲的权威形象逐渐减弱，出现了父子关系弱化的现象。父亲对孩子气质、性格、品行以及思维方式的养成有着无可取代的作用，没有父亲教导的孩子更容易逃学，更容易犯罪，长大后更容易患上心理疾病。父亲作为男性，会将男性的独特气质传递给孩子；作

---

① 人民网. "男性青少年女性化"引发争议 专家：柔弱化是事实[EB/OL].（2017-10-10）[2021-01-21] https://baijiahao.baidu.com/s?id=1690544853014067244&wfr=spider&for=pc.
② 腾讯网. 中国的男性青少年为什么比较女性化，缺乏阳刚之气，原因太多了![EB/OL].（2020-12-08）[2022-01-01].https://new.qq.com/rain/a/20210129A0HB1N00.

为亲人，会将沉稳、宽厚的情感传递给孩子；作为权威，会将尊重、服从等意识传递给孩子；作为教育者，会将秩序、理性、规则等观念传递给孩子；作为生活者，会将冒险、娱乐等丰富多彩的生活感悟和经验传递给孩子。在我国家庭中，父亲通常是一个家庭的顶梁柱，如果父亲不参与家庭教育，对孩子的学习、生活放任不管，甚至有些母亲过度强势，剥夺了父亲对孩子的教养权。在这样的家庭环境中，男孩极容易养成温顺、胆小、依赖等柔弱化性格。当孩子处在性别角色形成的关键期，父亲角色的缺失会让孩子难以树立正确的性别认同，对孩子心理发展产生不良影响，极可能导致男性青少年女性化的现象出现。

（3）缺乏社会性别培养意识

在我国，家长们普遍存在对性别教育认识不足的情况。部分家长为了省事或好玩，直接把男孩当女孩来养，让男孩从小生活在女性环境中，比如给男孩子买粉色衣服，让男孩子扎丸子头等。这将大大误导正处于性别自我认同期的孩子，容易使孩子产生自我性别怀疑，严重影响孩子社会性别角色观念的形成。

（4）教学模式单一，忽略性别意识教育

性别意识教育可以帮助青少年从性别角度对社会背景、主流文化、政治方向等方面进行分析和规划，学会性别公平的观念与方法。当今的学校教育过于注重学生的文化成绩，忽略了对学生的性别教育，思想政治教育也很少讲到性别意识方面的知识，从而发生学校教育资源无法满足学生对性别意识发展的需要等情况，最终学生因缺少性别意识教育，而出现男性青少年女性化的倾向。

（5）课堂要求忽略了性别差异

受传统教育根基的影响，素质教育改革很难在具体课堂中落实。男孩的活泼好动、精力旺盛、喜欢打闹等特征几乎没有可以发挥的场所，加之中小学课堂均以学习文化课为主，规定禁止打闹、禁止喧哗，男生发展阳刚之气的行为受到抑制，因此出现男性青少年柔弱化、女性化的现象。

（6）男女教师比例失调

调查表明，我国小学阶段的男教师占比22%，而男女教师的比例在4∶6是最合理的。中小学时期学生具有较强的模仿性和可塑性，学校作为中小学生成长发育的关键场所，清一色女性教师难以给学生传授具有男性特征的优秀品质，几乎没有男子汉形象可以让学生们模仿、学习。

（7）大众媒体舆论的审美误导

中小学阶段是学生性别角色形成的关键时期，主观辨别和思维分析能力尚未成熟，十分容易发生角色混乱和盲目从众的现象。媒体播放节目的初衷是吸引观众眼球,为此各种各样的奇装异服、一些韩国浓妆淡抹的男团以及各种各样美男的柔和形象,受到广大青少年的追捧和青睐,迅速发展的互联网让这种带有女性化倾向的主流氛围迅速传播,部分中小学生会疯狂模仿偶像的言行举止和服装特色,甚至连发型都要模仿男团。这些不良现象严重干扰了中小学生的审美观念,导致男性青少年柔弱化、女性化现象发生。

（8）生活方式

随着科技的不断进步,人们的生活方式得到了极大改善,出入有车代步,上下楼有电梯,吃饭有外卖,一些体力工作也被机器替代了。在科技进步的同时,人们四肢活动越来越少,肌肉锻炼越来越少,体内脂肪逐渐增多,过多的脂肪可以将雄性激素转换为雌性激素,致使男生体内的雄性激素不断减少,雌性激素相对增加,进一步加重了男性青少年女性化倾向。①

（9）缺乏体育锻炼

什么是阳刚之气?有人说阳刚之气就是一种刚性的气息,属于一种内在刚毅外化为强劲有力的具体表现,是男性专有的个性特征,可用力量和气度来概括。缺乏体育锻炼会抑制男生力量的增长,阻碍男生强健体魄的形成,压制男生活泼好动的特性,减少男生应有的力量和气质,导致男生出现柔弱化、女性化的状况。

（四）案例反思

（1）强化媒体的社会育人使命

大众传媒作为当今社会信息传播的主要手段,肩负着传递正确的价值观和人生观的责任和义务。要出台政策,严禁不利于青少年身心健康的视频、动画等出现在儿童频道或青少年专栏中,严禁可能误导男性青少年女性化的明星、主持人出现在开学第一课中。儿童青少年的娱乐场所可适当播放《战狼》《长津湖》《亮剑》等富有男子汉形象和男人气魄的影视作品,帮助青少年树立正确的家国情怀,追求适合自身的人格魅力。

（2）重视性别教育,强化男生的心理训练

性别教育对学生的自我性别认知具有重要影响,学校必须强化性别教育,让学生懂得自我性别认知的重要性,以及性别混乱的危害,让男生正确定位自己的性别,预防出现女性化倾向。中小学生受教师的影响较大,义务教育阶段又是个性心理发展的关键时期,应该有意识地对男生进行男性心理训练,注重男生的心

---

① 男性女性化 _ 百度百科 https://baike.baidu.com/item/ 男性女性化 /5635333?fr=aladdin.

理健康，强化男生的性别意识，有效预防男生出现女性心理特征。如果发现男孩存在女性化特点，必须及时纠正。

（3）鼓励男生参加各种体育活动

教师在保证学生安全的前提下，应鼓励学生参加具有冒险性、挑战性和身体对抗性的体育活动，组织具有艰苦奋斗、勇敢顽强、团结互助特点的体育游戏，帮助学生培养正确的男子汉意识。活动内容上，应该安排适合男生的运动项目，减少柔弱化的项目，如打篮球、踢足球、练武术等，增加刚性特征。此外，户外运动时，家长们应鼓励男孩子加入男生队伍中，与男孩子一起运动，树立男性意识。通过参加多种多样的体育活动，既强化了男生的个性性格，又提高了雄性激素水平、培养了孩子的自信心，防止男生青少年女性化、柔弱化。

（4）配齐体育教师，开足体育课

体育教师是体育课的组织者、管理者，可为学生树立良好的榜样。体育教师的招聘选拔应鼓励专业体育教师、退役运动员、退伍军人进入教师行业，通过体育专业免费师范生增加体育教师数量。体育课作为培养男孩子阳刚之气的有效途径，必须做到开齐开足，禁止出现"体育老师生病"、体育课为其他课程让路的现象，增加学生强身健体、磨炼意志的机会，从而为学生培养阳刚之气奠定基础。有研究表明，在向学生传达阳刚之气方面，男性体育教师比女性体育教师更有优势，因此可适当增加男性体育教师的数量，为学生提供良好的男子汉榜样。此外，教学方法和教学形式对学生性格的养成也有重要的影响，因此，体育教师应选择利于培养学生阳刚之气的教学方法和手段。

（5）强化学校体育制度

深化教学改革，全面强化体育教学和课外体育活动，提高学校体育质量，如重新开设已经取消了的体育项目，增加学生锻炼身体、磨炼意志、挑战自我的机会，如恢复运动会中的5000米长跑、标枪、1000米障碍跑等；安排多种多样的适合男性青少年的课外体育活动，让学生选择自己喜欢的运动项目，在运动中增强男子汉气概和阳刚之气。此外，还需要完善学校体育管理机制，建立健全学校体育管理工作机构和监督机构，保证学校体育教育达到理想效果。必要时可进行军事化管理，让学生从生活中的小事做起，不断磨炼孩子的独立意识和男子汉气质。

（6）加强家庭教育

由于家庭教育是影响男性青少年女性化的重要因素，因此增强男性青少年的阳刚之气需要从家庭教育切入。家长们应该从小抓起，帮助孩子树立正确的性别认同观念，形成独立自主、强身健体、终身体育的意识；在孩子面前应注意言行举止，控制情绪，将乐观坚强的一面展现给孩子；给予孩子一定的独立空间，尽量不包办、少帮助，给孩子提供独自锻炼的机会，让孩子独立自主，磨炼孩子的自强能力，形成坚强的意志品质，为培养男生男子汉气质奠定基础。

（7）树立父亲的榜样作用

在男生的成长过程中，父亲是不可或缺的重要角色。面对部分男生出现女性化的倾向，父亲肩负的责任更重。父亲自身要具备男子汉气概和阳刚之气，需要有广泛的运动兴趣、爱好以及责任心，让孩子有一个能够模仿、学习的阳刚形象，为孩子树立男子汉榜样；还要帮助孩子培养勇敢的性格，面对任何事情必须要勇敢面对、勇敢担当；要抽出一定的时间陪孩子参加具有冒险性和挑战性的活动，鼓励孩子大胆完成有难度的活动，树立自信心，如陪孩子爬山、骑自行车、打篮球等，既提高了孩子的身体素质，又促进孩子阳刚之气的形成。

（五）教学指导手册

1.适用范围

A.适用对象：体育硕士专业学位研究生。

B.适用课程：社会体育学、学校体育学、体育心理学、体育管理学等社会体育指导领域相关课程。

2.教学目的

本案例的教学目标是帮助硕士研究生学会社会体育学、学校体育学、体育心理学、体育管理学等课程的相关知识。在社会体育学方面，让硕士研究生了解大众传播媒介的功能和分类，掌握大众传播媒介对体育的正面和负面作用。在体育心理学方面，让硕士研究生了解体育活动对认知功能的影响和心理健康的意义，掌握体育活动对人格的影响。在学校体育学方面，让硕士研究生掌握体育教师的基本职责以及体育教师应该具备的专业素养。在体育管理学方面，使硕士研究生了解学校体育管理的目标、特点、原则和方法，掌握学校体育管理体制的职能以及如何完善学校体育管理体制等多方面的知识。

3.教学内容

A.从社会体育学课程角度探讨案例中男性青少年女性化产生的原因，讨论大众传播媒介的功能和分类、大众传播媒介对体育的影响。

B.从体育心理学课程角度分析案例中出现女性化倾向的男性青少年的心理问

题,思考体育活动与心理健康的关系;案例中有专家提出,通过体育活动可以改善男性青少年女性化倾向,让硕士研究生思考讨论体育活动对人格的影响。

C. 由于案例中有专家提出体育教师对男生的阳刚之气有重要影响,能帮助学生树立良好的男子汉形象,故从学校体育学课程角度让硕士研究生交流体育教师的基本职责、体育教师应具备的专业素养。

D. 教育部在男性青少年女性化提案的答复函中提到,要加强学校体育制度,全面提升学校体育教学质量,让硕士研究生从体育管理学课程角度分析学校体育管理体制的职能,以及如何建立健全学校体育管理机制,提高体育教学水平。

E. 以硕士研究生小组为单位,从教学方法、教学内容、教学组织等方面讨论并设计一份利于提高男性青少年男子汉气概的教学计划。

4.要点提示

现将本案涉及的关键知识点和关键能力点归纳如下(表 5-4-3)。

表 5-4-3 本案例涉及的关键知识点和关键能力点

	内容
关键知识点	大众传播媒介的功能、分类、对体育的影响,心理健康的含义、体育活动对人格的影响,体育教师的基本职责、专业素养,学校体育管理的目标、学校体育管理体制的职能及完善
关键能力点	沟通能力,表达能力,研读资料能力,专业实践能力,解决实际问题能力

(六)预期效果

通过本案例的学习,硕士研究生能够理清男性青少年女性化倾向产生的原因;掌握大众传播媒介的功能、分类及对体育的影响,了解体育活动对认知功能的影响、对人格的影响;了解学校体育管理的目标、特点、原则和方法,了解体育教师的基本职责和专业素养;掌握学校体育管理体制的职能,以及如何完善学校体育体制等知识。由于教学模式单一是造成男性青少年女性化倾向的原因之一,因此通过案例分析,硕士研究生应该学会因材施教、因人而异的教学方法。

(七)教学计划

1.时间安排

整个案例课分为两个阶段,时间130分钟(2个课时,课间休息10分钟)。
第一阶段(60分钟):A.阅读案例(5分钟);B.分组讨论,启发思路(20

分钟）；C. 各小组发言（20 分钟）；D. 报告讨论结果，分享观点（15 分钟）。

第二阶段（60 分钟）：A. 分组设计利于提高男同学男子气概的教案（15 分钟）；B. 分组讨论，对案例中涉及的相关知识点进行梳理和总结（15 分钟）；C. 各小组发言，报告讨论结果，分享观点（15 分钟）；D. 对案例进行总结归纳（15 分钟）。

2. 环节安排

布置预习，对社会体育指导领域相关知识原理的梳理与掌握→小组讨论"男性青少年女性化"的原因→总结收获，提出解决措施→小组汇报具体方案，共同讨论最优解决措施→选出代表讲述最优方案→教师点评。

3. 条件要求

A. 人数要求：40 人以下的班级教学。

B. 教学方法：参与式教学、小组合作等方式，以师生的讨论为主，讲授为辅。

C. 工具选择：多媒体、案例打印资料。

D. 组织引导：教师任务布置清晰、预习要求明确；提供给硕士研究生必要的参考资料、案例；给予硕士研究生相关的技能训练，便于课堂实践的有序进行；对硕士研究生的讨论给予必要的指导和建议。

（八）思考题

A. 谈谈男性青少年女性化对社会的危害。

B. 谈谈男性青少年女性化倾向与心理健康的关系。

C. 谈谈大众传播媒介对青少年的影响。

D. 从体育教师的角度，谈谈如何在体育课中扭转男性青少年女性化现象。

E. 谈谈学校体育制度可以从哪些方面预防男性青少年女性化倾向。

四、案例：健身路径维护不力谁来担责

（一）案例归类：案例适用于社会体育指导领域

1. 摘要

健身路径是国家体育总局为了实施全民健身计划，推动城乡居民健身活动的开展，投入体育彩票公益金在社区、公园等公共场合建设的，供民众健身、娱乐使用的一系列室外体育器械，健身路径的普及和推广为老百姓健身带来了极大的

便利。近几年，健身路径老化、损坏等情况频繁发生，严重影响了社区群众的健身活动。本案例以叙事为研究方法，通过叙述健身路径使用过程中遇到的现实困境，分析健身路径损坏、维护不力的原因，探讨如何经营管理社会体育场地设施、如何维护健身路径等问题，帮助社会体育指导领域研究生学会社会体育学、社会体育、体育场馆经营管理等课程的相关知识原理，为今后从事相关工作打下坚实的基础。

2. 关键词

健身路径　社会体育管理　社会体育场地设施管理　全民健身

3. 教学目标

A. 掌握健身路径的锻炼和使用方法。
B. 了解我国体育场地设施的性质及其分类。
C. 学会如何对社会体育场地设施进行管理。
D. 掌握如何使用和维护社会体育场地设施。
E. 懂得如何提高社会体育场地设施的利用率。
F. 了解如何构建完整的社会体育场地设施体系。

（二）案例引言

健身路径作为公共体育设施，是社区居民进行体育活动的物质保障。目前，现有的健身路径等公共体育设施，普遍存在损坏、老化、数量不足等问题，已经难以满足广大群众体育活动的需求。作为改善社会体育场地设施的有效手段，健身路径的维护势在必行。本事件是典型的社会体育场地设施管理案例。通过本案例的学习和分析，帮助社会体育指导领域研究生掌握社会体育场地设施管理方法，掌握社会体育学、社会体育、体育场馆经营管理等领域的相关知识原理，为提高社会服务能力打下基础。

1. 相关概念界定

（1）社会体育场地

社会体育场地是指日常生活中大众进行健身锻炼的公共场地，具有较强的健身功能。社会体育场地具有便民的特点。场地通常分布在社区中心，与四面八方居民的距离适中，给社区居民提供了极大的便利；受外界影响较小，安全性较强；具有因地制宜的特点，社会体育场地通常根据社区的地理条件，合理利用社区的地形地貌，将场地建设成本降到最低，实现人与自然的和谐相处；具有交通便利的特点，便于居民到此进行锻炼。

（2）社会体育设施

社会体育设施是指日常生活中大众进行健身锻炼的公共体育器材，具有较强的健身功能。社会体育设施通常使用简单、操作性强，为锻炼者提供了便利；安全性高，社会体育设施制造与安装时，必须保证达到一定的安全规范；针对性强，由于参加体育锻炼的人群不同，社会体育设施通常会规定使用人群，将儿童、中青年、老年的健身器材分开，以保证器材使用的安全性。

（3）健身路径

健身路径通常指在公园或社会体育场地等公共场合建设的，可供广大居民进行身体锻炼、愉悦心情的一系列公共体育器械。[1]

健身路径主要有双（单）人漫步机、三位扭腰器、单人健骑机、单人平步机、双人坐蹬器、肩关节训练器、腰背按摩器、上肢牵引器、划船器、跷跷板、双人大转轮、伸腰架、肋木单杠、双杠等。双（单）人漫步机、单人平步机、单人健骑机、双人坐蹬器可以发展下肢肌肉力量，锻炼上下肢的协调性。三位扭腰器、腰背按摩器、伸腰架可以提高髋关节及腰椎的灵活性和柔韧度，能够加强腰背部、腹部肌肉的力量。练习时大幅度地活动腰背部肌肉，可以起到强腰固肾、推动气血通畅的作用。肩关节训练器、双人大转轮能让上肢和肩部肌肉得到舒展，增强肩关节和上肢各关节的灵活性和柔韧性，对小脑的协调性也有一定增强作用，比较适合中老年人使用。上肢牵引器、肋木单杠、双杠可以对手臂、手腕以及肩部的肌肉进行锻炼，提高肌肉力量，对肩关节和上肢各关节周围肌肉与韧带的灵活性和柔韧度有一定的增强作用。跷跷板、梅花桩能有效锻炼人体的灵活性，提高平衡能力，适合各阶段人群使用。划船器的使用可以增强背部、腰部、胸部以及上下肢的肌肉力量，能让全身肌肉群得到锻炼，受到各年龄段人群的喜爱。

（4）健身路径维护

健身路径的维护是指通过修理、更新、保养等手段，减少故障、消除安全隐患，为大众提供良好的锻炼条件。健身路径维护的目的是通过维护延缓器械的老化、劣化，提高使用率和完好率，充分发挥其强身健体、服务大众的功能。

2.健身路径的意义

健身路径最早是20世纪80年代在欧美经济发达国家兴起，中国第一条健身路径于1996年9月在广州天河体育中心建成，向大众免费开放。健身路径是政

---

[1] 健身路径_百度百科 https://baike.baidu.com/item/健身路径.

府为百姓生活做出的最受欢迎、最实惠的举措之一,也是我国大众健身时代的重要标志。时至今日,我国健身路径已从城市社区普及到乡镇村庄,只要有居民生活的地方就有健身路径的身影,初步形成了覆盖城乡、形式多样、亲民便民的全民健身场地设施服务体系,为大众健身活动提供了良好的平台。建设全民健身路径具有重要的现实意义。

（1）有利于带动全民健身场地设施的建设

从健身路径开始,各级政府对开展全民健身活动,加大体育健身基础设施投入的认识有了很大提高,面向大众的各种类型的健身场地设施相继建立。健身长廊、专项路径、"全民健身活动中心""全民健身活动基地"等面向大众的各种类型健身休闲场地设施相继诞生,使中国健身场地设施建设进入了快车道,实现了跨越式发展。

（2）有利于树立政府的良好形象

健身路径是各级政府从关心人民群众身体健康出发建设的形象工程,从根本上维护了群众的利益,体现了政府以民所思为己任,适应了时代发展的要求,较好地满足了群众就地、就近开展健身活动的需要,受到了社会各界的普遍赞誉和拥护,被广大群众誉为"德政工程""民心工程"。健身路径的建设,树立了体育部门"增强人民体质"的健民形象,也树立了政府以人为本的为民形象。

（3）有利于推动中国相关体育产业的发展

发行体育彩票是中国政府给予体育事业的优惠政策,利用体育彩票公益金实施建设路径工程,对体育彩票是很好的宣传,树立了体育彩票的良好形象,促进了体育彩票的发行。同时,大批量的路径器材的安装使用,促进了室外健身器材的研制、开发和生产,培育了健身市场,有力地推动了中国健身器材生产行业的发展。目前,中国室外健身器材的生产能力和生产水平已居世界前列。

（4）有利于美化城市环境

健身路径的选址一般在城市、乡镇的边缘地带,配合了社区、广场、公园的建设,促进了城市社区、居民小区环境的改造,美化了社区环境,丰富了广场、公园、园林的建设内容,成为城市社区和农村乡镇一道亮丽的风景线,城市环境得到进一步美化。

3.我国健身路径的发展历程①

（1）生产和探索阶段（1996—1997）

健身路径的出现离不开社会经济的发展，也离不开社会体育的实践。20世纪90年代中期，随着我国经济的快速发展，大众生活质量也在不断提升，对体育健身的需求越来越高。匮乏的体育健身场地和设施以及传统的大众健身方式已经不能满足广大群众的健身需求。第一套健身路径于1996年9月在广州天河体育中心建成，此套路径占地面积少，投入资金少，建设简单美观，具有较强的实用性、健身性及趣味性，为大众健身提供了良好的平台，首次出现就受到了广大群众的喜爱。与此同时，如何发挥体育彩票公益金的价值，如何满足广大群众健身的需求，成为各级政府悉心解决的问题。利用体育彩票公益金发展健身路径工程，符合大众健身需求，政府抓住契机，迅速组织专家调研，开展理论研究和实践探究。

（2）试点和推广阶段（1998—2002）

1997年年底，国家体育总局快速启动健身路径的试点和推广工作，在短时间内得到了广大群众的好评。健身路径这一概念在民间迅速传播，全国各地逐步开启健身路径工程，这一举措为广大锻炼者提供了更多的健身场地和器材设施。这一阶段大约持续了4年。这期间，国家体育总局专门编制了健身路径使用方法说明书和详细的教学视频。2000年，国家体育总局还举办了群众性的全国健身路径比赛。这些举措成功推动了健身路径的发展。

（3）全面发展阶段（2003至今）

我国健身路径发展从城镇开始。2003年，北京、天津、上海、广东等经济发达地区率先将健身路径推广至农村地区。到2004年，随着中国农村体育的兴起，各省市均开始实施健身路径走向农村的重大战略。

4.我国健身路径发展中存在的问题

健身路径分布不均。我国东、中、西部健身路径分布存在不均衡问题，西部地区健身路径的覆盖率不尽如人意。虽然国家已经大力投资西部，但健身路径的数量依然不能满足大众健身需求。分布不均的原因除了地区间经济发展不平衡之外，在探索发展道路方面也存在缺陷。健身路径质量有待提高，种类和功能有待改善。健身路径使用过程中由于质量未达标造成的安全事故屡屡发生，质量还有较大提高空间。由于健身路径面对的人群较大，需要满足不同性别、年龄、地域等特点的人群的健身需求，健身路径的种类、功能以及安全保障尚有改善空间。

---

① 李相如：《全民健身研究新视点》，北京体育大学出版社2008年版。

健身路径管理体系不完善。目前，国内健身路径的修建、使用、维护等管理环节缺少完整的体系，与健身路径相配套的社会指导员、社会体育组织等相对匮乏。健身路径选址、规定时间方面有待完善。目前健身路径主要分布于社区和公园中心，群众锻炼时存在扰民问题。在健身路径选址和使用时间方面，还需在处理好大众锻炼权益和公共利益的基础上进行深入探索，解决群众就近健身和扰民问题。

（三）案例正文

1.案例介绍[①]

2015年9月初，位于南京市鼓楼区郑怀路北边公共体育场地的健身路径登上了新闻热播榜。国内多个大型网站发布的照片呈现出杂草丛生、不堪入目的场景（图5-4-5），甚至有些杂草的高度已经超过健身器材，将社会体育设施年久失修、缺少维护的老问题引出，此现象在全国各地区频有发生。

图5-4-5 健身路径杂草丛生

从大众健身的角度来看，社区内的体育主管部门自然是主要问责对象，但是，从更深层次的居民生活这一角度来看，社会体育公共设施的建造、维护、修理事实上是一项有关居民生活质量的工程，而地方政府往往忽视了这一点。

记者就该事件对南京市鼓楼区体育局群体科进行采访，总负责人花勇向记者解释："目前群体科只有两名工作人员，他们要负责鼓楼区全部的群众体育工作，这些工作就包含鼓楼区内300多处公共健身路径的建造、修理、维护等工作，此外科里还外聘了3名经验丰富的巡检员，主要负责鼓楼区内公共健身路径的巡视和检查，以防健身路径老化，存在安全隐患。即便如此，全区300多处健身路径设施的维护、修理工作也是每日超负荷进行，其工作量称得上巨大。"外界群众或网友通常难以理解像花勇以及其他5位地方社会体育部门工作人员，在健身路

[①] 腾讯网.健身路径管建不管修维护不力谁来承担责任?[EB/OL].（2015-09-03）[2022-01-06].https://sports.qq.com/a/20150903/016399.htm.

径维护、修理上的工作压力，工作上只要有一处不到位的地方，很快就被外界群众看到。

花勇对郑怀路北健身路径杂草丛生现象做出解释："因为此处公共体育场地将要铺设塑胶地面，由于各种原因的拖延，至今还没有整改。当然主要是由于我们工作上的失误，未能趁早发现那处场地杂草丛生的现象，致使群众不能使用此处的健身路径。我们欢迎并感谢广大群众和媒体朋友的监督和批评。"

花勇表示，郑怀路北边的公共体育场地将马上着手开始铺设计划好的塑胶地面，并表示不久后杂草丛生的现象将得到改善，大家很快就能使用了。

下图是铺设塑胶场地后的公共体育场地，改善后的健身路径给人焕然一新的感觉，吸引了诸多市民到此健身锻炼。作为公共体育设施的健身路径，充分利用了城乡闲置的土地资源，"见缝插针"地为老百姓提供了必要的健身设施。

图 5-4-6 修复后的健身路径

国家体育总局群体司健身设施处负责人黄玮向采访记者表明："深受中老年朋友们喜爱的健身路径是一种公共体育设施，对帮助广大群众进行身体锻炼具有重要意义。健身路径的维护、修理、保养等问题，与老百姓的生活质量、切身利益有着紧密的联系。但是，国内无数健身路径的维护、修理、保养等工作，长期以来一直是个令人头疼的难题。"对近几年与健身路径无人管理、年久失修、老化损坏乃至引发健身者受伤的相关新闻进行检索可以发现，全国几乎每个省市多多少少都存在健身路径维护不力的问题。

黄玮向记者介绍了健身路径维护不周的主要原因："第一点是捐赠健身路径的机构不同，种类较多，各地方政府、社区委员会、房地产开发部门以及企业集团等占捐赠的大部分。国家体育总局作出了明确要求，决不能只修建健身路径，而不对健身路径进行维护、保养，杜绝'一建了之'的现象，但地方政府、社区委员会、社会企业等不受国家体育总局的管辖，因此，国家体育总局难以对这些捐赠部门作出硬性要求。第二点是健身路径的维护、修理、保养、管理部门多种多样，有的是社区物业，有的是体育相关部门，还有的是社区委员会、街道办事处等。这些单位几乎都存在维护经费来源和受哪个部门领导的问题。第三点是国内有成千上万个制造健身路径器材的厂家，其中一些小型企业和厂家没有充足的能力对所制造的器械进行售后维护和修理。"

当然，也存在像南京市鼓楼区体育部门面临的难题，市区内300多套健身路径的维护仅有几名人员负责。花勇表示："鼓楼区位于南京市市中心，人口密度大，健身路径作为居民进行身体锻炼的主要公共体育设施，具有非常高的使用率，显而易见，发生故障、老化、损坏的概率同样也很高。对全区300多套健身路径进行检查、维护、修理的工作量也是非常重的，出现遗漏是在所难免的。"

花勇向记者介绍："为进一步解决部分由企业、房地产开发商捐赠的健身路径器材'只修建，不维护'的问题，鼓楼区体育局将这类健身路径列入日常维护范围，新增的几十处健身路径设施进一步增加了维护的工作量，再次加大了2名工作人员和3名巡检员的工作压力……我们曾经想过将健身路径的维护、修理、保养等，对外承包给企业单位，以政府采购、单位维护的形式，落实对健身路径的日常维护。但目前存的问题是国内制造生产健身路径的厂家数量众多，而许多厂家生产健身路径的配件尺寸不同，这给维护工作增加了一大难题，只有储备这些厂家所有的配件，才有可能对存在问题的健身路径进行修理。"

对于鼓楼区而言，人力不足问题对健身路径的维护产生了严重影响，但政府至少还有资金进行维护和修缮。而在很多中西部地区，经济条件相对落后，当地政府极可能连维护的经费都没有。

黄玮表示："健身路径的修建多数是一锤子买卖，只建造不修理的情况普遍存在。……据有关部门统计的数据显示，截至2013年12月底，全国健身路径设施共有360多万件，其中一半以上的健身路径由当地各级政府修建。如果各地政府没有足够的财力、物力、人力对健身路径进行管理、维护、修理，这些健身路径极容易因无人问津出现年久失修的现象。"

通过对健身路径维护工作的态度，能看出各级政府和相关部门是否关注群众体育工作，是否将群众的健身活动视为民生工程。而能否有效解决登上新闻榜多次的健身路径维护不力问题，主要取决于各级政府和相关部门对人民群众体育活动的重视程度。

2.健身路径那些需要维护的情况

（1）场地杂草丛生

任何泥土场地随着时间的流逝都可能长出杂草。草的种子会通过风的吹动、动物的活动等方式进行传播，再加上草具有极强的生命力，因此杂草可以在任何泥土场地生长。用泥土建造的健身路径场地，肯定会有风吹过、小动物活动留下的草种，一段时间后各种各样的种子就会长成杂草，最终形成案例中健身路径场地杂草丛生的现象。出现杂草很正常，但是杂草丛生会给人一种破败、无人问津的感觉，产生厌恶心理，来此锻炼的人数会减少，使用率降低。因此需要对杂草丛生的健身路径进行维护，提高使用率，改善居民的生活质量。

（2）年久老化

物品随着时间推移发生本质的变化称为年久老化。健身路径发生年久老化的现象很正常，老化会影响使用甚至带来危险。如，用橡胶制造的器材，经过长时间的日光暴晒会出现发黏、发黑的现象，影响使用。又如，一些用塑料包裹的健身器材，经过多年的风吹日晒会发生脱落、破碎的情况，塑料的脱落可能导致健身路径内部粗糙的铁质材料暴露出来，存在划伤、刺伤使用者的危险；易碎的塑料在碰撞后掉落地面，会给场地卫生带来影响。再如，一些铁质器材及其焊接处经过风吹雨淋后，与空气中的氧结合，再加上锻炼者接触器材时留下的汗液，极容易生锈腐蚀，发生断裂，增加了使用的危险。健身路径长时间暴露于户外，很难避免发生变质、脱落、易碎、生锈等老化情况，给锻炼者带来危险。因此，十分有必要对发生老化的健身路径进行维护，保证锻炼者的使用安全。

（3）使用磨损

任何器械或物体在使用时都难以避免摩擦，使用时由于摩擦造成的损耗就称为磨损。健身路径的把手、脚踏板等部位表面通常比较粗糙，其目的是增加锻炼者使用时的摩擦力，让锻炼者更好地使用。

锻炼者长时间使用健身路径，难免对健身器材造成磨损。如一些橡胶制成的把手，本应该表面粗糙，具有摩擦力的部位，在磨损后会漏出内部光滑的铁质材料；一些铁制的脚踏板经过长时间的踩踏，会磨平其表面的棱角，减少使用时的摩擦力，导致器材难以使用；还有一些器材的轴承，由于无人添加润滑油进行保养，使用时会发出"嘎吱、嘎吱"的响声，给人一种破旧不堪、存在危险的感觉，也影响日常使用。因此，为恢复健身路径原有的面貌，增加器械原有的摩擦力，给锻炼者使用时提供安全保障，十分有必要对磨损严重的健身路径设施进行维护。

（4）使用不当、人为破坏造成的破损

使用不当通常指没有按照正确的使用规则使用物品或器械。人为破坏通常指故意对物品或器械造成的破坏。健身路径一般分布于各个社区或公园中心，使用人群通常分幼儿、中青年、老年三个年龄段，由于力量和关节活动的角度不同，各阶段人群的健身路径通常不一样。如果未按照规定使用健身路径，往往会给健身路径带来损坏。如，由于儿童和成人的体重、身高不一样，建造器械的规格也不一样，如果成人使用儿童器械进行锻炼，通常会造成损坏。没有按照正确的使用规则也会造成损坏。如，实际生活中用来拉伸、锻炼腰部肌肉的腰背按摩器和伸腰架由于高度合适，有人会在上面压腿，有可能压弯甚至是压断健身器材。使用方法不正确会给健身路径造成一定的损坏。还有人故意对健身路径进行破坏，如，个别淘气的儿童会用砖头砸器械；有人故意用力拨动器械，让铁质部位发生碰撞声。故意破坏会给健身器材造成不同程度损坏，给使用者带来一定的危险性。因此，需要对因人为破坏、使用不当造成破损的健身路径进行维护、修理，还使用者一个安全的健身平台。

3.健身路径维护的建议和对策

（1）增加健身路径维护经费

健身路径的维护经费通常由各地政府和有关单位拨款，下发到具体负责维护的部门。目前全国各地普遍存在维护经费不足的情况，基于此，应加大财政拨款，必要时可以招募社会团体投资，鼓励社会体育团体、民间体育组织以及厂家和企业投资，还可以通过社会集资的方式获取经费。如，通过发行体育彩票、入股、联合经营、接受捐赠等方式，广泛吸引社会资金的投入。

在经费筹集之后，还需要对经费进行合理的分配和使用。首先，要对经费进行预算，规划好采购预算、人工预算、维修预算等，防止经费不足的问题出现；其次，需要合理分配经费，遵循合理分配原则，将健身路径维护经费划分为巡检、管理、维护、修理、保养等费用，做到公开透明，全力服务于民生；再次，在经费使用方面要划分好使用类别，使用时必须获得单位领导的许可，做到精打细算、量入为出、保证专款专用；最后，还需要设立经费核算监督系统，以确保经费的合理合法性。增加维护经费，对健身器材进行全面维护，是解决民生体育问题的重要举措。

（2）增加维护人员数量

首先，应增加健身路径检查巡视人员数量，保证至少一周巡查一次，力争筛选出区域内所有存在故障的健身路径，避免遗漏情况的出现，为专门负责维修的工作人员提供便利。可以将市区划分为几个区域，每个区域都有规定的工作人员负责巡视检查，将健身路径的巡查工作具体到个人，提高工作质量。其次，应增加健身路径维修人员数量，做到及时完成维修工作，保证使用率。可以将维修人员组建成几个维修团队，根据巡查人员的上报情况，对不同区域的健身路径同时进行维修，提高工作效率，力争在最短的时间内完成维修工作。同时，还要规定维修人员至少一个月为器械上一次油，每一年或者半年为器械喷一次漆，为健身者提供安全保障。最后，可适当将健身器材的保养纳入社区、公园的保洁工作中，保证健身路径的清洁和整齐，让使用者在愉悦的心情下进行锻炼。

（3）严格把关，提高健身路径质量

健身路径使用时出现损坏，且多次维修后依然未达到使用要求，这种情况通常是器械质量不合格造成的。提高器材的质量是健身路径维护的前提。对合格的器材进行维护通常比较简单，可有效防止维护费用超过器械成本的情况发生，因此修建健身路径时，必须严把器械的质量关，严禁修建未达标的健身路径，更要杜绝修建器材是用来摆设的观念。首先，从器材的来源切入，严格把控。修建单位不得采购未合格的健身器材，有关部门捐赠、发放的未达标的健身器材应在第一时间提出更换不予接收。其次，产品质量监督部门要严格把控厂家的生产质量，确保器材符合国家有关规定。最后，市场监管部门应该加强检查力度，杜绝不合格器材进入市场。[①]

（4）规范使用方式，减少损坏

健身路径使用寿命与使用方法的准确性有着密切联系，正确的使用方法可延长使用寿命；反之，则会缩短使用寿命。现实生活中，健身路径的不规范使用随处可见。不规范的使用加快了健身路径破损的速度，增加了健身路径维护工作的压力。可以在健身路径旁边张贴器械的正确使用方式以及注意事项，让使用者掌握正确的使用方法，减少因不规范使用而造成的破损；在条件较好的社区或公园内，安排社会体育指导员，帮助锻炼者学会正确的使用方法和锻炼方法，在增强锻炼者体质健康的基础上，进一步保护健身路径，延长器械的使用寿命，降低器械维护的频率。

（5）明确负责部门

大部分健身路径出现损坏却无人问津的现象，是因为没有相应的负责部门。

---

① 卢元镇：《社会体育学》，高等教育出版社2006年版。

针对此情况，建议各地政府和相关单位组建健身路径维护的主管部门，明确主管部门的责任，给予主管部门相应的权利、人力、物力、财力，让维护部门能在第一时间对器械进行维护、修理、保养，为大众提供一个良好、安全的健身环境。

(6) 建立体育设施管理制度

制度可以规范行为。多年来健身路径破损现象频频出现，这与没有建立相应的设施管理制度有很大关系。没有设施管理制度的规范，使用者、维护部门往往不会重视健身路径的损坏情况。因此，为进一步保证健身路径的使用质量，建立体育设施管理制度势在必行。首先，需要建立使用制度。由于健身路径的种类较多，使用规则、人群各不相同，为有效减少器材的维护频率，建立相应的器材使用制度非常必要。如，在条例中明确规定专属儿童的健身器材只能儿童使用，成人使用时造成破坏，须做出一定的赔偿；为确保儿童的生命安全，成人器材要限制儿童使用，儿童强制使用时发生安全问题，与健身路径的负责部门无关等。其次，要建立器材损坏的赔偿制度。健身路径或多或少会发生人为破坏的现象。一旦发现，应根据器材损坏的程度和维修费用，要求损坏者做出相应的赔偿；同时，应给予举报者一定的奖励，鼓励群众积极举报健身路径的破坏者。最后，应建立器材的维护制度。当器材发生老化、损坏等情况时，健身路径维护部门应该在规定时间（一周或10天的时间）内对健身器材进行维修；同时还需要规定健身路径的维护频率，如，每周检查一次健身路径的损坏情况，每月给健身路径上一次油，每年给健身路径刷一次油漆等，以此保证健身路径的质量，减少健身器材潜在的危险，防止锻炼者使用时发生安全事故。

(四) 教学指导手册

1. 适用范围

A. 适用对象：体育硕士专业学位研究生。

B. 适用课程：社会体育学、社会体育、体育场馆经营管理等社会体育指导领域相关课程。

2. 教学目的

本案例的教学目标是帮助硕士研究生学会社会体育学、社会体育、体育场馆经营管理等课程的相关知识与原理，了解我国体育场地设施的性质及其分类，掌握社会体育场地设施管理的相关知识，学会使用和维护社会体育场地设施，知晓如何提高社会体育场地设施的利用率，了解如何构建完整的社会体育场地设施体系等多方面的知识。

3.教学内容

在引导硕士研究生分析案例时，可以结合相关理论依据逐步深入探析，主要分析以下几个问题。

A.从多学科角度探讨案例中健身路径维护不力原因，讨论我国体育场地设施的性质及其分类，交流健身路径的维护与社会、政府和居民的关系。

B.从健身路径维护的角度，分析本案例中南京市鼓楼区郑怀路北健身路径需要维护的原因，讨论爱护公共体育设施的必要性和重要性，培养爱护公共设施的美德，掌握健身路径维护的方法，如巡检、更换、上油、涂漆等。

C.通过分析案例，让硕士研究生从社会体育设施负责人的角度，尝试制定一项社会体育场地设施的管理制度，并讨论应从哪些方面制定管理制度。

D.通过案例讨论，分析如何构建完整的社会体育场地设施体系。

4.要点提示

现将本案涉及的关键知识点和关键能力点归纳如下（表5-4-4）。

表5-4-4 本案例涉及的关键知识点和关键能力点

	内容
关键知识点	体育场地设施的性质及其分类，社会体育场地设施建设与管理、使用与维护；社会体育场地设施的利用率，社会体育场地设施体系的构建
关键能力点	沟通能力，表达能力，研读资料能力，专业实践能力，解决实际问题能力

（五）预期效果

通过本案例的学习，硕士研究生能够了解社会体育场地设施管理的内容、方法以及重要性，能够理清健身路径维护不力的原因，学会如何对健身路径进行维护，避免出现案例中的情况；能够掌握延长健身路径使用寿命和质量的措施，以保证使用者的人身安全；能够掌握如何制定社会体育场地设施管理制度。由于案例中健身路径维护不力与社会体育经费有着密切联系，因此，通过案例分析，硕士研究生还应该学会怎样筹集、分配以及使用社会体育经费。

（六）教学计划

1.时间安排

整个案例课分为两个阶段，时间130分钟（2个课时，课间休息10分钟）。

第一阶段（60 分钟）：A. 阅读案例（5 分钟）；B. 分组讨论，启发思路（20 分钟）；C. 各小组发言（20 分钟）；D. 报告讨论结果，分享观点（15 分钟）。

第二阶段（60 分钟）：A. 分组设计社会体育场地设施的管理制度（10 分钟）；B. 分组讨论，对案例中涉及的相关知识点进行梳理和总结（15 分钟）；C. 各小组发言，报告讨论结果，分享观点（15 分钟）；D. 对案例进行总结归纳（20 分钟）。

2. 环节安排

布置预习，对社会体育指导领域相关知识原理的梳理与掌握──→小组讨论健身路径维护不力的原因──→总结收获，提出解决措施──→小组汇报具体方案，共同讨论最优解决措施──→选出代表讲述最优方案──→教师点评。

3. 条件要求

A. 人数要求：40 人以下的班级教学。

B. 教学方法：参与式教学、小组合作等方式，以师生的讨论为主，讲授为辅。

C. 工具选择：多媒体、案例打印资料。

D. 组织引导：教师任务布置清晰，预习要求明确；提供给硕士研究生必要的参考资料、案例；给予硕士研究生相关的技能训练，便于课堂实践的有序进行；对硕士研究生的讨论给予必要的指导和建议。

（七）思考题

A. 从社会体育学的角度，谈谈如何通过健身路径干预青少年手机成瘾。

B. 如何避免使用健身路径时的扰民现象。

C. 从社会体育指导员的视角，分析健身路径的价值。

D. 谈谈如何经营管理社会体育场地设施。

E. 分析社会体育指导员对全民健身活动的价值。

F. 谈谈如何使全民学会健身路径的使用方式。

参考文献

[1] 霍红:《体育硕士专业学位研究生教学指导用书》,电子科技大学出版社 2014 年版。

[2] 周立华:《成功体育教学案例》,北京体育大学出版社 2004 年版。

[3] 梁占歌:《体育与健康课教学设计经典案例研究》,安徽大学出版社 2016 年版。

[4] 赫忠慧、韦晓康:《普通高校体育课程教学案例精选》,中国计量出版社 2013 年版。

[5] 高天:《大数据思维视阈下体育课程教学案例库建设研究:以首都体育学院为例》,《首都体育学院学报》2017 年第 29 卷第 6 期。

[6] 余少兵:《案例教学法在体育管理学课程中的探索与思考》,《滁州学院学报》2017 年第 19 卷第 5 期。

[7] 辛朝军、张天天、李晓阳:《理论力学课程思政案例库的建设与实践》,《教育进展》2021 年第 3 期。

[8] 狄和双、王利刚、屈田:《宠物护理与美容"1+X"证书思政案例库建设》,《中国畜牧业》2022 年第 8 期。

[9] 李兵兵:《职业教育案例库建设探析》,《交通职业教育》2019 年第 4 期。

[10] 邱联奎、黄景涛、丁喆:《教学案例库建设》,《科技资讯》2019 年第 3 期。

[11] 李海军、白建光:《基于实践应用的基坑工程设计案例库建设研究》,《内蒙古教育》2021 年第 2 期。

[12] 郭丽军:《保险专业硕士教学案例库建设问题及对策分析》,《上海保险》2020 年第 2 期。

[13] 王海娟:《体育硕士专业研究生培养探析》,《科技视界》2020 年第 33 期。

[14] 汪宏磊、孟超杰、吉雪妮:《我国体育硕士研究生培养质量的实然与应然研究》,《体育视野》2022年第4期。

[15] 余玲、胡剑宏、易国忠:《我国体育硕士研究生实践能力培养现状研究》,《当代体育科技》2021年第8期。

[16] 陈安祺、莫浪、雷艳云:《我国体育硕士专业学位研究生培养模式的研究》,《体育视野》2021年第15期。

[17] 杨长建、周君华、苗成龙:《体育硕士案例教学效果的影响因素实证研究》,《惠州学院学报》2021年第6期。

[18] 王蓉蓉、王艳琼、丘文婷:《广西高校体育硕士专业课程设置现状及对策研究》,《体育科技文献通报》2021年第6期。

[19] 蒋依俏、刘周敏:《体育硕士专业学位研究生协同培养模式研究》,《体育视野》2021年第20期。

[20] 苗成龙、周君华、季树宇、朱丽丽:《体育硕士专业学位论文质量评价量表的构建及测评》,《安徽体育科技》2021年第42卷第3期。

[21] 熊雅丽:《体育硕士专业学位水平评估体系构建及启示》,《文体用品与科技》2021年第6期。

[22] 段纯宇、马艳红、万承佳、徐国娟:《体育硕士专业学位研究生课程思政实施优化路径研究》,《辽宁体育科技》2021年第4期。

[23] 孙国友:《全日制体育硕士专业学位研究生培养问题研究——基于可雇佣性视角的分析》,南京师范大学2016年博士学位论文。

[24] 王艳伟:《我国体育硕士专业学位研究生的教学案例创编研究——以体育教学领域为例》,天津体育学院2021年硕士学位论文。

[25] 何其志:《我国体育硕士专业学位研究生案例教学评价指标体系的构建》,天津体育学院2021年硕士学位论文。

[26] 李佳:《案例教学在体育硕士专业学位研究生课程教学中的应用研究——以河北师范大学为例》,河北师范大学2020年硕士学位论文。

[27] 魏新:《体育教学案例应用研究》,河北师范大学2018年硕士学位论文。

[28] 黄仲强:《〈学校体育学〉课程中应用案例教学的行动研究》,北京体育大学2009年硕士学位论文。

[29] 刘秀凡:《地理案例教学法在创新教育中的应用研究》,辽宁师范大学2008年硕士学位论文。

[30] 杨辉:《北京体育大学高参小实习田径教师教学组织能力影响因素研究》,北京体育大学2017年硕士学位论文。

附录一

体育硕士案例教学现状调查问卷（教师）

尊敬的老师：

您好！

为了进一步了解案例教学法在研究生教学中的使用情况，使案例教学法更完善，提高案例教学的效果，特制作此调查问卷。您的回答无对错之分，本问卷只用于调查研究使用，请放心填写，感谢您的参与和支持。在选项上画√（答题方法）。

1.您认为案例的类型应该具有哪些性质？

A. 时效性

B. 现实性

C. 复杂性

D. 地域性

E. 趣味性

F. 职业导向性

G. 其他____

2.在陈述案例时，您喜欢以什么样的方式呈现？

A. 图片

B. 视频

C. 情景模拟

D. 讲述

E. 文字

3. 您在案例教学时一般在什么时候给予学生案例？

A. 提前告知

B. 课堂告知

C. 根据具体情况告知

4. 您是怎么看待案例教学这种方法的？

A. 非常赞同。案例教学这种方法将理论与实际相结合，在授课时更利于学生吸收

B. 比较赞同。一种新的授课方法，有助于开拓学生的思想，创新学生的思维

C. 无所谓。无所谓什么样的方法，只要学生能接受即可

D. 比较反对。授课的效果不大，还不如直接讲授

E. 非常反对。存在很多问题，不方便而且很浪费时间

5. 您上课时是否经常使用案例教学这种方法？

A. 经常

B. 偶尔

C. 不使用

6. 您所在的学校是否开设了关于案例教学的课程？

A. 已经开设

B. 尚未开设但已经准备开设

C. 尚未开设

7. 在使用案例教学方法后，您期望学生给予自己什么样的反馈？（多选题）

A. 针对问题提出自己的观点和见解

B. 课堂氛围活跃，学生勇于回答教师提出的问题

C. 与教师沟通分析概念

D. 小组讨论发散思维

E. 勇于反思

F. 其他_____

8. 在使用案例教学法后，您认为学生该以什么样的方式给予自己反馈？

A. 以书面文字的形式

B. 小组讨论后代表发言

C. 以个人的形式发言

D. 教师点名发言

E. 每人发言一次

9. 如果开设了有关于案例教学的课程，您希望它的考核标准是什么？（可多选）

A. 课前准备的充分性

B. 文献翻阅的积极性

C. 课堂讨论的参与度

D. 回答问题的全面性和正确性

E. 课堂发言的语言流畅度

F. 对案例的分析深度

G. 对案例的理解力

H. 课堂学习的认真度

I. 小组间的互相评分

J. 撰写的案例报告

10. 您在使用案例教学法方面更倾向于使用哪些案例？（可多选）

A. 知识点针对性很强的案例

B. 趣味性很强的案例

C. 娱乐性很强的案例

D. 比较具有时效性的案例

E. 国内比例占比较高的案例

F. 国外比例占比较高的案例

11. 您认为哪些因素影响了案例教学的效果？（多选题）

A. 案例的难易程度

B. 案例的吸引程度

C. 案例与课堂内容的匹配程度

D. 课前准备工作的充分程度

E. 学生理论知识的储备程度

F. 学生的参与程度

G. 学生的兴趣性

H. 学生的活跃程度

I. 学校的硬件设施

J. 学生习惯于传统的教学模式

12. 您认为案例教学是否提升了您以下的教学能力？（1—5 表示提升的程度，1 为没有帮助，5 为帮助很大）

语言表达能力　　1□　2□　3□　4□　5□
思维能力　　　　1□　2□　3□　4□　5□
专业知识储备　　1□　2□　3□　4□　5□
文献搜索能力　　1□　2□　3□　4□　5□
解决问题的能力 1□　2□　3□　4□　5□
授课能力　　　　1□　2□　3□　4□　5□
批判性思维　　　1□　2□　3□　4□　5□
逻辑分析能力　　1□　2□　3□　4□　5□
创新能力　　　　1□　2□　3□　4□　5□
其他_____

13. 在使用案例教学方法授课时，您认为教师应该以什么样的角色来授课？

A. 课堂的主导者

B. 课堂的引导者

C. 课堂的旁观者

D. 课堂的合作者

E. 信息的提供者

F. 其他_____

14. 您在使用案例教学方法时更倾向于使用哪种类型的案例？

A. 应用性案例

B. 开放性案例

C. 创新性案例

D. 思考性案例

15. 您认为案例教学和传统教学相比：

A. 更能深化对理论和知识点的理解和接受

B. 更能开阔分析问题的思路和训练分析解决问题的技能

C. 更能综合掌握管理情境的复杂性和训练综合决策能力

D. 不如传统教学方便

16. 您认为何种案例教学方式更适合自己的教学？

A. 先进行案例讨论再提炼知识点和相关理论

B. 教师先阐述相关知识再进行案例讨论

C. 学生自学相关知识后再进行案例讨论

17. 您认为应该以什么方式考核案例教学？

A. 闭卷考试

B. 开卷考试

C. 语言表达考试

D. 课堂发言考试

E. 教师主观意向观察评分

18. 您在课前学习案例知识的时间为：

A. 60 分钟以上

B. 30—60 分钟

C. 10—30 分钟

D. 10 分钟以下

E. 不学习

19. 您认为下列哪些因素会影响案例教学？

A. 教师对案例的准备工作

B. 教师的教风

C. 教师的教龄

D. 教师的知识储备

E. 教师对课堂教学效果的及时客观评价

F. 教师对课堂的控制能力

20. 您评价案例教学的时间为：

A. 30 分钟以上

B. 10—30 分钟

C. 10 分钟以下

附录二

体育硕士案例教学现状调查问卷（学生）

亲爱的同学：

你好！

为了进一步了解案例教学法在研究生教学中的使用情况，使案例教学法更完善，提高案例教学的效果，特制作此调查问卷。你的回答无对错之分，本问卷只用于调查研究使用，请放心填写，感谢您的参与和支持。在选项上画√（答题方法）。

1. 你的老师是否使用过案例教学法授课？

   A. 使用过

   B. 未使用过

   C. 不清楚

2. 老师在实施案例教学前，是否会提前安排你做好相关预习和准备工作？

   A. 经常

   B. 偶尔

   C. 从不

3. 你认为老师上课时提供的案例精彩吗？

   A. 很精彩

   B. 比较精彩

   C. 不精彩

4. 你的老师展示的案例都有哪些材质的？（可多选）

   A. 教师口述

   B. 文字材料

C. 图片材料

D. 影像资料

E. 其他材质

5. 你对老师所设案例问题感兴趣吗?

A. 非常感兴趣

B. 一般

C. 完全不感兴趣

6. 你对老师在课堂案例教学中互动情况的满意程度?

A. 很满意

B. 比较满意

C. 一般

D. 不满意

7. 你认为在案例教学中,你的何种能力得到提升?

A. 语言表达能力

B. 分析能力

C. 专业知识储备能力

D. 文献搜索能力

E. 解决问题能力

F. 批判性思维

G. 逻辑思维能力

H. 创新能力

I. 理解能力

8. 你对老师课堂中采用的案例教学总结方式的满意度如何?

A. 很满意

B. 比较满意

C. 一般

D. 不满意

9. 在老师实施案例教学后,自身分析和解决问题的能力得到提升了吗?

A. 非常认可

B. 比较认可

C. 一般

D. 不认可

10. 在老师实施案例教学后，你加深了对相关体育知识和原理的理解吗？

A. 非常认可

B. 比较认可

C. 一般

D. 不认可

11. 在老师实施案例教学后，你认为自身的学习兴趣得到提升了吗？

A. 非常认可

B. 比较认可

C. 一般

D. 不认可

12. 你的老师进行案例教学时是否会将班级之前发生的人或事做成案例，并进行教学？

A. 经常

B. 偶尔

C. 从未

13. 你认为你在以前老师的案例教学中扮演的主要角色是？

A. 被动听从者

B. 受其他同学领导

C. 主动参与者

D. 案例创造者

14. 你认为案例教学中需要改进的地方是什么？（可多选）

A. 提升案例的质量

B. 教师设置不同层次的问题以及开放的问题答案

C. 教师进行适时的引导

D. 合理分组，延长案例讨论的时间

E. 增加学生发言的机会

F. 教师与学生共同总结案例与提高

G. 教师应完善案例教学程序

15. 你是怎么看待案例教学的？

A. 非常赞同。案例教学这种方法将理论与实际相结合，在授课时更利于学生吸收。

B. 比较赞同。一种新的授课方法，有助于开拓学生的思想，创新学生的思维。

C. 无所谓。无所谓什么样的方法，只要学生能接受即可。

D. 比较反对。授课的效果不大，还不如直接讲授。

E. 非常反对。存在很多问题，不方便而且很浪费时间。

16. 您对老师在课堂中采用案例教学讨论方式是否满意？

A. 很满意

B. 比较满意

C. 一般

D. 不满意

17. 您认为下列哪些因素会影响案例教学？

A. 教师对案例的准备工作

B. 教师的教风

C. 教师的教龄

D. 教师的知识储备

E. 教师对课堂教学效果的及时客观评价

F. 教师对课堂的控制能力